古诗中的读书智慧

武桂霞 —— 著

辽宁人民出版社

图书在版编目（CIP）数据

古诗中的读书智慧 / 武桂霞著. — 沈阳：辽宁人
民出版社，2023.1
　　ISBN 978-7-205-10652-2

　　Ⅰ.①古… Ⅱ.①武… Ⅲ.①读书方法－中国－古代
Ⅳ.①G792

中国版本图书馆CIP数据核字（2022）第217936号

出版发行：辽宁人民出版社
　　　　　地址：沈阳市和平区十一纬路25号　邮编：110003
　　　　　电话：024-23284321（邮　购）　024-23284324（发行部）
　　　　　传真：024-23284191（发行部）　024-23284304（办公室）
　　　　　http://www.lnpph.com.cn
印　　刷：辽宁新华印务有限公司
幅面尺寸：165mm×235mm
印　　张：17.75
字　　数：263千字
出版时间：2023年1月第1版
印刷时间：2023年1月第1次印刷
责任编辑：娄　瓴
助理编辑：辉俱含
封面设计：丁末末
版式设计：鼎籍文化创意　徐春迎
责任校对：吴艳杰
书　　号：ISBN 978-7-205-10652-2

定　　价：68.00元

序

郑彦宏

　　中国是诗词王国。中国的古诗词历史悠久，源远流长，已有近三千年的历史。三千年来，中国很多古诗词，以其丰富的内涵、清丽的神韵、优美的语言和铿锵的音调，成为唯美的千古绝句。其中蕴含的智慧，影响着一代又一代人。

　　日前，武桂霞老师把她的书稿《古诗中的读书智慧》的校样送给我，想请我写序，我欣然同意。作为教育工作者，我们深知博览群书对于学生学业精进的重要性，但不可否认的是，学生读书的实际情况并不乐观：有的学生感受不到读书的快乐，认为读书是苦差事，所以不爱读书；有的学生虽然读了很多书，但方法不当，结果收效甚微；有的学生不知道该读什么书，也不明白读书究竟为了什么……凡此种种，都告诉我们，要想激发学生读书的积极性，取得读书的良好效果，必须教会他们会读书、善读书、读好书。

　　几年前，武桂霞老师在开展"古代诗歌分类鉴赏教学研究"的专项课题研究时，敏锐地发现了一个特殊的诗歌类别，即古代读书诗。她决定从中国古代与读书相关的诗歌入手，系统地研究古代名人的读书方法，为现代读书人提供借鉴。作者从浩如烟海的古诗中"旁搜远探"，精选了六十余位古代名人有关读书的诗歌，对诗中提出的读书观点、读书方法、读书经验、读书感受等分类进行深度解析。这些解析常让人有茅塞顿开、豁然开朗之感。

在这部书稿里，我看到了古圣先贤孜孜不倦学习的身影，看到了他们手不释卷、忘我忘家的状态，看到了他们目不窥园、专心致志的执着。当然，我更看到了他们读书学习的智慧，他们对读书感受的提炼，对读书方法的梳理，对读书经验的披露，从中我似乎窥见了这些古代成功人士之所以成功的"秘诀"。他们把自己读书的智慧凝缩在精短的诗句里，这些诗句就像是珍珠美玉，吸引着我们去俯身拾取；而诗句中蕴含的读书智慧，又像是夜空中的星辰，指引着我们在茫茫书海中前行的方向。

可以肯定地说，对于读书的人来说，这是一本颇有教益又极为特别的书。

它告诫我们要珍惜时间。你看，这里有我们熟知的"少壮不努力，老大徒伤悲""劝君莫惜金缕衣，劝君惜取少年时""一寸光阴一寸金，寸金难买寸光阴"这样的殷殷教诲，还有许多生动直观的"现身"教学。欧阳修用他少年、中年、老年不同阶段身体状况、精力记忆等差别，告诉人们读书越早越好的道理。王建说，人生以百年计算不过是三万六千天，其中有一半时间还要被夜晚占用。而汉魏文人发出的"朝露之叹"，作出的"惊风之喻"，更加促使人们不得不思考这样一个课题：面对短暂的生命，人应该如何实现最大的价值。

它让我们看到了古代成功人士的学习状态。白居易"把君诗卷灯前读，诗尽灯残天未明"；欧阳修"忘食日已晡，燃薪夜侵旦"；苏东坡"我昔家居断还往，著书不复窥园葵"；陆游"床头瓦檠灯煜煜，老夫冻坐书纵横"；周弼"虚堂人静不闻更，独坐书床对夜灯"。

它告诉我们读书为了什么。"弯弓挂扶桑，长剑倚天外""铅刀贵一割，梦想骋良图""儒衣干时主，忠策献阙廷""读书不做儒生酸，跃马西入金城关""莫倚西斋好风月，长随三径古人游"。一个人不能读死书，要胸中藏蓝图；不能纸上谈兵，而要为时服务，学以致用。

它教会我们读什么书。"求珠采玉从吾好"，曾国藩说读书要从自己的兴趣出发，多读好书，他列出了长长的书单；陶渊明要我们读《六经》，读《山海经》；左思、张九龄要我们读史书；杜甫让我们读古诗，读《文选》。六十余位古代名人的读书目录，为我们学习传统文化提供了系统的指引。

它教会我们读书的方法。"旧书不厌百回读""书读百遍，其义自见"——重点书目要反复阅读；一日读十纸，一月读一箱——读书要持之以恒，循序渐进。读书需要"涵泳"，需要"疑"，需要"思"，需要"博"，需要"专心致志"。读书如种田，要精耕细作；嗜书如嗜酒，要品出书中的味道。

它还告诉我们藏书万卷可教子，好书胜过宝玉美石，读书能够改变一个人的气质："人家不必论贫富，惟有读书声最佳""读书之乐乐陶陶"。书中有你想要的一切，知识、技能、财富、地位、荣誉，等等。

总之，这是一部阐述读书价值和态度的佳作，更是一部教授读书经验和方法的书。相信每位读者都会从中找到共鸣，都会受益多多。当然，现代社会的书籍已经远远突破了传统的含义，不同行业、不同种类、不同体裁的书，需要有不同的方法指导，古圣先贤的读书方法也需要我们批判地继承。

《古诗中的读书智慧》的出版标志着武桂霞同志的课题研究取得了阶段性成果，必将为广大读者的读书生活提供助力。为此，我谨表示热烈的祝贺。同时，也向广大读者郑重推荐。

郑彦宏：辽宁省农村实验中学党总支书记、校长，特级教师，辽宁省首批中小学教学名师，辽宁省中小学领航校长。

目录

汉乐府：生命的咏叹调

| 导读 |

　　日月如梭、生命短暂，这是汉魏时期有理想、有抱负的文人墨客、政治家反复咏叹的主题之一。他们在时间的长河中切身感受到了个体的渺小与生命的短暂。他们把生命比喻成"朝露"——一见阳光，转瞬即逝。面对如此短暂的生命，他们也提出了"补救措施"——要从少壮的时候就开始努力，争分夺秒，苦读不辍。

　　汉魏时代，人们为什么如此强烈地咏叹生命的短暂？一言以蔽之，这是面对时代桎梏有志之士的一次痛苦的觉醒，是对生命短暂与实现人生价值之间不可调和矛盾的感伤。从某种意义上说，这种觉醒正是唐、宋以后，文人墨客读书惜时观念的源头。

薤露

薤①上露，
何易晞②！
露晞明朝更复落，
人死一去何时归！

乐府，古时主管音乐的官署，起于汉代。汉乐府官署采集制作的诗歌，被称为"汉乐府"。因此，"乐府"也从官署名称演变为一种诗体名。唐以后，将魏晋至唐可以入乐的诗歌以及仿乐府古题的作品统称为乐府。

| 注释 |

　　①薤，一种多年生草本植物。薤露，薤草上的露水。②晞，干，晒干。

| 读诗偶得 |

朝露之叹——有志之士的一次集体觉醒

　　时间到底是什么？时间都去哪了？自从有了文学，对时间的认知与考问就成了永不衰竭的主题。但是正如古今中外的哲学思想一样，人们对于时间的认知也有一个不断深化、不断提升、不断明确的过程。

三更灯火五更鸡，正是男儿读书时。读书需要时间，这首乐府诗严格意义上说并不是讲读书的，但它却让我们感受到了生命的短暂、时间的宝贵。它启示我们要珍惜生命、珍惜时间，在有限的生命中，实现人生价值的最大化，这当然包括读书、学习。

《汉乐府·薤露》是一首挽歌。人非神仙，以秦始皇之雄霸，求长生不过是一场虚幻的梦，徒然在历史上留下笑柄而已。有生必有死，早终非命促。既然人人都会面对死亡，又何必讳言死亡呢？短短四句，令人感慨万端。在过去，受医疗条件的制约，人的寿命比之现在更短，所谓人生七十古来稀。加上战争频发，白骨遍野，夭折者不计其数。人们有感于斯，对生命短暂的感慨，恐怕非在其中人，不解其中味。

清晨的露水，虽然晶莹美丽，可是太阳一出来，朝露很快就会干涸、了无踪影。尽管如此，朝露还是幸运的。因为，今天的朝露晒干了，第二天还可以再生。可是人呢？人死了，就再也不能重生。朝露短暂的生命已经令人悲伤，人甚至都赶不上朝露！还需要别的语言吗？还有别的语言能够表达此时此刻的悲伤吗？没有！剩下的唯有泪千行了。

这首汉乐府，短短的四句话，简洁得不能再简洁，明了得不能再明了，是对生命短暂的突出感悟，在简洁中渗透着一种难以言说的"悲凉"。诗人把生命与"薤上露"对比，就好像是无意间发现了时间的秘密，一声叹息中让人有"石破天惊"之感。至于如何面对生命，如何应对短暂的生命时光，诗人没有明言，却足以警醒我们要对生命怀有敬畏之心。

把生命比喻成"朝露"，最早出现在《诗经·小雅·湛露》[1] 中："湛湛露斯，匪阳不晞。"晶莹的露水，如果不遇到太阳，就不会干涸。可是，

---

[1] 《诗经·小雅·湛露》诗："湛湛露斯，匪阳不晞。厌厌夜饮，不醉不归。湛湛露斯，在彼丰草。厌厌夜饮，在宗载考。湛湛露斯，在彼杞棘。显允君子，莫不令德。其桐其椅，其实离离。岂弟君子，莫不令仪。"

朝露又怎能不遇到太阳呢？朝露的命运，就是人生的命运。

在汉魏时期，"朝露"之喻已经成为人们的共识。秦嘉与妻子徐淑情深意笃，二人常常诗赋相对。诗人要赴洛阳任职，妻子徐淑因病不能随行，有感于此，诗人写下了《赠妇诗》三首。其中的第一首 [1] 开头即把人生比喻成"朝露"："人生譬朝露，居世多屯蹇。忧艰常早至，欢会常苦晚。"主题虽是表达夫妇聚少离多之憾，但是，黯然销魂者，唯别而已。面对人生的众多选项，亲人之间的相聚，难道不是最值得珍惜的吗？

《史记》《汉书》中同样也有把人生比喻成"朝露"的记载。《史记·商君列传》："君之危若朝露，尚将欲延年益寿乎？"《汉书·苏武传》："人生如朝露，何久自苦如此！"

长歌行

青青园中葵①，朝露待日晞。
阳春布德泽②，万物生光辉。
常恐秋节至，焜黄③华叶衰。
百川东到海，何日复西归？
少壮不努力，老大徒伤悲。

| 注释 |

①葵，菜名，我国古代重要的蔬菜之一，又名冬葵，可入药。②德泽，恩泽。③焜黄，枯黄的样子。

---

[1] 秦嘉《赠妇诗》三首（其一）："人生譬朝露，居世多屯蹇。忧艰常早至，欢会常苦晚。念当奉时役，去尔日遥远。遣车迎子还，空往复空返。省书情凄怆，临食不能饭。独坐空房中，谁与相劝勉？长夜不能眠，伏枕独辗转。忧来如循环，匪席不可卷。"

少壮不努力，老大徒伤悲

在汉代诗歌中，把人生比喻成"朝露"，同时，对如何面对有限的生命，明确给出应对答案的著名诗篇莫过于这首《长歌行》。它明确地告诉我们，一个人没有多少光阴可以浪费，要想学有所成、建功立业，必须从少年开始就要努力、努力，再努力。

这是一首大家耳熟能详的诗。尤其"少壮不努力，老大徒伤悲"两句，主题明确突出，字句晓畅平易，是立志必读的警句。然而，正如俗语所说的"熟视无睹"，人们也许太容易理解这句话的内涵，反而不太会认真地领会其中的深意。

诗人为我们描绘了这样一个对比明显的画面：一个园子里，长满了青青的葵菜，葵菜上落满了晶莹的露珠。色泽青翠，秀色可餐，朝气蓬勃，令人羡慕。然而，随着太阳的升起，阳光开始直射在葵菜上，那些晶莹的露珠一点点地变小、变小，最后蒸发得无影无踪。太阳在升高，时光接近中午了。一天，很快就会过去的。

但这毕竟是阳春时节，阳光明媚，欣欣向荣，世间万物尽情地享受着阳光的普照，茁壮地成长着。可是，转瞬间，秋天到了，万物的叶子开始发黄，花儿开始凋谢，一年也很快就会过去的。

"常恐"二字，既是当事人真实的心理感受，又可以理解为一种告诫，一种忧患：时光虽然美好，但是这样的时光并不能永恒，要倍加珍惜美好的时光。

清晨，是一天中最好的时光；春天，是一年中最好的时光。诗人用"园中葵""朝露"，恰恰是要强调"一天之计在于晨"的观点。而用"阳春""秋节"的对比，则是强调"一年之计在于春"。

诗人似乎并没有满足于上述对比，接着再一次发出感慨："百川东到海，何时复西归？"让人一下子想到了孔子在大河边上的叹息："逝者如斯夫，不舍昼夜。"这是一次观点的深化：太阳东升西落，地球自西向东旋转，周而复始，循环往复，大不了从头再来。可是，你看到那些大河了吗？它们日夜不息，奔流到海，你可曾看到它们又流回到原来出发的地方？时间，就如这到海的百川，没有返程的车票！

留给我们的，只有抓住源头。清晨，一天的源头；春天，一年的源头；少年，一生的源头。唯有从源头上努力，才会有所收获，才不会让时光白白流逝。

【东汉】曹操：人生苦短，忧思难忘

|导读|

　　就像《诗经》以及很多汉乐府诗用"朝露"来譬喻人生一样，曹操在他的《短歌行》里也用"朝露"来比喻短暂的人生。他甚至"借酒浇愁"，言辞间充满感慨。但这只是表面现象，实际上，曹操的感慨中少了一份传统的"悲凉"，多了一份当代的"忧思"，已经从单纯地感叹生命的短暂升华为"日暮途远""壮志未酬身先死"的担忧。他启示人们面对短暂的生命，应该如何去实现人生价值的最大化，具有催人奋进的积极力量。

短歌行①二首（其一）

对酒当歌，人生几何！
譬如朝露，去日②苦多。
慨当以慷，忧思难忘。
何以解忧？唯有杜康③。
青青子衿④，悠悠我心。
但为君故，沉吟至今。
呦呦鹿鸣⑤，食野之苹。
我有嘉宾，鼓瑟吹笙。
明明如月，何时可掇。
忧从中来，不可断绝。
越陌度阡，枉用相存⑥。
契阔谈䜩⑦，心念旧恩。
月明星稀，乌鹊南飞。
绕树三匝⑧，何枝可依？
山不厌高，海不厌深。

曹操（155-220）

　　字孟德，沛国谯郡（今安徽亳州）人。二十岁举孝廉，征拜为议郎。在镇压黄巾起义中发展壮大了自己的队伍，讨伐董卓，迎献帝迁都许昌。平定袁绍，称雄北方，任丞相，封魏王。曹丕称帝，追尊其为魏武帝。他的诗今存二十余首，大都以乐府旧题写时事，反映汉末动乱的社会现实，抒发统一天下的政治抱负和理想不得实现的苦闷。他的诗"如幽燕老将，气韵沉雄"，具有慷慨激昂、悲壮苍凉的风格特色。

周公吐哺⑨，天下归心。

| 注释 |

①短歌行，为乐府旧题。曹操以此为题共作有两首，此为第一首。曹操统一北方后，多方招纳贤才，为统一天下做准备。②去日，逝去的日子。去日多，则意味着来日少。③杜康，相传是古代造酒的始祖。这里代指酒。④青衿，周代学子的服装。《诗经·郑风·子衿》："青青子衿，悠悠我心。"⑤呦呦，鹿鸣声。《诗·小雅·鹿鸣》："呦呦鹿鸣，食野之苹。我有嘉宾，鼓瑟吹笙。"⑥枉，枉驾，屈就。用，以。存，慰问。⑦契阔，聚散、合离。谈讌，谈话、宴饮。讌，通"宴"。⑧匝，圈。⑨周公，周公旦。哺，咀嚼着的食物。

| 读诗偶得 |

人生苦短的帝王之慨

有一句话叫"学而优则仕"，只有书读得好，才有机会做官——当然，读书的目的不仅仅是为了做官。但有一点是肯定的，读书必然与立志相结合。要实现远大的理想，依然离不开时间的馈赠。

著名政治家曹操也把人生比喻成"朝露"。他说："对酒当歌，人生几何！譬如朝露，去日苦多。"曹操感叹人生的短暂更多缘于他的政治抱负：宏图尚未展开，伟业尚未建立，人才尚未归附，还有那么多事情等着自己去做，而生命又像"朝露"一样短暂，怎么不让人痛苦忧伤？很显然，这是帝王之慨，其思想已经从单纯感叹生命的短暂升华为"日暮途远""壮志未酬身先死"的担忧。

这种"帝王之慨"并非曹操独有。

淮南王黥布叛乱，汉高祖刘邦亲自率兵讨伐，归来途中路过家乡沛县，宴饮之际曾经自己作词作曲高歌："大风起兮云飞扬，威加海内兮归故乡，安得猛士兮守四方！"据说，唱罢这首歌刘邦泪流满面。刘邦为什么如此激动？当然不是担心自己生命短暂，他只是在感叹创业的艰难，感叹今天的来之不易，感叹一将难求，人才难得。

汉代另一位雄主汉武帝刘彻，也曾明确发出了一声叹息："少壮几时兮奈老何"[1]。人生能有几少年？放下了帝王的大驾，回归到普通人对生命短暂的忧思之中。

---

[1] 刘彻《秋风辞》："秋风起兮白云飞，草木黄落兮雁南归。兰有秀兮菊有芳，怀佳人兮不能忘。泛楼船兮济汾河，横中流兮扬素波。箫鼓鸣兮发棹歌，欢乐极兮哀情多。少壮几时兮奈老何！"

【三国魏】曹植：光阴易逝，少年应奋发

| 导读 |

　　曹植是建安时代的诗人，有着"汉魏风骨"。虽然他没有曹操那样的政治家情怀，但是他的身上依然充溢着积极进取的时代精神和出仕用世、建功立业的宏伟抱负。在他眼里，"小人"和志士都在"忙"，但是二者却有天壤之别。"小人"是在为利禄而忙碌，而志士应该成为经世济世的"时代弄潮儿"。他在《赠徐幹》诗中坚信贤才必为世用，并以此安慰和鼓励徐幹，生命短暂，时间有限，一定要振作起来，争分夺秒，努力读书，积极进取，不负时光。

赠徐幹

惊风飘白日，忽然归西山。
圆景①光未满，众星粲以繁。
志士营世业②，小人亦不闲。
聊且夜行游，游彼双阙间。
文昌郁云兴，迎风高中天。
春鸠鸣飞栋，流猋③激棂轩。
顾念蓬室士，贫贱诚可怜。
薇藿④弗充虚，皮褐犹不全。
慷慨有悲心，兴文自成篇。
宝弃怨何人？和氏有其愆。
弹冠俟知己，知己谁不然？
良田无晚岁，膏泽多丰年。
亮怀玙璠美⑤，积久德愈宣。
亲交义在敦⑥，申章⑦复何言！

曹植（192-232）

　　字子建，曹操第三子，曹丕同母弟。文帝曹丕封曹植为陈王，谥曰"思"，故称"陈思王"。曹植的诗以曹丕称帝为界，分为前后两个时期。前期大多写志趣和抱负，充满英雄气概和进取精神；后期政治失意，诗风转为慷慨不平和悲愤抑郁。钟嵘评价其诗"骨气奇高，辞采华茂，情兼雅怨，体被文质"，称为建安之杰。有《曹子建集》。

| 注释 |

①圆景，月亮。谢灵运《南楼中望所迟客》诗："圆景早已满，佳人犹未适。"②世业，世事。《资治通鉴·汉献帝建安十三年》："今为君计，莫若遣腹心自结于东，以共济世业。"可见，当时"世业"为通常用语。③流猋，流动的风。猋，通"飙"，暴风、旋风。④薇蘦，两种野菜名。⑤亮怀，亮，诚然、确实。怀，襟怀、心意。玙、璠，两种美玉名，用以指代美德。亮怀玙璠美，像你这样真正怀有美德的人。⑥敦，敦促、鼓励。⑦申章，重复表白。

| 读诗偶得 |

积极进取的文人共识

除了用"朝露"比喻人生短暂外，汉魏时期文人还把人生比喻成"惊风""飚尘""流电""逝波"等等反复咏叹。生命短暂，人生无常。抓住时机，努力学习。这种观点成为汉魏时代读书人广泛的共识。虽然也不时有及时行乐的消极之音，但是进取无疑是当时文人提出的"正解"，或者说是主流的"汉魏方案"。

唐朝诗人李商隐笔下的"黄昏"是美好的，景象的变化是舒缓的，他本人观赏"黄昏"之景也是从容的。诗中说："向晚意不适，驱车登古原。夕阳无限好，只是近黄昏。"可是，在曹植这首诗中，开篇便来一句"惊风飘白日，忽然归西山"，令人猝不及防，骤然心惊。

夕阳西下，本是最普通、最自然的景象，可是，在诗人眼里却像是遭遇了一场灾难。仿佛刚刚刮过一场大风，吹落了太阳。而且速度极快，甚至眨眼工夫就可能消失得无影无踪。显然，这不是客观的写景，而是作者强烈主观感情的诗意表达，是他对时光奄忽、人生短暂的惊叹。

除这首诗外，曹植还多次在他的诗中用"白日西驰"的意象来表现光阴易逝的主题。如《箜篌引》[1]中有"惊风飘白日，光景驰西流"，《名都篇》中有"白日西南驰，光景不可攀"等。

　　而与之同时代的人，同样从"朝露之叹"中走出来，换另外一种方式表达对生命的终极体验。比如，曹操在《步出夏门行》诗中说："神龟虽寿，犹有竟时。腾蛇乘雾，终为土灰。"用长寿的神龟、驾雾的腾蛇作喻，说明人生的短暂。但是，"老骥伏枥，志在千里。烈士暮年，壮心不已。"主流意识多么催人奋进啊！班婕妤《怨歌行》中有"常恐秋节至，凉飙夺炎热"之语；《古诗十九首·生年不满百》中说："生年不满百，常怀千岁忧。昼短苦夜长，何不秉烛游！"《古诗十九首·今日良宴会》中说："人生寄一世，奄忽若飙尘。"等等。

　　第一次大范围地感叹时光短暂，生命可贵，进而提出努力进取、无愧人生的观点，这是汉魏文人的一次集体觉醒，也是给后世读书人留下的宝贵财富。

---

　　[1]　曹植《箜篌引》诗："置酒高殿上，亲交从我游。中厨办丰膳，烹羊宰肥牛。秦筝何慷慨，齐瑟和且柔。阳阿奏奇舞，京洛出名讴。乐饮过三爵，缓带倾庶羞。主称千金寿，宾奉万年酬。久要不可忘，薄终义所尤。谦谦君子德，磬折欲何求。惊风飘白日，光景驰西流。盛时不再来，百年忽我遒。生存华屋处，零落归山丘。先民谁不死，知命复何忧。"

【东汉】赵壹：生于"读书无用"的时代

|导读|

在知识贬值的时代，曾有过"搞导弹的不如卖茶蛋的"感言。在东汉辞赋家赵壹的眼里，满腹经纶不如一袋子铜钱。这是近两千年前，东汉读书人"读书无用论"口语化的表达，也是当时文人对所处读书环境的真实感受。与现代社会尊重知识、尊重人才，倡导全民阅读，形成了鲜明的对比。它也启示现代的读书人，生活在一个尊重读书、尊重知识的时代，是多么的幸运，应该倍加珍惜来之不易的读书环境。

刺世疾邪赋·秦客诗

河清不可俟①，人命不可延②。
顺风激靡草③，富贵者称贤。
文籍虽满腹，不如一囊钱。
伊优北堂上④，肮脏⑤倚门边。

|注释|

①河清，比喻清平世界。俟，等待。②延，延长。③靡草，语本《论语·颜渊》："君子之德风，小人之德草，草上之风，必偃。"意思是草木顺风而倒。④伊优，谄媚的样子。北堂，古代以北阙为正门，因而臣子朝见或者上书奏事都在北门等候。然后，才由此进入大堂，亦即"北堂"。因而北堂指大臣议事的地方。⑤肮脏，高亢正直。

赵壹（122-196）

本名赵懿，字元叔，汉阳郡西县（今甘肃省陇南礼县）人，东汉辞赋家。与书法家张芝、思想家王符并称"陇上三大家"。为人狂傲，才华横溢。他的作品具有强烈的批判现实主义精神

对金钱至上的无情反讽

　　这首诗是赵壹在《刺世疾邪赋》末尾写的两首诗之一，托名"秦客"，类似班固的《咏史》，是用赋的方式表达论点之后，言犹未尽，作诗以补充。《刺世疾邪赋》主题鲜明，正如标题所言，一为"刺世"，二为"疾邪"。诗中"文籍虽满腹，不如一囊钱"字里行间充溢着文人的心酸，代表着东汉末年读书人对时代的悲情控诉。

　　《刺世疾邪赋》对东汉黑暗的政治与社会现实，做了刺骨的揭露与批判。从这首诗中也可以看出，这是一个虚伪成性、阿谀逢迎、道德沦丧、是非不分、贤愚错位、正邪颠倒、充满铜臭的时代。更为可气的是，处在这样一个错位的时代，人们不以为耻，反以为荣，趋之若鹜。

　　《秦客诗》在语言上采用五言，比之《刺世疾邪赋》语言更为简洁易懂，更具有穿透力与杀伤力。

　　"河清不可俟，人命不可延。"开头一句寄个人的悲愤、绝望于其中。黄河，千百年来以浑浊著称，但是相传黄河一千年一清。诗人说自己等不到黄河清的那一天，表面上是说自己生命短暂，实际上是对东汉黑暗政治的绝望之辞。东汉另一位著名文学家张衡说："徒临川以羡鱼，俟河清乎未期。"[1] 表达了相同的感受。

　　"顺风激靡草，富贵者称贤。"草木顺风而倒，这是物之常性。诗人借此来说明当时风气趋炎附势、随波逐流，绝少"大雪压青松，青松挺且直"的人格与操守。人们评价贤愚的标准不是德行、不是才华，而只看他是不是富贵。既然如此，那么纵使你有满腹诗书，如果一贫如洗，又有何用？

　　"文籍虽满腹，不如一囊钱。"诗人的悲愤化作这一句诗脱口而出！东汉末年，卖官鬻爵司空见惯，甚至可以公开化。当时有一首民谣："举秀才，不知书；察孝廉，父别居。寒素清白浊如泥，高第良将怯如鸡。"

---

　　[1] 张衡：《归田赋》。

秀才不知道书为何物，用来表彰孝子的"孝廉"之誉，会加在不养父母的不孝之子头上。多么强烈的讽刺！

"伊优北堂上，肮脏倚门边。"最后两句，接续前言，再次强调趋炎附势者得以显进，而不肯同流合污、高亢正直的人，自然只能靠边站。这几句话正是《刺世疾邪赋》入木三分的诗意表达。

诗人告诉我们，他所处的时代是"读书无用"的时代，通篇充溢着诗人对那个时代的悲情控诉。它从一个侧面也告诫我们，盛世学文，应该倍加珍惜重视学习、重视文化，尊重知识、尊重人才的时代。抓住时机，以时不我待的急迫感，全身心地投入到读书学习中去。掌握知识、掌握文化，为时代所用，为社会贡献才智，藉以实现读书人的价值。

【三国魏】阮籍：人生与国运的双重哀叹

| 导读 |

　　阮籍生在魏晋易代之际，统治集团内部的矛盾斗争日趋残酷激烈。司马氏为篡魏自代，大肆杀戮异己，朝野人人侧目，人人自危，诗人也屡遭迫害。既要避祸全身，又要发泄内心的忧患与愤懑。因此，他只能以曲折隐晦的方式，以冷淡的语言表达炽热的感情，以荒诞的口吻表现严肃的主题。

　　抛开诗人创作的时代背景，单从"惜时"与"忧生"的角度看，它继承了汉魏以来文人对生命短暂的忧伤况味。如果说有什么特别之处，可能正是它把人生短促的挽歌与曹魏国运式微的感叹交融在一起。在这种双重哀叹中，诗人强调要做"雄杰士"，而不能"捐身弃中野"，传递了满满的正能量。

咏怀①八十二首（其三十二）

朝阳不再盛，白日忽西幽②。
去此若俯仰③，如何似九秋④。
人生若尘露，天道邈悠悠。
齐景升丘山⑤，涕泗纷交流。
孔圣临长川，惜逝忽若浮。
去者余不及，来者吾不留。
愿登太华山⑥，上与松子⑦游。
渔父⑧知世患，乘流泛轻舟。

| 注释 |

　　①咏怀，是阮籍的代表作，共八十二首，不是一时一地所作。内容与情感取向大体一致。②西幽，向西落下

阮籍（210—263）

　　字嗣宗，陈留尉氏（今河南开封市）人，是"建安七子"之一阮瑀的儿子，曾任步兵校尉，世称"阮步兵"。为人志气宏放，博览群书，尤好老子和庄子的哲学。爱饮酒，能长啸，善弹琴。文学艺术才能超群。与嵇康齐名，为"竹林七贤"之一。蔑视礼教，政治上则采取谨慎避祸的态度，与司马氏多所抵牾。阮籍的诗歌代表了他的主要文学成就，诗多五言，对当时黑暗现实多作讥刺，词语隐约，主要是五言《咏怀诗》八十二首。

而变暗。③俯仰，一俯一仰之间，形容短促、迅疾。④九秋，言时间之长。齐景，齐景公。姜姓、吕氏，名杵白，齐灵公之子，齐庄公之弟，春秋时齐国君主。⑤丘山，《八代诗选》作"牛山"，在山东淄博市南。⑥太华山，即华山。⑦松子，即赤松子，传说中的仙人。⑧渔父，《史记·屈原贾生列传》中记载渔父与屈原之间的一段对话。渔父问屈原为何流落至此。屈原说："举世混浊而我独清，众人皆醉而我独醒，是以见放。"渔父于是说："夫圣从者，不疑滞于物而能与世推移。举世混浊，何不随其流而扬其波？……"后"渔父"成为隐居世外的高人的意象。

| 读诗偶得 |

人生若尘露

从读书的角度来看，我们从这首诗里重点提炼出这样几个字眼："忽""俯仰""尘露"。显然，时光的飞逝之感、生命的短促之叹，依然是诗人反复咏叹的重点。

有人说，这首诗大量运用象征手法，如"去此"指"去魏盛时"，意思是曹魏之盛在俯仰之间转瞬即逝 [1]。首句"朝阳""白日"之谓，不仅象征时光飞逝，而且喻指曹魏政权由显赫繁盛趋于衰亡，一去不返，终归寂灭的深层寓意。

"朝阳不再盛，白日忽西幽。"一个"忽"字把一天中从朝阳到夕阳变化之快写得淋漓尽致。初升的太阳，光芒四射，活力十足，但是这种"盛气"很快就会失去，你看，还没等人们驻足观看，太阳快要落山了。这两句诗意与曹植"惊风飘白日，忽然归西山"相同。"忽"字与下句中的"俯仰"相呼应，表明时间之短，光阴易逝。不过，与曹植"飘"字相比略逊一筹。

"人生若尘露，天道邈悠悠。"通过人生与天道的对比，用"尘露"作喻，写人生的短促。清代中期文学家、思想家方东树 [2] 认为"尘"是"晨"

---

[1] 《汉魏六朝诗鉴赏辞典》，上海古籍出版社。

[2] 方东树，安徽铜城人，姚鼐的得意门生，一个勤奋读书且学有大成的学者。

之误。如果说是这样，"晨露"即为"朝露"，似乎与汉魏诗人热衷的"朝露"之喻一脉相承。接着，诗人运用齐景公痛哭与孔子伤逝的典故，进一步突出人生短暂的主题。

《韩诗外传》卷十曾记载，齐景公游牛山北望齐都时曾说："美哉国乎？郁郁泰山！使古而无死者，则寡人将去此而何之？"说完低头哭泣不已，泪已沾湿衣襟。《论语·子罕第九》则记载，孔子对一去不返的流水说："逝者如斯夫！不舍昼夜。"

面对这种无法规避的生命规律和无法改变的社会现实，诗人只好给自己找一条求仙退隐的"归路"。当然，这不过是一种美好的愿望而已。在那个令人窒息的时代，是不可能成为现实的。那么，诗人的出路在哪里？

在下一首诗里，或许能找到"蛛丝马迹"。

咏怀八十二首（其三十八）

炎光①延万里，洪川荡湍濑②。
弯弓挂扶桑③，长剑倚天外。
泰山成砥砺④，黄河为裳带。
视彼庄周子，荣枯何足赖？
捐身弃中野，乌鸢⑤作患害。
岂若雄杰士，功名从此大！

| 注释 |

①炎光，红热的光芒，即日光。②洪川，大河。荡，冲击。湍濑，水浅急流之处。③扶桑，神树名。传说中，太阳从那棵大树的地方升起来。④砥砺，磨刀石。⑤乌鸢，乌鸦和老鹰。

志在求功名

读书为了求取功名，这是古代读书人一直并不讳言的志向。

魏晋之际，天下多故，政治严酷，名士多有生命之忧。自古以来困扰着人们的生命倏忽如逝水、如朝露、如惊风、如逝波、如闪电、如飘尘等种种忧虑，像梦魇一样挥之不去。

面对人生短暂之忧，吃药求仙者有之，疯狂享乐者有之，悲观弃世者亦有之。但是，在诗人阮籍看来，这些方式未免消极，更重要的是这并不能从本质上解决人生的短暂。

那么，应该怎样才能弥补生命短暂的不足和遗憾？

这首诗给出了答案。诗人认为，只有功名和事业才能摆脱人生的荣枯，只有忠义和气节才能名垂千古，让生命为之永恒。所以，诗人强调要做"雄杰士"，而不能"捐身弃中野"。

前六句以象征的手法，描绘了诗人心目中"雄杰士"的形象。开篇"炎光"二句出语恢弘，渲染出一个极为洪荒的世界，为"雄杰士"的活动提供了一个充满神奇色彩的广阔舞台。接着，"雄杰士"闪亮登场：他把弯弯的弓弦挂在扶桑树上，把长剑倚靠在天外。在"雄杰士"眼里，高高的泰山不过是一块磨刀石，长长的黄河也只是一条衣带。

"视彼庄周子"以下四句是用了《庄子·列御寇》篇中的故事：庄子将死，他的学生要厚葬他，庄子却主张不要棺椁的天葬。学生们说，天葬会被乌鸢食尸，庄子却说："在上为乌鸢食，在下为蝼蚁食，夺彼与此，何其偏也！"庄子认为生命的归宿都是一样的，没有天上、地下之别，也没有荣枯之分。

诗人承认庄子的命题："荣枯何足赖"，但又指出，生命并不仅仅是一个从生到死的过程；雄杰之士便是以其"功名"，延续了自己的存在。回顾开头的描写，便可以看出这一形象，实际是超越肉身生死的象征。要做"雄杰士"，莫为乌鸢食，弯弓挂扶桑，长剑倚天外。诗人在晦暗的时代黑霾中，唱出了生命的强音，实在难得！

咏怀八十二首（其七十一）

木槿①荣丘墓，煌煌②有光色。
白日颓③林中，翩翩④零路侧。
蟋蟀吟户牖⑤，蟪蛄⑥鸣荆棘。
蜉蝣⑦玩三朝，采采修⑧羽翼。
衣裳为谁施⑨？俯仰自收拭⑩。
生命几何时？慷慨各努力！

| 注释 |

①木槿，一种落叶灌木，它的花朝开夕落。②煌煌，辉煌光亮的样子。③颓，落。④翩翩，动作、举止轻盈的样子，这里指木槿花飘零的时候，状态凄美、轻盈如舞。⑤户，门。牖，窗。⑥蟪蛄，也叫寒蝉。体呈黄绿色，翅有黑白条纹，寿命只有四五周。《庄子·逍遥游》："朝菌不知晦朔，蟪蛄不知春秋。"《楚辞·招隐士》："岁暮兮不自聊，蟪蛄鸣兮啾啾。"⑦蜉蝣，一种生存期很短的昆虫，据说生三日而死。也作浮蝣、蜉蜻、浮游。⑧采采，即楚楚动人之意。修，长。⑨衣裳，指羽毛。施，读"移"，斜行。这句意思是美丽修长的羽毛为谁而扇动。⑩拭，擦拭。本文与"收"相对，"放"的意思。

| 读诗偶得 |

生命需要精彩绽放

蜉蝣生三日而死，生命足够短暂，但它并没有悲观失望，而是在短暂的生命时光里，尽情地展示了它修长而轻盈的羽翼，传递了美好生活带给它的满满的"获得感"。人生同样短暂，但与蜉蝣相比又何其"漫长"，何其幸运。人，还有什么理由感叹，还有什么理由不思进取？

阮籍的诗，始终笼罩着一层云雾，有时让人迷茫，有时让人忧伤，有时让人感到颓唐。可是，这首诗却展现了阮籍积极进取、达观快乐的一面。从某种意义上说，是他自己偶尔拨开将他罩在其中的迷雾。虽然这迷雾随即弥漫开来，但是就是这短暂的一瞬，让我们窥见了诗人真实的心灵。

阮籍固然有不少表现消极情绪的诗，但他本来却也是颇有血气的青年。史载其"有济世志"，又"尝登广武，观楚汉战处，叹曰：'时无英雄，使竖子成名。'登武牢山望京邑而叹，于是赋《豪杰诗》"[1]。可见，他并不是一个无志之人。至于后来发展到"穷途而返"、嗜酒如狂，那是时势逼的。

其实，在他咏怀组诗里，除了这首诗外，《咏怀三十八·炎光延万里》《咏怀三十九·壮士何慷慨》也都表达了这种积极、正面、阳光的思想。

木槿花，也称"日夕华"，早上含苞待放，太阳出来后便盛开，到了黄昏时分，随着日落西山，它就凋零了；"蟋蟀，一名吟蛩。初秋生，得寒则鸣。"[2]蟪蛄生命更是短暂，"朝菌不知晦朔，蟪蛄不知春秋。"[3]"岁暮兮不自聊，蟪蛄鸣兮啾啾。"[4]与上述两种昆虫相比，蜉蝣生命更为短促，它的生命不过三日。

但是，这些短暂的生命并没有因此自暴自弃。相反，它们尽自己所能，展自己所美，享自己所乐，均完成了自己生命的精彩绽放。你看——木槿花开在丘墓之上，煌煌夺目，光色耀人，即便凋零了，它依然风度翩翩，看不出一点忧伤；蟋蟀，初秋生下来，很快便进入深秋，在寒意中尽情地吟唱，向天地证明着自身的存在，展现生命的价值；蟪蛄，春生夏死，夏生秋死，一年四季，用尽力气，它只能活过两季。即便如此，它依然没有放弃自己的权利，没有撂下自己的挑子，在荆棘中忠实地弹奏着和悦的乐章。再看那微不足道的蜉蝣，它美丽的长翼，就像华美的丝绸衣裳，上下翻飞，翩翩起舞。女为悦己者容，可怜的蜉蝣啊，你为谁在装扮，为谁在跳舞？蜉蝣嫣然一笑："我是在自娱自乐啊！如果能带给你们快乐，当然

---

[1] 《晋书·阮籍传》。

[2] 崔豹：《古今注》。

[3] 《庄子·逍遥游》。

[4] 《楚辞·招隐士》。

更好。不能也没有关系，我尽自己所能，做我应该做的，这就够了！"

　　人生是短暂的，但是，再短能短过"日夕花"吗？再短能短过蟋蟀、螳蚰和蜉蝣吗？木槿花、蟋蟀、螳蚰和蜉蝣尚且知道在短暂的"有生之年"里，努力实现自己的价值。人，还有什么理由抱怨生命短暂，有什么理由消极、颓废地打发时光？努力吧，不要让蜉蝣们看扁了！

【西晋】左思：弱冠弄柔翰，卓荦观群书

|导读|

左思的《咏史八首》(其一)用自己的亲身经历告诫人们一定要做一个勤奋学习的人。在这首诗里，左思明确指出勤奋读书的目的是"铅刀贵一割，梦想骋良图"，要为世所用，要有远大的理想。他还提出一个读书观点——"观群书"，也就是要博览群书。

咏史诗是古代诗歌中一个重要门类，左思的《咏史八首》是咏史诗的代表作。它也提示读书人一定要多读史书，要在历史中汲取智慧与力量。读过这首诗，建议读者能够通读左思的其他七首咏史诗。

咏史①八首（其一）

弱冠弄柔翰②，卓荦③观群书。
著论准《过秦》④，作赋拟《子虚》⑤。
边城苦鸣镝⑥，羽檄⑦飞京都。
虽非甲胄士，畴昔览《穰苴》⑧。
长啸激清风，志若无东吴。
铅刀⑨贵一割，梦想骋良图。
左眄澄江湘，右盼定羌胡。
功成不受爵，长揖归田庐。

左思（约250—305）

字太冲，齐国临淄（今山东省淄博市）人。出身寒门，仕途失意。然博学能文，征为秘书郎，齐王司马冏命为记室督，以病为由推辞不就。刘勰《文心雕龙·才略》称："左思奇才，业深覃思。尽锐于《三都》，拔萃于《咏史》。"其《三都赋》在当时蜚声文坛，人们争相传写，一时洛阳纸贵。除此外，还有《招隐诗》《娇女诗》等等，也是难得的佳作。

|注释|

①《咏史》，共八首，非一时之作。②弱冠，古时男子二十岁成人而行冠礼，身体尚未长成，故称"弱冠"。柔翰，毛笔。③卓荦，卓越。④《过秦》，西汉政论家贾谊的代表作《过秦论》。⑤《子虚》，西汉司马相如的《子虚赋》。⑥鸣镝，箭头。

古时发射它作为战斗开始的信号。这里指战争。⑦羽檄，插有羽毛的檄文。此指紧急文书。⑧畴昔，往日。《穰苴》，春秋时期齐景公的将领田穰苴善于治军，官大司马，因以为姓。司马穰苴写了一部兵书，即《穰苴兵法》。⑨铅刀，很钝的刀。

| 读诗偶得 |

铅刀贵一割

史书是古代读书人读书学习、考取功名的必修课。不论是写诗、作赋，还是后来的写策论，都离不开史书。随着时间的推移，史书的写作越发成熟，种类也越来越多，读书人读史书有了更多的选择，当然也有了更多的收获。左思在这首诗中告诫读书人，从小就要刻苦读书、写作，而且读书一定要"观群书"，即博览。

一个勤学者的自画像

左思是较早写作咏史诗的诗人之一，但是最早以"咏史"为题的诗则出自班固之手。班固的《咏史》写的是缇萦救父的故事，其诗如下："三王德弥薄，惟后用肉刑。太仓令有罪，就递长安城。自恨身无子，困急独茕茕。小女痛父言，死者不可生。上书诣阙下，思古歌鸡鸣。忧心摧折裂，晨风扬激声。圣汉孝文帝，恻然感至情。百男何愦愦，不如一缇萦。"

班固的《咏史》概括了缇萦救父的事实。缇萦救父的故事见于《史记·扁鹊仓公列传》、刘向《列女传》。班固在写作《汉书·刑法志》的时候，引用了缇萦救父的事迹。在写作之余，挥笔写下了这首《咏史》。钟嵘《诗品·总论》评价班固《咏史》："东京二百载中，惟班固《咏史》，质木无文。"但是，这恰恰说明了早期咏史诗"概括本传，不加藻饰"（何焯《义门读书记》卷四十六）的特点。

而到了左思时代，咏史诗已经发生了变化，不但要概述历史人物、事件，还要借以咏怀。左思的《咏史八首》是咏史诗的新发展，正是体现了咏史亦咏怀的特点。如在《咏史八首》其三中，诗人在写鲁仲连谈笑却秦军历史的同时，也赞叹他"功成耻受赏，高节卓不群"的高洁品格；在《咏史八首》其六写荆轲的同时，发出"贵者虽自贵，视之若尘埃。贱者虽自贱，重之若千钧"的感慨与评论。

《咏史八首》其一具有序言的性质，似乎与咏史无关。这首诗向读者展示了一个志向远大、博览群书的勤学者形象，可以说是诗人的自画像。

诗人从小就热爱笔砚、博览群书。他写评论时以西汉贾谊的《过秦论》为标准，写赋的时候则模仿西汉司马相如的《子虚赋》。战事来临，国家有难。虽是书生却不可置身事外。熟读兵书的诗人也可以投笔从戎，铅刀一割。

诗人在这首短诗中给读者列出了一份书单：西汉名家贾谊的《过秦论》，司马相如的《子虚赋》，司马穰苴的《司马穰苴兵法》，孔子的《论语》……当然，更少不了《史记》这部历史名著。因为在其他几首咏史诗中，诗人记述的主角诸如段干木、鲁仲连、荆轲、主父偃、冯唐等大都是春秋战国及秦汉时期的人物。司马迁的《史记》注定是诗人阅读的重点书目。

诗人还提到了一个重要信息，读书要"观群书"，要尽量广博地阅读，像兵法之类的书，也不能放弃。

十年心血赋《三都》

左思还是文坛佳话"洛阳纸贵"的创造者，他花费十年心血，创作了著名的篇章《三都赋》。左思自幼贫穷，上不起学，没有受过正规的教育，但他志向远大，不甘永远沉没在低处，于是发愤自学。在学习的过程中，他对描写皇城壮丽的文章产生浓厚的兴趣，于是反复学习，认真品味，并积极练笔。

汉朝的文史学家班固写过《两都赋》，张衡写过《二京赋》，都是当时的名篇，左思赞赏不已。但他总觉得美中不足，还有完善的空间。于是，他决定自己动笔写一篇都赋。左思想来想去，既然要超越古人，那么不妨多写一都，便是现在的《三都赋》。这三都分别是蜀都成都、吴都建业（今南京）和魏都邺城（今河北临漳）。

为了写好《三都赋》，左思认真查阅、研究有关三都的史料，实地调查三都的风土人情、山川草木，足足花了十年的时间，才终于完成《三都赋》。

当时的学问大家皇甫谧看后，禁不住拍案叫绝，立即提笔写序，然后还请人做了注解。这样一来，《三都赋》不胫而走，立即成为洛阳城内的畅销书。人们竞相传抄，一时间纸价上涨了好几倍，成就了"洛阳纸贵"的千古美谈。

【东晋】陶渊明：泛览周王传，流观山海图

|导读|

陶渊明是中国古代文人中较早系统提出读书观点的人之一，对于应该读什么书、怎样读书、读书的作用如何等等，他在很多诗中都有阐述。比如读书方法方面，在《读山海经》十三首（其一）中，他提出了"泛览"和"流观"两种方法。在《移居二首》（其一）中，他提出了"奇文共欣赏，疑义相与析"的观点。

在读什么书方面，他的《读山海经》十三首无疑在提示人们要对《山海经》加以关注，而在《饮酒二十首》（其十六）中，诗人提出了"少年罕人事，游好在六经"的观点，告诉人们"六经"是必读科目。

读《山海经》①十三首（其一）

孟夏②草木长，绕屋树扶疏③。
众鸟欣有托，吾亦爱吾庐。
既耕亦已种，时还读我书。
穷巷隔深辙④，颇回故人车。
欢然酌春酒，摘我园中蔬。
微雨从东来，好风与之俱。
泛览《周王传》⑤，流观《山海图》⑥。
俯仰终宇宙，不乐复何如？

|注释|

①《山海经》是一部记述古代山川异物、神话传说的书。②孟夏，初夏。③扶疏，枝叶繁茂的样子。④隔，隔绝。深辙，大车所轧的痕

陶渊明（约365-427）

字元亮，一名潜，字渊明，世号"靖节先生"，浔阳柴桑（今江西九江西南）人。曾祖陶侃曾任东晋大司马，父祖均曾任太守一类官职。陶渊明八岁丧父，家道中落，生活日渐贫困。他曾几度出仕，做过祭酒、参军、县令一类小官。四十一岁时退隐。他是田园诗派的开创者。诗风平淡自然，影响深远。清代陶澍注《靖节先生集》是较好的注本。

迹，指代贵者所乘之车。⑤周王传，即《穆天子传》，写有关周穆王的神话传说。⑥山海图，《山海图经》，此指《山海经》中的有关插图。晋人郭璞有《山海经图赞》，说明当时《山海图经》尚存，现在已经失传了。

| 读诗偶得 |

读书之乐，在于随兴而至

耕读两不误

陶渊明《读山海经》诗共有十三篇，除第一篇用很多笔墨写幽居之趣外，其他十二篇，大都是根据《山海经》同时参阅《穆天子传》的内容写的，偶尔也抒发一下自己的情怀。

元刘履在《选诗补注》中说："而此发端一篇，特以写幽居自得之趣耳。"

诗人是如何写幽居之趣的呢？首先，他交代了季节是孟夏，草长莺飞，林木茂密，几间不起眼的小屋掩映在绿树之中，鸟儿因为可以轻而易举地找到栖息地而欣喜，自己作为主人对有这样一间房屋自然更是珍爱异常。而更令人高兴的是，时值孟夏，地已耕，种已种，虽然依然有农活要做，但毕竟是农闲时节，可以有大把大把的时光读书了。读书之余，当然还可以饮酒作乐。虽然自己居住的地方，地处偏远，交通不便，阻断了不少朋友到访的脚步，可是，依然有执着的朋友不辞辛苦，远道而来。大家一起喝着自酿的春酒，吃着自己种的菜蔬，捧杯畅饮之际，有清风徐来，微雨洒落，何其快哉。

阅读这首诗，可以看到诗人正在用一种极其健康科学的方式读书。

耕种，这是第一位的。陶渊明是一位现实主义者，他知道隐居也好，置身闹市也罢，衣食才是最重要的。所以他坚持即便时常与"素心人"交往聚会，但是"农务各自归"（《移居二首》其二），到了农忙时候，还是要忙农活的，所谓"力耕不吾欺"（《移居二首》其二）。从另外一个角度看，陶渊明通过力耕，也达到了锻炼身体的目的。今天，我们提倡休闲、健身，殊不知一千多年前的陶先生已经开始用耕地的方式健身了。

读书是第二位的，"时还读我书"。诗人并没有把读书当作必须完成的硬任务，而是把它当作耕种之余的事情。读书时也不是那种完全沉浸其中的，而是漫不经心的。陶渊明在《感士不遇赋》中说："昔董仲舒作《士不遇赋》，司马子长又为之。余尝于三馀之日，讲习之暇，读其文……"读董仲舒《士不遇赋》，是在"三馀之日""讲习之暇"。似乎不是在"正经"的"黄金时间"。这与本诗"时还读我书"的意境大抵相同。

第三，是饮酒。在陶渊明的生活中，饮酒是重要的内容。有人说，这是他消极避世的表现。其实不然，对于陶先生来说，和耕种、读书一样，饮酒是他怡养性情的必要元素。

有几间远离喧嚣的屋舍，有一片可以耕种的田园，有一屋可以阅读的书卷，有几坛自酿的美酒，还有时不时前来过访的朋友，这种生活不正是现代人所企求的吗？

泛览与流观，随兴而至

"泛览周王传，流观山海图。"经过前边十四句的"幽居之趣"与"耕""读""饮"读书方式的描写，到此方进入正题——讲到读《山海经》。

诗人读《山海经》用的是什么方法呢？两个词透露了这个秘密。一个是"泛览"，一个是"流观"。泛览，是泛泛地浏览，或者是广泛地浏览。泛泛，是大略的意思，不用字斟句酌，可能是一目十行那种；广泛，则应该是全面的阅读，从头至尾，都看了。要不何以写出十三首"读后感"？但不管是泛泛，还是广泛，都可以看出这是一种闲适的阅读，没有半点功利目的。《周王传》，就是《穆天子传》，有神话传说的性质，这种文字似乎没有考证的必要，只须泛泛地阅读，了解其故事的大概即可；《山海图》是后人根据《山海经》记载的内容所绘的图画。看了文字且对文字"泛览"的诗人，对于这种"小儿科"的图画，大概只有笑呵呵地浏览而已了。

"泛览""流观"，可以看出陶渊明因书而异的读书方法。但是，应该看到，陶渊明对《山海经》这部奇书是极其重视的。否则，他不会遍览这部书，更不会一口气写上十三首"读后感"。这部书到底有多重要，诗的最后两句说得明白："俯仰终宇宙，不乐复何如？"在展卷、闭卷之间，《山海经》已经让诗人走进神秘的"宇宙"空间。足不出户，心游万仞，眼观八荒，这是《山海经》的魅力，还有比这更令人快乐的事吗？

移居二首（其一）

昔欲居南村，非为卜①其宅。
闻多素心②人，乐与数晨夕。
怀此颇有年，今日从兹役③。
敝庐何必广，取足蔽床席。
邻曲④时时来，抗言谈在昔⑤。
奇文⑥共欣赏，疑义相与析⑦。

| 注释 |

①卜，占卜。古人迷信讲风水，在搬家前要占卜。②素心，心地纯朴。③兹役，这个劳役。指"移居"。④邻曲，邻居。⑤抗言，抗直之言，高谈阔论。在昔，指往事。⑥奇文，出色的文章。⑦析，剖析、辩论。

| 读诗偶得 |

独学而无友

毫无疑问，读书需要耐得住寂寞，坐得住冷板凳。但是，一味地把自己封闭起来，不与外界交往，那恐怕只能是"独学而无友，孤陋而寡闻"。很显然，陶渊明是反对"独学"的，这首诗就是明证。

《论语》中说："德不孤，必有邻。"意思是有道德的人不会孤独，一定会有好的邻居。这话可以从两方面理解，一方面是有道德的人可以吸引有道德的人为邻，另一方面是有道德的人通过自身的影响，可以教化周围的人，从而使邻居像自己一样有道德。可是，一旦有德之人被无德的邻居包围，他无疑要付出施教的成本。而这真得看有德之人有没有这样的精力。

　　陶渊明在迁居之前住的地方，到底是什么样的，不得而知，但是陶渊明有移居南村的想法，却是由来已久。这首诗就是他移居南村后写下的。诗人告诉读者，他迁居并不是迷信风水，而是听说南村民风淳朴，人们知书达理，乐善好学，读书气氛浓厚。"与善人居，如入芝兰之室"，居住的环境对于人的影响是直接的。古有孟母三迁的记载，唐朝诗人孟郊则有《择友》诗传世，说的都是择邻、交友的重要。

　　陶渊明迁居的目的就是与"素心人"为邻，大家在一起废寝忘食，谈古论今，各抒己见，互争短长，哪怕争得面红耳赤，亦不快哉。

　　为了求得可以"奇文共欣赏，疑义相与析"。"过门更相呼，有酒斟酌之"[1]的邻居，不惜迁居至此，应该也是千古美谈了。

　　陶渊明在最后几句诗里描述了迁居后的快乐。义熙七年（411），陶渊明作《与殷晋安别》诗，其中有"去岁家南里，薄作少时邻"之句，可知殷晋安当时就是诗人在南村的邻居。由此可见，诗人之所以去南村安家，除了南村民风淳朴，多是"素心人"外，应该还有很多像陶渊明那样厌恶黑暗污浊的社会，鄙视丑恶虚伪的官场，向往自由快乐人生的读书人。他们畅游学海，自由地发表看法，表达观点。在真诚而激烈的碰撞中，提升了学问境界，更带来了精神世界的共鸣，享受到了"奇文共欣赏，疑义相与析"的快乐。

杂诗十二首（其一）

人生无根蒂①，飘如陌上尘②。
分散逐风转，此已非常身。
落地为兄弟，何必骨肉亲！

---

　　[1]　《移居二首》（其二）："春秋多佳日，登高赋新诗。过门更相呼，有酒斟酌之。农务各自归，闲暇辄相思。相思则披衣，言笑无厌时。此理将不胜？无为忽去兹。衣食当须纪，力耕不吾欺。"

得欢当作乐，斗酒聚比邻③。

盛年不重来，一日难再晨。

及时当勉励，岁月不待人。

| 注释 |

①根，树根。蒂，瓜果的柄儿。根蒂是两种东西，有成语"根深蒂固"，也写作"深根柢固"，语出《韩非子·解老》："柢固则生长，根深则视久。"②陌上尘，大路上扬起的尘土。③比邻，邻居。

| 读诗偶得 |

岁月不待人

陶渊明《杂诗》一组共有十二首。明代黄文焕《陶诗析义》卷四中说："十二首中愁叹万端，第八首专叹贫困，余则慨叹老大，屡复不休，悲愤等于《楚辞》。"

树有根，瓜有蒂，人生不如树木瓜果，无根也无蒂。人生像什么？就像是大路上扬起的风尘，风过后，尘埃落定，一切归于平静，人生也就结束了。《杂诗十二首》中的第一首前四句，秉承了汉魏时期人们对人生须臾、荣枯无常的一贯认识，凸显人的渺小、力量的羸弱、生命的短暂。言语中虽然悲凉、令人惊悸，但是并不悲观。诗的最后四句，告诉人们应该如何面对短暂的人生：时光既然一去不复返，就应该倍加珍惜，要以时不我待的精神状态，及时努力去实现人生的价值。

诗的中间四句，有四海之内皆兄弟之意。既然都是兄弟，大家何必分你我，一起快乐就好。看似鼓励人们消极行乐，其实，结合诗人当时所处的时代背景不难看出，这是以诗人为代表的一代进步人士在强烈忧患意识下，猛然的觉醒。而对于今天的我们来说，"盛年不重来，一日难再晨。及时当勉励，岁月不待人"，其积极进取的意义，其鲜明的价值取向，足以作为读书人的座右铭了。

《杂诗十二首》，反复咏叹生命短暂、人生无常、有志难酬。如《杂诗十二首》（其二）[1]："日月掷人去，有志不获骋。念此怀悲凄，终晓不能静。"时光在不知不觉间流逝，"日月掷人去"，一个"掷"字道尽了时光消逝的迅捷，也道出了时光的冷酷无情。

再如《杂诗十二首》（其三）[2]："日月有环周，我去不再阳。眷眷往昔时，忆此断人肠。"荣华也好，盛衰也罢，都不能长久。日月升降有时，循环往复，可是人的生命却无法从头再来。悲伤徒劳无益，珍惜当下，才是正道。

古往今来，诗人们不厌其烦，谆谆告诫，一定要抓住少年时的好时光，努力努力，再努力，这又是为什么呢？因为年老的时候，老眼昏花，记忆力衰退，就算有心再去拼搏，终究心有余而力不足。

他在《杂诗十二首》（其五）中用自己的亲身感受传递了这样的信息："忆我少壮时，无乐自欣豫。猛志逸四海，骞翮思远翥。荏苒岁月颓，此心稍已去。值欢无复娱，每每多忧虑。气力渐衰损，转觉日不如。壑舟无须臾，引我不得住。"

《杂诗十二首》（其六）[3]中说："昔闻长者言，掩耳每不喜。奈何五十年，忽已亲此事。求我盛年欢，一毫无复意。去去转欲远，此生岂再值。倾家时作乐，竟此岁月驶。有子不留金，何用身后置！"

谁没有过年轻呢？谁年轻时候不曾有过梦想，并为之而努力过呢？但是，因为年轻总觉得自己还有的是时光可供消遣，面对长者的好心劝告，

---

[1]《杂诗十二首》（其二）："白日沦西河，素月出东岭。遥遥万里辉，荡荡空中景。风来入房户，夜中枕席冷。气变悟时易，不眠知夕永。欲言无予和，挥杯劝孤影。日月掷人去，有志不获骋。念此怀悲凄，终晓不能静。"

[2]《杂诗十二首》（其三）："荣华难久居，盛衰不可量。昔为三春蕖，今作秋莲房。严霜结野草，枯悴未遽央。日月有环周，我去不再阳。眷眷往昔时，忆此断人肠。"

[3]《杂诗十二首》（其六）："昔闻长者言，掩耳每不喜。奈何五十年，忽已亲此事。求我盛年欢，一毫无复意。去去转欲远，此生岂再值。倾家时作乐，竟此岁月驶。有子不留金，何用身后置。"

常常是不耐烦地掩住耳朵，嘴上连连说着："我不听，我不听！"总以为别人的劝告都是杞人忧天。殊不知，日月如梭，昔日的无忧无虑、自觉岁月悠长的少年已到半百，此时方知虚度了多少光阴。然而，岁月这条船在自己的作乐消遣中，就这样驶到了生命的终点，"去去转欲远，此生岂再值。"人生再不能重新来过，世上也没有能够拉住太阳的"六龙"。年轻人啊，你还要浪费光阴吗？

杂诗十二首（其五）

忆我少壮时，无乐自欣豫①。
猛志逸②四海，骞翮思远翥③。
荏苒岁月颓④，此心稍已去。
值欢无复娱，每每多忧虑。
气力渐衰损，转觉日不如。
壑舟⑤无须臾，引我不得住。
前涂⑥当几许，未知止泊处。
古人惜寸阴，念此使人惧。

| 注释 |

①欣豫，高兴而安逸。②逸，超越。③骞翮，展翅。翥，飞。④荏苒，渐进，推移。颓，落下，逝去。⑤壑舟，比喻事物在不知不觉中发生变化。《庄子·大宗师》："夫藏舟于壑，藏山于泽，谓之固矣。然而夜半有力者负之而走，昧者不知也。"⑥前涂，通"前途"，前边的路。

| 读诗偶得 |

立志在少年

俗语说，有志不在年高，无志空活百岁。青少年是人生的黄金时期，同时也是可塑性最强的时期。纵观历史上有所成就的人，大都是在青少年时代就立下了宏志，并为之而奋斗不息的。

本诗开头两句，诗人轻松愉快地回忆了青少年时期的快乐体验——即使没有什么快乐事，也会感到快乐。那时候没有人事的羁绊，没有心机的复杂，没有人际的险恶，也不用"忧国忧民"，自然是人生中最无忧无虑、最快乐的时期。

但是，无忧无虑并不等于没有理想。诗人在少年时代便立下了走四方的"猛志"。他也在告诉我们，一个人在少年时代便要树立理想。这个理想不一定有多伟大、多崇高，但一定是正能量的，是不通过一番艰苦的努力，不能达到的目标。比如，成为一名作家、旅行家、诗人，或者成为一名政治家、科学家、医生，或者像古代英雄一样，在军营中建功立业。当然，也可以像欧阳修那样，就是想当官，多挣点钱，让家里人的生活过得好一点。这丝毫不影响理想的成色，更不会耽搁日后对理想的修正与提升。

引导少年读书，从书中汲取营养，培养操守，树立志向，这是师者的责任，是父母的责任，也是青少年自强不息、自立自尊，实现自我价值的必由之路。

"忆我少壮时，无乐自欣豫。"少壮时期，即使没有什么开心事，也会感到快乐；"荏苒岁月颓，此心稍已去。"可是等到了中年、晚年，这种心情渐渐消退了。哪怕遇到了特别开心的事，也会因为还有一大堆忧心事而无暇欢娱。诗人通过少年时期与中晚年时期不同的人生体验，说明时光易逝，奋斗要抓住青春的道理。

他告诫人们，一个人的精力是有限的。岁月不饶人，年岁大了，身体各种零件的功能都会退化，即使有雄心壮志，恐怕也是心有余而力不足。古人为什么屡屡提倡一定要珍惜光阴？就是因为，他们感受到了生命短暂，时光易逝，人生易老。而想到这些，诗人不禁有一种惊惧感涌上心头。

是啊，人生太短，世事太繁，还有那么多"梦"未实现，怎么办呢？是像汉魏早期文人那样凭空慨叹，追求享乐，得过且过，醉生梦死？还是像曹操那样，"烈士暮年，壮心不已""老骥伏枥，志在千里"？

诗人用一个"惧"字，给出了答案。

饮酒二十首（其十六）

少年罕人事①，游好②在六经。
行行③向不惑，淹留④遂无成。
竟抱固穷节，饥寒饱所更。
敝庐交悲风，荒草没前庭。
披褐守长夜，晨鸡不肯鸣。
孟公不在兹，终以翳吾情。

| 注释 |

①罕，稀少，此指不关心。人事，世俗之事。②游好，专心喜好。③行行，不停地行进。④淹留，长久停留。

| 读诗偶得 |

不随波逐流的人生

诗人在这首诗里明确指出，自己从少年时起便推崇儒家经典六经，并以六经为主业刻苦攻读。

陶渊明好饮酒，这是事实。他以饮酒为题材写下过很多诗，其中一组《饮酒》诗便有二十首之多。饮酒亦真亦假，他实际上是借酒发挥。虽然说出的"酒话"依然隐晦，但是比之平时的诗，自然是多了一分率真。

六经是强调出仕入世的，可是对六经刻苦的学习并没有让诗人实现修身、齐家、治国、平天下的人生理想。因为，在陶渊明所处的时代，"羲农去我久，举世少复真。"（《饮酒诗二十首》其二十）"学者以老庄为师，而黜六经。"[1]大家不再信奉儒家经典，而忙于"终日驰车走，不见所问津"（《饮酒诗二十首》其二十）。礼崩乐坏，世风日下。

《晋书·王雅传》讲过一则这样的故事：大臣王恂的儿子结婚，很多

[1] 晋·干宝：《晋纪总论》。

亲信故旧都去参加婚礼，可是半路上大家听说另一个大臣王雅新任太子太傅，不少人便调转车头，直奔王雅家祝贺去了。当时的世风可见一斑。

陶渊明有过很多从政通达的机会，也曾当过县令，如果他随波逐流，与世俗同流合污，他完全可以过上达官显贵的生活。但是，在绝世之下，陶渊明"六籍无一亲"（《饮酒诗二十首》其二十），仍然坚守儒家学说，固守文人的品性，辞官而去，回归"敝庐交悲风，荒草没前庭"的田园生活。

"少年罕人事，游好在六经"两句，道出了诗人特立独行的品性与崇尚六经的学术主张。人事，是指迎来送往、逢迎拍马的世俗交往。《后汉书·黄琬传》中说："时权富子弟，多以人事得举。"陶渊明在《归园田居》五首（其一）中说："少无适俗韵，性本爱丘山。"其意与"少年罕人事，游好在六经"相同。既然很少去迎合世俗，那么剩下的时光干什么呢？"游好在六经"——诗人至此引出了正题。"游好"，这个词意味深长。《礼记·学记》第十八中说："不学操缦，不能安弦；不学博依，不能安诗；不学杂服，不能安礼；不兴其艺，不能乐学。故君子之于学也，藏焉，修焉，息焉，游焉。夫然，故安其学而亲其师，乐其友而信其道，是以虽离师辅而不反也。"

为了更好地理解这段话，不妨把它翻译过来：

> 学习应当循序渐进，博学精进。不练习指法，就不会弹奏乐曲；不广博地学习比兴的表现手法，就不能学会作诗；不学习各种杂事之礼，就不能学好礼仪；不对各种技艺感兴趣，便不能喜欢去学习。因此，君子心怀学习之志，不只上课时认真修学，休息的时候，游玩的时候，都能不忘记学习，能够这样即使离开老师，也能够不违反师道。

《学记》里提到的"游焉"的"游"，大体上是指读万卷书，行万里路之意，是游中求学。游中学的是什么？是"六艺"，也就是礼、乐、射、御、书、数。《论语·述而》中说："子曰：'志于道，据于德，依于仁，游于艺。'"就是这个意思。另外，《汉书·艺文志》里说：儒家"游文于六经之中"，是说儒家的学说体现在六经之中。

《礼记》《论语》《汉书》中关于"游"的解释有一个共同点，那就是都离不开儒家经典。陶渊明一直把儒家经典六经视为学术之根本与立身之大成。从少年起，陶渊明便忘情地游弋于六经的海洋之中，深刻玩味体察，期待有用于世，但黑暗的社会现实阻断了他的理想。

今天我们从读书的角度读这首诗，无疑要得出一个重要结论：六经是我们学习继承国学传统需要阅读的首要经典。

六经中的《乐》没有传下来，所以后人称其为"五经"。事实上，南北朝时期，也有很多人对五经推崇备至。梁元帝萧绎在他的《金楼子》中说："凡读书必以五经为本，所谓非圣人之书勿读。"《魏书·李先传》中记载："太祖问先曰：'天下何书最善，可以益人神智？'先对曰：'唯有经书。'"在此后的唐宋时代，韩愈、范仲淹、苏轼、黄庭坚等大家，都强调宗经的重要性，并把经书的考课纳入科举考试的必读书目中。

六经何以如此重要？《礼记·经解》介绍了六经的功用："其为人也，温柔敦厚，《诗》教也；疏通知远，《书》教也；广博易良，《乐》教也；洁净精微，《易》教也；恭俭庄敬，《礼》教也；属辞比事，《春秋》教也。"观察一个人的为人，温柔而厚道，得力于《诗》的教化；知识通达、博古通今，得力于《书》的教化；豁达平易而又善良，得力于《乐》的教化；纯洁、文静而又细心，得力于《易》的教化；为人端庄恭敬，得力于《礼》的教化；善于连缀文辞、比附事实，得力于《春秋》的教化。

如果不学六经会如何？《礼记·经解》中也有记载："故《诗》之失，愚；《书》之失，诬；《乐》之失，奢；《易》之失，贼；《礼》之失，烦；《春秋》之失，乱。"不学《诗》则愚蠢，不学《书》则学问失实，不学《乐》则奢侈，不学《易》就会让人互相伤害，不学《礼》则使人变得烦琐而无章法，不学《春秋》就会让人乱伦犯上。

《礼记·经解》的解说，似乎把六经的功用说得过于强大。今天我们需要学习的知识更加庞杂广泛，但是从沧海桑田、大浪淘沙的历史中一路走来，五经影响了整个中国几千年的文明进程，学习五经之于传播国学的重要性，如果用"第一要籍"来形容，恐怕也不为过。

好读书，不求甚解

陶渊明在《五柳先生传》中说："好读书，不求甚解，每有会意，便欣然忘食。"这个"不求甚解"的理论十分有名。随着时代的发展，这个词的意义发生了较大的转变，到今天已经与"囫囵吞枣"同义了。可是，当初陶渊明说这句话的本意是喜欢读书，但又不拘泥于个别字句，不纠结于那些冗长的章句、训诂，对于那些暂时不懂的地方，不妨姑且放下。

不求甚解的反面当然是"求甚解"。在当时，有一批学问家热衷于对经典过分解读。班固在《汉书》[1]中说："说五字之文，至于二三万言。"六经中本来只有五个字的内容，解读出来长至二三万言。"仲尼居"三个字，有的人竟然用两页纸的篇幅来解释。南朝梁颜之推曾经引用邺下的谚语："博士买驴，书券三纸，未有驴字。"用以形容当时这种故做"博学"的不良文风。在他看来，圣人的典籍是用来教育人的，只要能阐明经义，略微通晓注文的意思，使人的言行有依据，懂得为人之道就可以了。至于"仲尼居"里的"居"是闲居的场所，还是讲经的厅堂，这一类的争议有什么意义呢？那些用两页纸来解释这三个字的人，不是太无聊了吗？

陶渊明对经书"不求甚解"，对那些冗长无聊的章句、训诂不屑一顾，他用这种方式反对过度解读经典的学风。反对烦琐的章句解说，陶渊明是先驱者。唐代古文运动倡导者韩愈、柳宗元等人物均受其影响。清代的曾国藩也十分推崇陶渊明。

反对过度解读经典，但并不是不重视经典。相反，陶渊明"游好"于六经，更加强调要尊重六经的本源，强调在对经典的反复阅读中，求得共鸣，有所体悟。这其实是陶渊明一个重要的读书理论。

李白在《翰林读书言怀呈集贤诸学士》中说："观书散遗帙，探古穷至妙。片言苟会心，掩卷忽而笑。"李白之笑与陶渊明"每有会意，便

---

[1] 《汉书·艺文志·六艺略》总序。

欣然忘食"之"欣然"之态何其相似啊！

责子

白发被①两鬓，肌肤不复实②。
虽有五男儿，总不好纸笔③。
阿舒已二八，懒惰故无匹。
阿宣行志学④，而不爱文术⑤。
雍端年十三，不识六与七。
通子垂⑥九龄，但觅梨与栗。
天运苟如此，且进杯中物⑦。

| 注释 |

①被，披。②实，结实。③不好纸笔，指不爱读书学习。④行，将。志学，指十五岁。《论语》中孔子说："年十五始志于学"，到了十五岁才开始立志读书学习。⑤文术，写文章。⑥垂，近。⑦杯中物，指酒。

| 读诗偶得 |

在诙谐中劝子读书

这首诗题为《责子》，显然是责备儿子不爱读书学习的意思。但是诗人却没有板起面孔责备儿子，而是像自言自语一样，把五个儿子一个一个地描述了一番，甚至连数落都谈不上。最后，诗人说："天运苟如此，且进杯中物。"如果老天就这样安排，我也没有办法。看来，自己只好借酒消愁了。诗人没有责备孩子的只言片语，倒是让自己陷入了萎靡不振的状态中。与其说是对儿子的责备，不如说是对自己的惩罚，这正是诗人作为"家长"的高明之处——用深深的自责来唤醒孩子们的醒悟。而诗人对儿子们的殷切期望，劝其读书上进的心情，表达得朴素自然，爱子之情表现得淋漓尽致。

"白发被两鬓，肌肤不复实。"自己老了，两鬓已经斑白，肌肉也不再像年轻时那样丰满有力。诗人虽然有五个儿子，可是没有一个爱读书学习的。阿舒是老大，十六岁了，懒惰无比。老二阿宣，马上就十五岁了，就是不爱学写文章。雍、端两个孩子都十三岁了，却不识数，六与七都数不过来。通子最小，是老五，也快九岁了，只知贪吃。人家孔融四岁的时候就知道"让梨"，可老五都快九岁了，却只知道吃。唉，假若天意如此，那我也没有办法，还是喝酒吧。

对这首诗，后代两个大诗人提出了完全不同的看法。杜甫说："有子贤与愚，何其挂怀抱。"[1]杜甫认为《责子》诗是在批评儿子不求上进，指责陶渊明对儿子太苛刻。而黄庭坚则不赞同杜甫的观点，他说："观渊明之诗，想见其人岂弟慈祥、戏谑可观也。俗人便谓渊明诸子皆不肖，而渊明愁叹见于诗，可谓痴人前不得说梦也。"[2]黄庭坚认为凡是认为陶渊明责子太过的，都是没有真正读懂陶诗。

诗中罗列了五个儿子不爱读书的情况。很显然，这些情况是经过诗人艺术处理的，是漫画似的。其实，诗人五个儿子最大的不过十六岁，最小的还不到九岁，现学也不晚。可见，诗人虽然有对诸子责备的意思，但是，更重要的是用自己早年的勤奋（"白发被两鬓，肌肤不复实"两句明写身体变化，实际是说自己现在由于身体、年龄的原因，已不能像年轻时那样刻苦学习了）与现在的自责（"天运苟如此，且进杯中物"两句，把责任归于天，归于命运，然后饮酒表示自暴自弃），让儿子看到父亲的伤心，从而激发起儿子的学习志向，达到"责子"的目的。

诗人另有《命子》诗及《与子俨等疏》，对诸子为学、为人提出了严格的要求。陶渊明虽弃绝仕途，但对子女教育却没有丝毫的放松。诗人以戏谑之笔，彰显父亲慈祥、爱怜之情。黄庭坚的体会更接近陶诗的本意。

---

[1] 《遣兴五首·陶潜辟俗翁》："陶潜避俗翁，未必能达道。观其著诗集，颇亦恨枯槁。达生岂是足，默识盖不早。有子贤与愚，何其挂怀抱。"

[2] 黄庭坚：《书陶渊明责子诗后》。

但是，杜甫何以看不出？不是他没有看出来，而是他借题发挥，对陶渊明避世的行为提出自己的见解，对陶诗风格作出自己的评价。其主旨已经突破了陶渊明《责子》诗本身的意图。

【南朝】谢灵运：读书可知古今

| 导读 |

有一个成语叫"悬梁刺股"，说的是孙敬、苏秦两个古代勤奋读书的典型。其实，他们读书学习的态度可敬却不值得提倡。谢灵运显然是反对这样读书的，他出身名门，兼负才华但仕途坎坷，为了摆脱政治烦恼常常放浪山水，探奇览胜。

他反对隐居避世，也反对热衷仕进，诗人认为在不经意间捧起书本"观古知今"，收获了知识，也收获了快乐。在茶余饭后或者席间兴起，对书中内容有感而发，往往也不乏真知灼见。而不必端起架子，郑重其事。

斋中读书

昔余游京华①，未尝废丘壑。
矧乃②归山川，心迹双寂寞。
虚馆绝诤讼，空庭来鸟雀。
卧疾丰暇豫③，翰墨时间作④。
怀抱⑤观古今，寝食展戏谑。
既笑沮溺⑥苦，又哂子云阁⑦。
执戟⑧亦以疲，耕稼岂云乐。
万事难并欢，达生⑨幸可托。

谢灵运（385-433）

南朝晋、宋间诗人。原籍陈郡阳夏（今河南太康），生于会稽始宁（今浙江上虞）。东晋名将谢玄之孙，袭爵封康乐公，世称"谢康乐"。

| 注释 |

①京华，指建康（今南京）。②矧乃，况且。③丰，多。暇豫，闲暇时间。④翰墨，指写文章。间作，偶尔抽空写一些。⑤怀抱，指捧书而读。⑥沮、溺，指长沮和桀溺。《论语·微子》中记载，长沮与桀溺一同耕田，孔子经过时，叫他的学生子路向两人打问渡口的所在。二人生活条件极其艰苦。⑦哂，笑。子云，西汉扬雄，字子云。西汉成帝时在朝为官，王莽篡汉，立"新"朝，扬雄作《剧秦美新》加以吹捧，并受任大夫

之职校书天禄阁。后因事被株连，投阁自杀，几乎死去。⑧执戟，秦汉时宫廷的侍卫官，因值勤时手执戟而得名，这里泛指做官。⑨达生，指不受物欲的困扰，摆脱世务的牵累，在精神上求得自我解脱的生活方式与生活态度。《庄子》有《达生》篇。

| 读诗偶得 |

以轻松的态度读书

这首诗题为《斋中读书》，核心观点是"怀抱观古今"，这是讲读书的目的或者作用的，也就是说读书是为了观古知今，以古为鉴。而特别值得说明的是，诗人认为读书为"茶余饭后"提供了谈资。"寝食展戏谑"，在吃饭的时候可以以调侃的口吻品评所读之书，而不必正襟危坐，像学究一样板着面孔，一本正经地谈古论今。

诗人读书的态度是轻松自如的，他不把读书当作晋身之阶，也反对像长沮、桀溺那样辛苦的隐居生活。当官当累了，毫无留恋之意，但是农耕生活也不会给他带来快乐。怎么办呢？人生不如意事常八九，鱼和熊掌不能兼得，还是像庄子说的那样，选择"达生"的人生态度。

谢灵运的读书方式，特别是他的生活态度，与其本人的家庭出身、时代背景是分不开的。

诗人喜欢游历山水，即使在京城做官时，也不稍减游赏山水的雅兴。后来，诗人因与庐陵王刘义真交往甚密，受到当权者徐羡之等人猜忌，被排挤出朝廷，任永嘉太守。诗人本来热爱山水，官场失意后，更是把精力都用到了游历上。

从"卧疾丰暇豫"起，即转入"斋中读书"的描述。卧疾，显然这里既是诗人身体的疾病，更是"心"病，因为有"疾"在，只能在"斋中"。因为有了许多空闲时间，除了写诗作文外，自然可以多读书。

"怀抱观古今"等四句，具体写读书的情形。诗人读书的目的在于"观古今"，了解历史以增进对现实的认识。方法上有读有评，"寝食展戏谑"即指在茶余饭后对书中内容进行调侃性的评论。诗中论到的人物有消极避世的隐士长沮、桀溺和热衷仕进的文人扬雄。谢灵运不满于扬雄的屈节事人、钻营爵禄，故在非笑沮、溺的同时，对扬雄也采取了哂笑的否定态度。

结尾四句直接表明诗人自己对做官或者归隐的看法及对生活方式的选择。谢灵运出身大官僚地主家庭，广有田产，归隐而仍可免于沮、溺的耦耕之苦。他可以轻松地实现"达生"的梦想。不久，他果然辞官，把足迹伸向了更广阔的山川大地。

【南朝】江淹：江郎才尽为哪般？

| 导读 |

苏东坡有诗"粗缯大布裹生涯，腹有诗书气自华"，说的是读书能够让人气质非常。早在南朝时江淹就提出了类似的观点，他认为金玉不足为宝，真正称得上"宝"的是书，而且读书可以保"颜华"。

有个成语叫"江郎才尽"，说的是江淹晚年不爱读书的事。他也启示我们，不管官做多大，学问有多深，都不能放弃读书。否则，以江淹之才华，也只能落得个"江郎才尽"的下场。

效阮公①诗十五首（其二）

十年学读书，颜华②尚美好。
不逐世间人，斗鸡东郊道③。
富贵如浮云，金玉不为宝。
一旦鹈鴂④鸣，严霜被⑤劲草。
志气多感失，泪下沾怀抱。

江淹（444-505）

南朝文学家。字文通，济阳考城（今河南民权）人。江淹是南朝辞赋大家，与鲍照并称，著名的赋作有《恨赋》《别赋》。他又是南朝骈文中最有成就的作家之一，与鲍照、刘峻、徐陵齐名。其诗作成就虽不及辞赋和骈文，但也不乏优秀之作，其特点是意趣深远，在齐梁诸家中尤为突出。明人辑有《江文通集汇注》。

| 注释 |

①效，模仿。阮公，阮籍。②颜华，容颜与年华。③斗鸡东郊道，语出曹植《名都篇》，此泛指世间轻薄少年的荒淫无聊生活。④鹈鴂，杜鹃鸟。⑤被，加上。

活到老，学到老

这首诗是模仿阮籍《咏怀》诗写的。阮籍的《咏怀》诗共八十二首，江淹模仿其诗写了十五首，也形成了一定规模。当然，这只是借阮籍之"形"，传自己之"神"的作品。诗人认为，高官厚禄是浮云，缥缈不定，黄金宝玉算不得"宝贝"。高官厚禄是别人给的，别人既然能够给你，也能够收回。收回的方式有千种万种，找个借口"杯酒释兵权"，那是好的。最不幸的，就是秦相李斯那种，到头来只能发出"黄犬之叹"，悔不当初，直至"云阳血染衣"。

而真正能让自己保持"颜华"的只有读书。学到了知识，增长了学识，一技在手，吃穿不愁。人们可以收回你手中的权力，夺走你家中的财富，可是谁又能让你的知识从你的大脑中抹掉？

生命之树常青，是因为有"清泉"的滋润。当然，诗人说的这个"颜华"更多的是指精气神方面。读书能够改变一个人的气质，甚至可以改变人的容貌。不读书，人看起来面目可憎："士人三日不读书，则面目可憎，语言无味。"（明·东鲁古狂生《醉醒石》）

江淹六岁能诗，十三岁丧父，家境贫寒，曾采薪养母。二十岁左右就当上了王爷太子的老师，先是教宋始安王刘子真读"五经"，后一度在新安王刘子鸾幕下任职，历仕宋、齐、梁三代。

江淹早年在仕途上不甚得志，坎坷的经历反而造就了一位文学大家。但是，中年以后，官运亨通，他开始忙于应酬，满足于享受荣华富贵的"贵族"生活，从而让他荒废了学术与文章一途。到齐武帝后期，他就很少有传世之作，故有"江郎才尽"之说。

北宋文学家欧阳修曾多次在他的诗中强调，官位越高，越要严格要求自己，坚持锲而不舍地读书学习。他用自己的亲身经历说明，年龄大了，身体机能衰退，学习劲头、效果大打折扣，加上官位高了，衣来伸手，饭来张口，进取心也会减退。他因此时时告诫自己，一定要防微杜渐，始终加强学习，活到老，学到老，这样才能避免"江郎才尽"。

【北朝】颜之推：读书无捷径

| 导读 |

　　颜之推是较早明确提出"早教"的教育家之一。他的《颜氏家训》就像后来曾国藩家书一样，系统地阐述了自幼读书学习的重要性及方式方法。

　　《古意二首》其一，记录了自己读书的经历与荣光。颜之推强调读书要趁年少，"幼而学者，如日出之光。"读书要多向前人学习，否则就像蒙着被睡觉一样；要广泛地阅读，不断增强视野，不得轻易下结论等等。诗人还特别指出，读书人一定要像爱护自己的眼睛一样爱护书，要好借好还。

古意二首（其一）

十五好诗书，二十弹冠仕。　　　　　　　　颜之推（531－约590）
楚王赐颜色，出入章华里。　　　　　　　字介，原籍琅邪临沂（今
作赋凌屈原，读书夸左史。　　　　　山东省临沂市），南北朝文学
数从明月宴①，或侍朝云祀②。　　　家，世居建康（今南京市），
登山摘紫芝③，泛江采绿芷④。　　　生于士族官僚家庭。他早传
歌舞未终曲，风尘暗天起⑤。　　　家业，十二岁时听讲老庄之
吴师破九龙，秦兵割千里。　　　学，因"虚谈非其所好，还
狐兔穴宗庙，霜露沾朝市。　　习《礼》《传》"，生活上"好
璧入邯郸宫⑥，剑去襄城水⑦。　　饮酒，多任纵，不修边幅"。
未获殉陵墓，独生良足耻。　　他博览群书，为文辞情并茂。
悯悯思旧都，恻恻怀君子⑧。　　传世著作有《颜氏家训》和
白发窥明镜，忧伤没余齿。　　　《还冤志》等。

| 注释 |

　　①明月宴，梁元帝建有明月楼，是经常宴饮之所。②朝云祀，即祭祀朝云神女。

据宋玉《高唐赋》："楚襄王游高唐，梦见巫山神女。神女自云：'朝为行云，暮为行雨，朝朝暮暮，阳台之下。'"襄王为之立庙，号曰"朝云"。③紫芝，灵芝。张衡《思玄赋》："留瀛洲而采芝兮，聊且以乎长生。"④绿芷，碧绿的芳草。吴均《与柳恽相赠答》："黄鹂飞上苑，绿芷出汀洲。"⑤风尘暗天起，萧绎曾向西魏称臣，即帝位后不再称臣，于是西魏大军进攻江陵。"风尘"指西魏对梁元帝发动战争。西魏军队南下，势如破竹，诗人含蓄地称之为"吴师破九龙，秦兵割千里"。江陵城破，宗庙废墟，狐兔穴其中，霜露沾湿，变朝而易市。⑥璧入邯郸宫，指楚之和氏璧为赵惠文王所得。⑦剑去襄城北，张华所得宝剑，在他死后飞入襄城水中。⑧悯悯思旧都，恻恻怀君子：西魏入侵，导致梁元帝顷刻覆亡，社稷毁弃，生灵涂炭。国破家亡，诗人有"黍离之悲"，故而"思旧都""怀君子"。

| 读诗偶得 |

有一得必有一失

惜数年勤学，受一生愧辱

"十五好诗书，二十弹冠仕。""作赋凌屈原，读书夸左史。"颜之推自述从十五岁开始读诗书，二十岁便开始做官了。很显然，勤奋学习有了实实在在的成果。正应了那句话——"学而优则仕"。怎么知道学而"优"呢？做官当然可以证明，但更能证明的是后两句。你看看，诗人作赋可以超过屈原了，读书可以与左史倚相相提并论了。因学而优，因优而仕，因仕而备受帝王宠幸。"楚王赐颜色，出入章华里""数从明月宴，或侍朝云祀""登山摘紫芝，泛江采绿芷"这是何等的荣耀啊！

结尾"白发窥明镜，忧伤没余齿"两句，与"十五好诗书，二十弹冠仕"相呼应，也映射出诗人心情境遇的巨大反差。

"十五""二十"，这里不是实指。事实上，颜之推七岁的时候就能背诵《灵光殿赋》了。从古代的《长歌行》直至唐、宋、元、明、清，无数学有所成的诗人、学者，都在反复强调要趁着少壮之年努力学习。颜之推是较早明确提出"早教"的教育家之一。他说："幼而学者，如日出之光""人生小幼，精神专利，长成已后，思虑散逸，固须早教，勿失机也。"[1]
人在小的时候精力易于集中，而长大之后心思容易分散。所以一定要抓住
少年时光勤学苦练，切不可错失良机。而且，少年时候学到的东西会在脑
海中留下深刻的记忆，让人久久不忘，历久弥新。但他同时也强调，人不
可能一帆风顺。如果少壮时因为坎坷错过了读书的最好时机，也不要气馁。
孔子说："五十以学《易》，可以无大过矣。"五十岁了学习尚有收获。"老
而学者，如秉烛夜游，犹贤乎瞑目而无见者也。"[2]虽然年纪大了，这时候
读书好像手里拿着蜡烛在夜里行走一样，但是总比闭上眼睛什么也看不见
好得多。

学是因，仕是果。在这个因果之间，有一个字诗人没有明说。正是这
个字才让他达到了学而优的目的，那便是"勤"。离开了这个"勤"字会
是什么结果呢？"何惜数年勤学，长受一生愧辱哉！"[3]颜之推一语道出
了不勤学带来的恶果，因为不肯花几年工夫勤奋学习，而要一生遭受羞辱。
在颜之推看来，如果早年不爱学习，贪图享受，可能过几年"舒服"的日子，
那么此后漫长的人生将承受因无知而带来的耻辱。

颜之推说，古代明王圣主，没有一个不勤奋学习的，帝王尚且如此，
何况我们普通人呢？梁元帝萧绎十二岁时已被立为太子，本应养尊处优，
但是他却过着苦学的日子。当时他患有皮肤病，手脚都不能自如地屈伸。
他在书斋中挂上帏帐，以挡住苍蝇、蚊子的骚扰。一个人独坐其中，座旁
放一瓶甜酒，手脚疼痛难忍时，便喝点酒来缓解，以保证自己能够全神贯
注地攻读史书。那时候，他给自己确定了一个目标，每天读二十卷书。

事实上，不只帝王，就是很多王公大臣的子弟，从几岁开始就接受教
育了。几年过去，学得多的人已经学到《礼经》《春秋三传》这些比较复
杂的经典。学得少的人也掌握了《诗经》《论语》。等到举行成人礼、成

---

[1]　《颜氏家训·勉学》。

[2]　《颜氏家训·勉学》。

[3]　《颜氏家训·勉学》。

婚的年龄，人的体质、性情都大体固定了，此时再加以训导。有志向的人，经此磨砺而成就事业，没有志向的人，半途而废，终将沦为平庸之人。

也许有人说，平庸未必是坏事。问题是没有多少人甘于平庸。有些人靠着投机取巧，或者攀龙附凤、附庸风雅，走入官场仕途、文人圈子，然而终因有名无实，上不了台面，最后不是受人侮辱，便是自取其辱。早知如此，何必当初？正因为如此，颜之推才发出了"何惜数年勤学，长受一生愧辱哉"的感慨。俗语云："吃得苦中苦，方为人上人。"说得虽然功利了点，但却说出一个事实，春种秋收，自然之理。所谓种瓜得瓜，种豆得豆，没有付出，还想收获，只能是痴人说梦。

人生在世，会当有业

颜之推勉励人们要勤学，但是学什么呢？讲经读史这是自然，但学习的内容不应该只限于此。

颜之推强调："人生在世，会当有业。"也就是说，人立于世，需要掌握一种技能。农民要学会如何耕种，商人要学会如何做买卖，工匠要掌握制造各种器物的技巧，艺人要钻研技艺，武士要经常练习骑马射箭，文人要时常讲经论文。颜之推第一次提出了学习内容的多面性。在他看来，"三百六十行，行行出状元。"不管是务农的、做工的、经商的、当仆人的，还是钓鱼的、杀猪的、喂牛的，他们中都曾出现过贤明通达之人。只要勤学，出类拔萃，就会掌握命运的钥匙，赢得人们的尊重。

有人曾经这样问颜之推："有的人只靠手执武器，除暴安良，就获得了公侯的爵位；有的人凭借阐释法度，研习吏道，就取得卿相的官职。相反，那些所谓的博古通今、文武双全之人，不但没有得到官位，反而让妻子儿女挨饿受冻，学习有什么值得崇尚的呢？"听到这样的话，颜之推付之一笑，他说："人的成功自然有很多因素，不学无术的人因为某个机缘也可能成就事业，达到显位。博学多才的人，也未必会人尽其才，才尽其用，但这种现象只是个例，是偶然的。熟读诗书，博古通今，是成功的必然条件。以偶然代替必然，有什么说服力呢？"

那么，读书学习是为了做官吗？当然不是。颜之推认为："夫学者犹种树也，春玩其华，秋登其实。讲论文章，春华也，修身利行，秋实也。"又说："夫所以读书学问，本欲开心明目，利于行耳。"读书学习的目的是启发智力，开阔眼界，以利于自己修身养性。同时，学习也是谋生的重要手段。俗话说："手中有粮，心中不慌。""积财千万，不如一技在身。"颜之推指出，有些人即使祖上世代都是平民，只要他读过《论语》《孝经》，还是有机会教书谋生；有些人即使祖上世代为官，但是他本人不学习、不通文墨，也只能沦为种地养马的奴仆。

"若能常保数百卷书，千载终不为小人也。"各种谋生手段中，最容易学习而且值得崇尚的便是读书。学习的渠道当然很多，但是向古人学习，汲取古人的智慧与功力，无疑是学有所成至关重要的途径。"不师古之踪迹，犹蒙被而卧耳。"不向古人学习，就好比蒙着被子睡觉一样，或者像是面墙而立，是十分愚蠢的事情。

观天下书未遍，不得妄下雌黄

人常说，读书人清高。确实有这样的人，书刚刚读了几卷，便认为得到真传，高人一等，趾高气扬，不把长者放在眼里，对同列更是傲慢无礼，颜之推十分瞧不起这样的"读书人"。他认为，如果因为有了点学问而使自己的品行招致损害，还不如没有学问。他这样说当然是要告诫读书人，一定要扎扎实实，把书本读多、读通、读透，切不可一瓶不满半瓶摇。

颜之推强调读书要做到"遍观"，也就是要求尽量多地阅读。特别是对同一类书，有不同的版本、不同的解释，如果不能"遍观"就不可能全面、准确地了解这部书。而在不能全面阅读的情况下，仅仅靠某一本书或某些书就轻易地下结论，轻则在传播过程中可能出现讹误、闹出笑话，重则可能影响到知识的传播与传承。

颜之推说："夫学者贵能博闻也。郡国、山川、官位、姓族、衣服、饮食、器皿、制度，皆欲根寻，得其原本。"要广博地学习，寻根问底，弄清楚本来面目。但是，他强调博学的同时，又反对对经典的过度解读，就像陶渊明"不求甚解"一样，对那种动不动下笔千言万语解释经典的做法提出批评。希望读书之人像汉代的大学问家那样，集中精力专注于某一经典的学习，把握精髓，弘扬圣人之道。读书，如果能够做到博览与专精相结合，那应该是最完美的境界了。

颜之推在《颜氏家训·治家》里讲了一个故事：济阳有一个叫张禄的人十分爱看书，如果书没有看完，即使突然遇到急事，也一定要先把书整理好，然后才起身。所以，他的书虽然反复阅读，但仍然保存完好，没有任何破损。因为这个缘故，别人也愿意借书给他。

读书人借书是难免的事情，特别是古代，书籍一方面数量很少，一方面价格也很昂贵，并不是所有的读书人都有书可读，所以借书也是常事。不过，有些人借阅别人的书却不爱惜，有时候把借来的书胡乱地堆在书桌上，书和书套四处散落也不去管，以致一些书被小孩子、侍妾、仆人等弄脏，或被风雨浇到，被虫子咬破。对于这种情况，颜之推深恶痛绝。他强调借人典籍，一定要倍加爱护。借来的书原来有破损的地方，先把它修缮好再阅读。他本人每次读圣人的书籍，都是恭恭敬敬，就算是一些旧纸，如果上面有五经词句或者圣人的名字，也不敢胡乱地拿去使用。

爱护书，这是读书人应该具有的良好品性，同时它也是对知识、对文化敬畏的表现。对于读书人来说，得到一本好书如获至宝，自然会像爱护婴儿一样爱护它。至于看书之前先洗手，然后再去翻书；有想特别关注的地方，一定要用书签标识而不去折页，如是等等，虽是小节，但读书人不可忽视。如果是借来的书，还要注意及时地还回去。读书之人都爱书，借给你书显示了读书人的文明与大度，及时还书，同样也是读书人应该具备的美德。

【唐】李百药：广读经典，开启心智

| 导读 |

　　"六经"是儒家之经典，其地位、作用在此无须赘言。自"六经"问世以来，论述其功用、阐释其内涵的文章数不胜数。然而，以诗来阐释经典的篇章在唐朝以前尚不多见。李百药的《赋礼记》是较早以诗的形式解说"六经"的作品之一。

　　《赋礼记》可以说是以诗说经的开端。李百药认为，一本好书（以《礼记》为例）能够启发心智，开拓视野，引导人们领悟大道，胜过满筐的金银财宝。

赋《礼记》

玉帛资王会，郊丘叶圣情。
重广开环堵^①，至道轶金籯^②。
盘薄^③依厚地，遥裔腾太清^④。
方悦升中礼^⑤，足以慰馀生。

李百药（564—648）

字重规，博陵安平（今河北省安平县）人。唐朝大臣，史学家、诗人，《北齐书》的作者。幼年多病，他的祖母因此给他起名"百药"。

| 注释 |

　　①环堵，四围土墙，形容居室隘陋。《后汉书·樊英传》："虽在布衣之列，环堵之中，晏然自得。"陶渊明《五柳先生传》："环堵萧然，不蔽风日，短褐穿结，箪瓢屡空。"②籯，竹器。《汉书·韦贤传》："遗子黄金满籯，不如一经。"③盘薄，通"盘礴"，广大的样子。④裔，衣服的边缘。太清，天空。《楚辞·九叹·远游》："譬若王侨之乘云兮，载赤霄而凌太清。"⑤升中礼，古代帝王祭天上告成功，特指祭天。

以诗说经的开端

在唐朝，著名诗人杜甫有《戏题六绝句》，用诗的形式来说诗，被认为是以诗论诗的开端。李百药的《赋礼记》可以说是以诗说经的开端。至少，可以列入以诗说经的"第一梯队"。

李百药这个人很了不起，是个奇才。史书中说他七岁的时候就能写文章，被称为"奇童"。但他小时候身体多病，他的奶奶希望他能够早日好起来，于是给他起了"百药"这个名字。李百药不仅会写诗，而且是著名的历史学家，《北齐史》就是他的杰作。据记载，从北齐到隋朝五十多年间，曾先后有人编写出几种不同体裁的《北齐史》，其中有李百药父亲李德林的纪传体《齐书》和王劭的编年体《齐志》。公元622年，唐高祖指派裴矩、祖孝孙、魏徵重写《北齐史》，但过了很长时间，他们也没有完成。629年，唐太宗专门设立了梁、陈、齐、周、隋五朝史的编写机构，命李百药负责写《北齐史》。李百药不负重托，在继承其父《齐书》的基础上，参考王劭《齐志》扩充改写，经过七年多的努力，终于完成了《北齐史》的写作。

这首诗写得很特别，八句诗，每句中都用了一个动词，生动形象地描述了《礼记》的作用。而其中核心之语莫过于"重广开环堵，至道轶金籯"这两句。

"环堵"这个词很有意思，其内涵极为丰富。《汉书·艺文志》中说："武帝末，鲁共王坏孔子宅，欲以广其宫，而得《古文尚书》及《礼记》《论语》《孝经》凡数十篇，皆古字也。"也就是说，《礼记》是从孔子住的房屋墙壁中得来的。"重广开环堵"，表面看似乎是这个意思。然而，它是不是还有其他深层次的意义呢？

我们再来看一下有关"环堵"的记载，《庄子·杂篇·让王》中说："原宪居鲁，环堵之室，茨之以草；蓬户不完，桑以为枢；而瓮牖二室，褐以为塞；上漏下湿，匡坐而弦。"这句话翻译过来是："原宪住在鲁国，他的居室面积只有十一平方米左右，屋顶是用青草覆盖的；用蓬草编成的门掩不上，用桑条来做门的转轴。用破瓮做两个房间的窗户，用粗布短衣堵塞窗口；屋顶漏雨，屋地总是湿的，他却端坐在那里弹琴唱歌。"这其实讲的就是原宪安贫乐道的故事，原宪是孔子的弟子，姓原，名思，字宪也。这里面出现了"环堵"一词。唐代成玄英解释："周环各一堵，谓之环堵，犹方丈之室也。"

再看《礼记·儒行》中的记载："儒者有一亩之宫，环堵之室。"郑玄解释："环堵，面一堵也。五版为堵，五堵为雉。"另外，《淮南子·原道训》中说："环堵之室，茨之以茅，蓬户瓮牖，揉桑为枢。"高诱的解释是："堵长一丈，高一丈，故曰环堵，言其小也。"

通过上述典籍记载及专家的解释可知，"环堵"是指一丈见方的居室，形容非常的狭小、逼仄。"重广开环堵"，一个"开"字道出了"重典"的伟大。《礼记》是六经之一，是让人"开窍"的，阅读《礼记》，会使人的思维、视野都豁然洞开。它仿佛一股强大的气流，冲出斗室，冲破樊篱，在广阔的大地上漫延开去，忽而又变成上升的气旋，初时云蒸霞蔚，继而在无边的宇宙空间升腾不息。

"至道轶金籝"，紧接上句，用写实的笔法，进一步道出"重典"的作用——《礼记》中传递的大道、至道，其价值超过了满筐的金子。这里运用了汉代邹鲁地区的一个谚语："遗子黄金满籝，不如一经。"这个谚语出自《汉书·韦贤传》："为人质朴少欲，笃志于学，兼通《礼》《尚书》，以《诗》教授，号称'邹鲁大儒'。"韦贤不仅学问出众，而且深得汉昭帝、孝宣帝的重视，是汉昭帝的老师，在孝宣帝时为丞相，并在丞相位上一直工作到退休，显赫一时。韦贤的四个儿子，除长子早亡外，次子官至东海太守，三子留在鲁地为其守墓，四子韦玄成以明经历位至丞相。父荣子耀，深为当地百姓敬慕，因此流传出那句谚语。韦贤父子，皆以《礼记》等经书名声大振，荣耀相继，富贵相因，《礼记》之重，当然非满筐黄金可比。

李百药之后，以诗论经的诗人逐渐多了起来，唐太宗李世民的《赋尚书》便是其中一例。其诗如下："崇文时驻步，东观还停辇。辍膳玩三坟，晖灯披五典。寒心睹肉林，飞魄看沉湎。纵情昏主多，克己明君鲜。灭身资累恶，成名由积善。既承百王末，战兢随岁转。"

李世民作为一代明君圣主，十分强调文治，善于纳谏，也善于学习。这首诗描写了自己在繁忙政事之余，废寝忘食苦学上古典籍的情形。更为可贵的是，他从《尚书》等典籍中记载的暴君的荒谬无耻行径看到了朝代的兴衰。自己有幸成为一代君王，一定要吸取历史教训，以战战兢兢、如临深渊、如履薄冰的严谨态度，治国理政，造福万民。字里行间，表现了一代帝王的谦恭与智慧。

【唐】卢照邻：读书要耐得住寂寞

|导读|

　　卢照邻出身名门望族，幼读诗书，曾师从曹宪、王义方，授小学及经史，博学能文，是"初唐四杰"之一，有名的才子。以他这样的家世和才学，应该门庭若市才是，怎么会"门无车马声"呢？一个"罢"字道出了个中原委。诗人为了读书，主动关闭了迎来送往的大门。他启示我们，要学有所成，需要坐得住冷板凳，少些应酬多读书。

首春贻京邑文士

寂寂罢将迎，门无车马声。
横琴①答山水，披卷②阅公卿。
忽闻岁云晏，倚杖出檐楹③。
寒辞杨柳陌，春满凤皇城。
梅花扶院吐，兰叶绕阶生。
览镜改容色，藏书留姓名。
时来不假问④，生死任交情。

|注释|

　　①横琴，弹琴。②披卷，翻开书卷。③檐，屋檐。楹，房屋的柱子，特指厅堂的前柱。④假问，借问。

卢照邻（约 630-680）

　　字升之，自号"幽忧子"，幽州范阳（今河北涿州）人。少时，以博学能文，被目为司马相如。他的诗委婉顿挫，感慨深微，擅长歌行体，多愁苦之音。代表作是《长安古意》。与王勃、杨炯、骆宾王并称"初唐四杰"。后人辑有《幽忧子集》。

要坐得住冷板凳

卢照邻是有名的才子。可惜命运不济，曾遭横祸下狱，因友人营护得免。不久又染风疾，长期受病痛折磨，苦不堪言，痛不欲生，最后自投颍水而死。他尤工诗歌骈文，以歌行体为佳。"得成比目何辞死，愿作鸳鸯不羡仙。"是吟咏爱情的经典名句。

在《首春贻京邑文士》诗中，他提出了这样的读书观——"寂寂罢将迎，门无车马声。"诗的前四句，生动地描绘了一个钟情山水、沉浸书香的读书人形象，让人肃然起敬。"寂寂罢将迎，门无车马声。"交代了诗人"门前冷落鞍马稀"的事实。诗人是一代才子，名门望族，他的门前怎么会如此冷落呢？一个"罢"字道出了实情：诗人反对迎来送往，不喜欢把大好时光浪费在没有意义的交际之上。我们可以想象，有多少来访之人吃了"闭门羹"，或者遭到冷遇，久而久之，人们知道了他的用意，便自然而然地疏远于他。

当然，诗人是读书人的典范，他应该深知"独学而无友"的道理。他反对的只是那种场面上的应酬，关闭了虚荣者攀援附会的大门。诗人闭门谢客是为了什么呢？"横琴答山水，披卷阅公卿。"诗人争分夺秒，目的就是要静下心来弹琴、读书。这两句诗充满了画境，让人仿佛看到了一位潇洒、执着、认真的读书人，时而抚琴高歌，时而静坐阅读，完全沉浸其中，让人望而生敬，不忍打扰。

"忽闻岁云晏"，一个"忽"字，写出了禅意。天上方一日，人间已半年。诗人完全沉浸在高山流水、谈古论今之中，以至于忘记了时光的流逝，岁月的更迭。放下书卷，走出书斋，眼前的景色让他目不暇接——自己已经度过了寒冷的冬季，春天来了，万物复苏，百花盛开，好一派迷人的风光。这肯定不是实景，应该是诗人想象的春天。然而，这何尝不是诗人沉浸书山学海，涵泳经年之后，心灵之花的一次精彩绽放？

不可否认的是，时光如流电，似逝波，自己出门都要倚靠手杖了，而镜中的自己显然已朱颜不再。但是，这又有何妨？"藏书留姓名"，有了自己勤奋苦读，有了不辍笔耕，终将在史册丹青中留下自己的令名。

"时来不假问，生死任交情。"最后两句与开头两句呼应。诗人这首诗是写给京城文友的。卢照邻染风疾之后，曾经在京城长安附近太白山居住，后来又转至少室山之东龙门山，后又移居阳翟具茨山下，他这种情况注定要与他的文友们难以相见，这恐怕也是现实原因。但是，那些远在京城的朋友虽然不能时时来看望自己又有何妨？真正的交情不会因为没有时常见面而消失啊！

少些应酬多读书，这是才子卢照邻自身的写照，更是对后世读者真诚的告诫。

【唐】李白：做与时俱进的读书人

导读

"五经""四书"是长盛不衰的经典，也是我们中华民族文化的重要源泉。我们强调继承中华民族的优秀传统文化，"五经""四书"不可不读。但是如何读这些经典，不同的人有不同的答案。

李白在《嘲鲁儒》一诗中对只知道研究章句而不思变通的鲁儒进行了无情的嘲弄和辛辣的讽刺。李白认为，读书人不能做死读书的"书呆子"，不能有酸腐气。要有创新思维，与时俱进，学以致用。

嘲鲁儒

鲁叟谈五经，白发死章句①。
问以经济②策，茫如坠烟雾。
足著远游履，首戴方山巾③。
缓步从直道，未行先起尘。
秦家丞相府，不重褒衣人④。
君非叔孙通，与我本殊伦。
时事且未达，归耕汶水⑤滨。

李白（701-762）

字太白，号青莲居士，又号"谪仙人"。籍陇西成纪（今甘肃秦安东），隋末其先人流寓碎叶（今托克马克城），他即生于碎叶城。幼时随其父迁居绵州昌隆（今四川江油）青莲乡。他是唐朝最伟大的浪漫主义诗人，被后世誉为"诗仙"。

注释

①章句，研究分析古书章节、句读，后特指章句之学。②经济，经世济民。杜甫《上水遗怀》："古来经济才，何事独罕有。"③方山巾，古代儒生戴的帽子。④褒衣，宽大之衣。褒衣博带，古代儒生的装束。褒衣人，指代儒生。⑤汶水，山东省境内的大汶河，源出山东省莱芜市北。

不死读书：读书人要与时俱进

自从董仲舒倡导、西汉中央政府推行"罢黜百家，独尊儒术"思想统一政策以来，历朝历代都对经典传承给予至高无上的地位。到了唐宋时代，随着科举制度的大力推行与日臻完善，四书五经成了科举考试的必修课程。大凡学有所成者，无不是精通四书五经者。但是，就如何学习五经，不同时期的人也有不同的看法。这首诗专门嘲笑鲁地的儒生。李白学富五车，他的品格也是特立独行，以他的学识气度，怎么会嘲笑孔夫子家乡的"学者"呢？

下面，就让我们走进这首诗，近距离去寻找答案。

"鲁叟谈五经，白发死章句。"鲁地的老学究，张口闭口谈论的都是五经中的内容，他们一生勤奋学习，"皓首穷经"说的就是他们这种人。到老了，头发已经斑白，还口不离五经的章节、句读。这两句，还看不出诗人的嘲笑之意。这样执着于对经典的学习、传承，把他们列为勤学的范例也不为过。可是接下来的两句则揭示了诗人的主旨。"问以经济策，茫如坠烟雾。"学了这么多经典，如何用它来经国济世呢？面对这样的提问，鲁儒却无言以对。经典之所以成为经典，是因为它包含着修身、齐家、治国、平天下的哲学。如果不能学以致用，那不是死读书、读死书，最后只能读书死了吗？这样的"学问"要它有何用，这样的儒生不是"书呆子"吗？

古代山东有鲁国和齐国，鲁国的都城在曲阜，齐国的都城在临淄。孔子创立的儒家学说发展到汉代，在山东就分化为鲁学与齐学两个分支。大体说来，鲁学好古而齐学趋时，鲁学重章句而齐学重世用。大约在开元末年，李白曾经移居东鲁瑕丘，就是今天的兖州，其地与孔子故里曲阜相邻。李白和当地的儒者（也就是诗中的鲁叟）交流，发现他们虽然对五经烂熟于胸，可是提起治国安邦之策，却是一问三不知。更让李白哭笑不得的是，这些鲁儒并不以为自己有学术缺陷，反而认为李白积极用世太过于功利。李白对这种"书呆子"十分不屑，因此写下了这首诗对他们迂腐的行为进行辛辣的讽刺。

鲁儒的迂腐不仅表现在死啃章句、不思变通上，而且在平时的穿着打扮上也弥漫着迂腐之气。李白用漫画的笔法对鲁儒的迂腐形象进行了描绘。他们脚上穿的是汉代儒者喜欢穿的那种远游履，头戴方山巾，穿着宽大的衣袍，走起路来不紧不慢、故作姿态，踱步缓行。还未等迈开脚步，宽大衣袖已拂起了地上的尘土。

汉高祖时的儒生叔孙通在天下初定之际，为了树立朝廷的权威，受命到鲁地征召儒生，以便共同起草朝廷的礼仪制度。当时有两个儒生说："今天下初定，死者未葬，伤者未起，又欲起礼乐，公所为不合古，吾不行。公往矣，无污我。"死活不跟叔孙通走。叔孙通并不生气，反而笑着说："若真鄙儒也，不知时变。"何谓"鄙儒"？就是见识短浅、不知时变的"腐儒"。最后，叔孙通带着三十个应征的儒生进京，为朝廷制订了成套的礼仪制度。汉高祖七年，长乐宫落成，高祖感叹说："吾乃今日知为皇帝之贵也。"叔孙通及那些知道时变的鲁儒为西汉王朝的礼仪建设，直至后世中国礼制建设，都做出了巨大贡献。然而，时代发展到唐朝，仍然有鲁儒像当年那两位不愿意应召的儒生一样，死抱着五经章句不思时变，殊为可笑。

"秦家丞相府，不重褒衣人。"秦始皇时，在丞相李斯推动下，发生了"焚书坑儒"事件，诸子百家之书都被焚烧，四百六十多位儒生被活埋。

那个时代儒生就算想为国所用也没有用武之地。可是到了汉代，儒家学说成了统治阶级的主流意识形态，儒生本来可以乘势而上，经国济世，然而并不是所有的儒生都像叔孙通一样，懂得与时俱进，为国所用。"君非叔孙通，与我本殊伦。"你们这些鲁叟（诗人连"儒"都不称呼他们了，直接称其为"叟"，足见其对鲁儒的鄙夷）不是叔孙通那样的人，与我当然更不是一类人了。"时事且未达，归耕汶水滨。"既然未谙时事，不思时变，就不要再幻想当什么大儒了，还是回家去种地的好。诗人嬉笑怒骂，极尽挖苦讽刺之能事，"挥一挥手，不带走一片云彩。"直接把鲁儒遣送回汶水之滨了。

在历史上，很多有识之士都反对过分解读经书，以章句之学为耻。东汉桓谭"博学多通，遍习五经，皆训诂大义，不为章句"[1]。东汉王充则对那些不肯好好钻研经义本源，却热衷章句的学者提出批评，他说："世俗学者，不肯竟经明学，深知古今，欲自成一家章句。"[2]西晋向秀对章句研究之风也报以鄙夷的态度，"探道好渊玄，观书鄙章句。"[3]

---

[1] 《后汉书·桓谭传》。

[2] 王充：《论衡·程材》。

[3] 颜延之：《五君咏·向常侍》。

【唐】杜甫：读书破万卷，下笔如有神

┃导读┃

杜甫在他的诗中明确提出了读书与写作的关系，他认为"读书破万卷，下笔如有神"。他因此特别重视对子女的教育，鼓励、引导子女多读书，读好书。

他提出，要知律，多向古诗学习，也就是懂点古代诗词格律知识，这是传承古诗的重要素质，不能丢。在具体读哪些书方面，杜甫特别提出要读《文选》。他说，读书的过程，实际上就是向前人、今贤学习的过程。在他的诗中反复强调"转益多师"的重要性。

奉赠韦左丞丈二十二韵

纨绔不饿死①，儒冠多误身②。
丈人③试静听，贱子请具陈④。
甫昔少年日，早充观国宾⑤。
读书破万卷，下笔如有神。
赋料扬雄敌⑥，诗看子建亲⑦。
李邕⑧求识面，王翰⑨愿卜邻。
自谓颇挺出⑩，立登要路津⑪。
致君尧舜上，再使风俗淳。
此意竟萧条，行歌非隐沦⑫。
骑驴⑬三十载，旅食京华春。
朝扣富儿门，暮随肥马⑭尘。
残杯与冷炙，到处潜悲辛。
主上顷见征⑮，欻然欲求伸⑯。
青冥却垂翅⑰，蹭蹬无纵鳞⑱。
甚愧丈人厚，甚知丈人真。

杜甫（712-770）

字子美，自号杜陵野老，原籍湖北襄阳，出生于河南巩县，杜审言之孙。安史之乱发生后，一度在剑南节度使严武幕中任参谋，严武表为检校工部员外郎，故世称其为杜工部。他是唐代伟大的现实主义诗人，他的诗显示了唐朝由盛转衰的历史过程，有"诗史"之誉。有《杜工部集》传世。

每于百僚上，猥⑲诵佳句新。
窃笑贡公⑳喜，难甘原宪贫㉑。
焉能心怏怏㉒？只是走踆踆㉓。
今欲东入海㉔，即将西去秦㉕。
尚怜终南山，回首清渭滨。
常拟报一饭㉖，况怀辞大臣㉗。
白鸥没浩荡㉘，万里谁能驯㉙？

注释

①纨绔，同"纨袴"，细绢做的裤子，古代贵族子弟的服装。借指贵族子弟。不饿死，不学无术却无饥饿之忧。②儒冠，儒生戴的帽子，借指儒生。儒冠多误身，满腹经纶的儒生却大多穷困潦倒。③丈人，对年长者的尊称，这里指韦济。④贱子，诗人自称。请，意谓请允许我。具陈，细说。⑤"甫昔"两句，是指开元二十三年（735）杜甫以乡贡（由州县选出）的资格在洛阳参加进士考试的事。杜甫当时才二十四岁，就已是"观国之光"（参观王都）的国宾了，故白"早充"。"观国宾"语出《周易·观卦·象辞》："观国之光尚宾也。"⑥扬雄，字子云，西汉辞赋家。料，差不多。敌，匹敌。⑦子建，曹植，字子建。看，比拟。亲，接近。⑧李邕，唐代文学家、书法家，曾任北海郡太守。杜甫少年在洛阳时，李邕奇其才，曾主动去结识他。⑨王翰，当时著名诗人，《凉州词》的作者。⑩挺出，优异、杰出。⑪立登要路津，很快就要得到重要的职位。⑫隐沦，沉沦，不得志。或隐居、隐居的人。⑬骑驴，与乘马的达官贵人对比。⑭肥马，指骑着肥马的人，指养尊处优的人。⑮主上，指唐玄宗。顷，不久前。见征，被征召。⑯欻然，忽然。欲求伸，希望表现自己的才能，实现致君尧舜的志愿。⑰青冥，蓝天。青冥却垂翅，飞鸟折翅从天空坠落。⑱蹭蹬，行进困难的样子。无纵鳞，本指鱼不能纵身远游。⑲猥，谦词，鄙贱的意思。⑳贡公，西汉人贡禹。他与王吉为友，听说王吉显贵了，高兴得弹冠相庆，因为知道自己也将出头。㉑难甘，难以甘心忍受。原宪，孔子的学生，以贫穷出名。㉒怏怏，气愤不平。㉓踆踆，且进且退的样子。㉔东入海，指避世隐居。孔子曾言："道不行，乘桴浮于海。"㉕去秦，离开长安。㉖报一饭，报答一饭之恩。春秋时灵辄报答赵宣子（见《左传·宣公二年》），汉代韩信报答漂母（见《史记·淮阴侯列传》），都是历史上有名的报恩故事。㉗辞大臣，指辞别韦济。㉘白鸥，诗人自比。浩荡，水势汹涌壮阔的样子。没浩荡，投身于浩荡的烟波之间。㉙谁能驯，谁还能拘束我呢？

广泛涉猎，尽量博览

读书一定要多，就好比韩信带兵，多多益善。书读多了，才能避免坐井观天、一叶障目；书读多了，才能举一反三、触类旁通；书读多了，才能见识超人、判断准确……总之，博览群书，好处多多。

关于多读书的观点，很多人都有过论述。不过，最有名的莫过于杜甫的诗句——"读书破万卷，下笔如有神。"杜甫认为，书读多了，下笔就好像有如神助一般。也就是说，读书为写作积累了丰富的素材，同时也能从书中汲取营养，提升自己的思想认识水平，进而提高自己的写作能力。所以，杜甫反复强调，一定要多读书。他说，"富贵必从勤苦得，男儿须读五车书。"（《柏学士茅屋》）

正所谓，英雄所见略同。历史上很多大学问家、大文学家、历史家，都强调一定要多读书，这是他们的切身体会。正因为他们从多读书的实践中收获了太多，感受到了多读书的快乐，他们才如此重视多读书。

汉代的桓谭说："读千赋则善赋"（《新语·道赋》），读了很多的赋，你就很自然地学会写赋了。俗语说："熟读唐诗三百首，不会作诗也会吟。"说的就是这个道理。《三国志》的作者陈寿说："书读百遍，其义自见。"（《三国志·魏志·王朗传附王肃》）一本书反复读，每读一遍对书中主旨的理解就加深一步。久而久之，书中要表达的思想，自然而然就弄懂了。唐代诗人姚合说："书多笔渐重，睡少枕长新。"（《别贾岛》）说的是书读多了后，写起东西来自然就有分量，其意与杜甫"读书破万卷，下笔如有神"相同。苏东坡也有类似的诗句——"读书万卷始通神"（《柳氏二甥求笔迹》），"别来十年学不厌，读破万卷诗愈美。"（《送任伋通判黄州兼寄其兄孜》）很多学有所成的大学者都是这样，就像孔子，为了读懂《易》，就连串连书简的牛皮筋都多次磨断，可见这书不知翻了多少遍。元代诗人程端礼说："劳于读书，逸于作文。"（《读书分年日程》）意思是多读书虽然会很辛苦，但是却可以让自己写起文章来变得轻松自如。说的也是"读书破万卷，下笔如有神"的意思。明代大学者宋濂说："人读书不至千遍，终于己无益。"（《侯均传》）强调一本书只有反复读，才能真正弄懂书中的深意，最终从中受益。

书读得少，说话就没有底气，缺少准确性。"人不读书，其犹夜行。"（［唐］段成式：《酉阳杂俎》）如果不读书，就好像在暗夜里走路一样，很容易迷失方向；"束书不观，游谈无根。"（［宋］苏轼：《李氏山房藏书记》）把书束之高阁不读，平常与人交谈时就没有底气；北齐颜之推说："观天下书未遍，不得妄下雌黄。"（《颜氏家训·勉学》）如果没有读很多书，没有真正弄清楚书中的含义，就不要轻易地评判，更不要轻易下结论；唐代皇甫湜说："书不千轴，不可以语化；文不百代，不可以知变。"（《谕血》）意思是书不阅读上千轴，就不能融会贯通；文章不通读上百代，就不能"通古今之变"。

那么，应该如何理解先贤"多读书"的观点呢？

要广泛涉猎，尽量博览。所谓上知天文，下知地理，如果有能力这样，自然是最好的。在读书的种类上尽量多一点，古今中外，都有所涉猎，这样人的视野就会开阔，要在量上达到一定的积累，量变引起质变。多读书，首先是在量上要有突破，要"破万卷"才行；要专攻，比如对某一类书感兴趣，不妨专门攻读这类书。对于某本书、某个专题产生了兴趣，不妨一遍遍地读，直到烂熟于心，运用自如为止。要做好读书计划，并持之以恒，锲而不舍。要想在有限的时间里读"五车书"、读"万卷书"、读"书千轴"，如果没有规划，没有滴水穿石的精神，恐怕只是一句空话，要善于选择。书海浩瀚无边，穷其一生，一个人也不可能遍观群书的万分之一。所以，要读出成效，必须有一双慧眼，在浩如烟海的书中选出适合自己的，再加以精心研读。

又示宗武

觅句新知律，摊书解满床。

试吟青玉案①，莫羡紫罗囊。
假日从时饮，明年共我长。
应须饱经术，已似爱文章。
十五男儿志，三千弟子行。
曾参与游夏，达者得升堂②。

| 注释 |

①青玉案，出自东汉张衡《四愁诗》。②升堂，登上厅堂，常与"入室"连用。比喻学问造诣深浅程度的差别，后用以赞扬人的学问或者技能达到很高的境界。

| 读诗偶得 |

饱读经典，升堂入室

大凡学有所成的人都有一套教育子女的"秘密武器"。很显然，他们对自己子女的教育是毫无保留的。如果能够认真地学习古人教子的方法，汲取有益的成分为我所用，就有可能从别人的"祖传秘方"中找到进步的台阶。

杜甫忧国忧民，对自己儿子的教育也倍加关心，对他的小儿子宗武，更是疼爱有加。宗武小名骥子，杜甫曾多次在诗中提到他。这首诗里，杜甫明确阐述了他教子的读书观：

其一，要知"律"，也就是要懂得格律。在杜甫的培养下，很小的时候宗武就学会了诗词格律知识，写的诗已经有模有样。别看宗武年纪不大，但是从小就表现出"好读书"的天性，常常是书籍摆满床，正所谓"年年岁岁一床书"（［唐］卢照邻《长安古意》）。古诗是讲究格律的，读书品诗进而写古体诗，格律是必备的知识。我们学习传统文化，需要读很多古典文学的书，包括古代诗词，有的还要学习写作格律诗，如果不懂得格律知识，恐怕很难达到学习的目的。王力先生有一本小书，就是关于格律知识的，写得通俗易懂，是难得的诗词写作入门读物，有志于写作格律诗的人，不妨一读。

其二，要继承古诗写作的传统，学习其写作技法，多读、多练，莫羡慕奢华的物质生活。"试吟青玉案，莫羡紫罗囊。"就是这个意思。张衡《四愁诗》初步具备了七言的形式，出现时间又较早，流传也很广泛，被认为是中国文学史上最早的七言诗。追根溯源，这里诗人用"青玉案"指代古诗。杜甫的很多诗歌深受古诗的影响，他在这里告诫儿子要继承古诗写作传统，努力掌握写作技巧，而不要羡慕华丽的衣装、奢侈的生活，写诗不能图好看，而要有实在的内容。

其三，要饱读诗书，特别是儒家经典。唐朝科举制度盛行，儒家经典自然是必读科目。在另外一首诗中诗人说："诗是吾家事，人传世上情。"（《宗武生日》）认为写诗是他的"家事"。杜甫的远祖杜恕、杜预分别是汉、晋时的名臣大儒，祖父杜审言是初唐著名诗人，诗人自己更是以诗著称于世，杜甫说"诗是吾家事"，称杜家以"诗书传家"可谓实至名归。要把这个"家事"好好地传承下去，需要认真地学习格律，继承古诗的传统。当然，作诗只是一个重要方面，经典也不能忽视，要想真正成为饱学之士，经书不可不熟读深思。

其四，要立志苦学，做"升堂入室"的"达者"。孔子说："年十五始志于学"，现在的宗武还不到十五岁，正是"志"于学的好时候。诗人借用孔子的话，举用孔子三千弟子中的佼佼者曾参、子游、子夏的例子，鼓励宗武立志学习，争取像先贤一样登堂入室。

宗武生日

小子何时见，高秋此日生。
自从都邑语，已伴老夫名。
诗是吾家事，人传世上情。
熟精《文选》理，休觅彩衣①轻。
凋瘵②筵初秩，欹斜③坐不成。
流霞④分片片，涓滴就徐倾⑤。

| 注释 |

①彩衣，也称"莱衣"，老莱子所穿的五彩衣。后指年老仍能孝顺父母。《艺文类聚》引刘向《列女传》："老莱子孝养二亲，行年七十，婴儿自娱，着五色彩衣。尝取浆堂上，跌仆，因卧地为小儿啼。"老莱子的这种表现逗得他的父母十分开心。②凋瘵，衰败。杜甫《壮游》："大军载草草，凋瘵满膏肓。"③攲，同"敧"，斜，倾侧。④流霞，飘动的彩云，这里形容脸因喝酒而红。⑤涓滴，一丁点酒。徐倾，慢慢地要倒下的样子。

| 读诗偶得 |

学习诗赋的范本

在宗武生日宴会上，杜甫兴致勃勃地写下了这首诗。其中传递一个重要信息：要他熟读《文选》，掌握《文选》的精髓。如果宗武做到了这一点，那么，恐怕比"老莱娱亲"更孝顺。

《文选》又称《昭明文选》，是中国现存最早的一部诗文总集，由南朝梁武帝的长子萧统组织文人编选。这部诗文总集以"事出于沉思，义归乎翰藻"为原则，上起先秦，下至梁初，在体裁上划分出赋、诗、杂文三大类三十八小类，分类齐全，选材丰富。其中，辞藻华丽、声律和谐的楚辞、汉赋和六朝骈文占了相当大的比例，诗歌方面也多选择格律严谨的颜延之、谢灵运等人的作品，影响极为深远。

杜甫为什么极力向儿子推荐《文选》呢？这一方面与《文选》的选材及编撰水平有关。丰富的内容，科学的分类，高妙的表现手法，都给唐代文人写作提供了看得见、摸得着的"模板"。另一方面与唐朝以诗赋取士的科举制度密不可分。唐代文学和六朝文学有着紧密的继承关系，于是《文选》成为人们学习诗赋的范本，其作用甚至与经传并驾齐驱。

在唐代，作为诗文总集的《文选》逐渐发展成为一门专门的学科——"文选学"，出现了研究《文选》的高潮，并形成两大代表作品，一个是曹宪的《文选音义》，另一个是李善的《文选注》。

时至今日，学习中华传统文化，《文选》依然是不可不读的名篇。

戏为六绝句（其六）

未及前贤更勿疑，递相祖述①复先谁？
别裁伪体亲风雅②，转益多师是汝师！

|注释|

①祖述，效法前人的行为或学说。②风雅，指代诗经，进而指古代经典。

|读诗偶得|

以诗论诗开先河

读书的过程，实际上就是向前人、今贤学习的过程。杜甫在他的诗中反复强调"转益多师"的重要性。如《咏怀古迹五首》中说："摇落深知宋玉悲，风流儒雅亦吾师。"《解闷十二首》中说："李陵苏武是吾师，孟子论文更不疑。"取人之长，扬人之长，这是杜甫的实践总结，经验之谈。

以诗咏史，东汉班固是开创者；以诗说经，唐朝李百药为先锋；杜甫《戏为六绝句》[1]则开创了以诗论诗的先河。较早做出这样评价的是清高宗敕编《唐宋诗醇》，其中这样说："（杜甫《戏为六绝句》）以诗论文，于绝句中，又属创体。此元好问《论诗绝句》之滥觞也。"杜甫以后，以诗论诗遂为风气，除上文提及的元好问外，戴复古有《论诗十绝》，王士祯有《戏仿元遗山论诗绝句十二首》，赵翼有《论诗绝句五首》，洪亮吉有《道

---

[1] 杜甫《戏为六绝句》诗其一："庾信文章老更成，凌云健笔意纵横。今人嗤点流传赋，不觉前贤畏后生。"其二："王杨卢骆当时体，轻薄为文哂未休。尔曹身与名俱灭，不废江河万古流。"其三："纵使卢王操翰墨，劣于汉魏近风骚。龙文虎脊皆君驭，历块过都见尔曹。"其四："才力应难跨数公，凡今谁是出群雄？或看翡翠兰苕上，未掣鲸鱼碧海中。"其五："不薄今人爱古人，清词丽句必为邻。窃攀屈宋宜方驾，恐与齐梁作后尘。"

中无事偶作论诗绝句二十首》，张问陶有《论诗绝句十二首》，而姚莹则作有《论诗绝句六十首》，论诗绝句成为唐以后重要的诗歌体裁之一。

杜甫这组诗包括六首七言绝句，前三首分别对庾信、"初唐四杰"作出评价，后三首则主要揭示论诗的宗旨。这六首诗既单独成诗，又是一个不可分割的整体。在分析每首诗之前，我们先要了解一下杜甫写这组诗的背景。

马茂元在品评这组诗时曾经指出，魏晋六朝是中国文学由质朴趋向华彩的转变阶段。丽辞与声律，在这一时期得到急剧的发展，诗人们对诗歌形式及其语言技巧的探求，取得了很大的成绩。而这，则为唐代诗歌的全面繁荣创造了条件。然而从另一方面看来，六朝文学又有重形式、轻内容的不良倾向，特别到了齐、梁宫体出现之后，诗风就更淫靡萎弱了。因此，唐代诗论家对六朝文学的接受与批判，是个极为艰巨而复杂的课题。当齐、梁余风还统治着初唐诗坛的时候，陈子昂首先提出复古的主张，李白继起，开创了唐诗的新局面。"务华去实"的风气扭转了，而一些胸无定见、以耳代目的"后生""尔曹"却又走向"好古遗近"的另一极端，他们寻声逐影，竟要全盘否定六朝文学，并把攻击的目标指向庾信和"初唐四杰"。

庾信总结了六朝文学的成就，特别是他那句式整齐、音律谐和的诗歌以及用诗的语言写的抒情小赋，对唐代的律诗、乐府歌行和骈体文，都有直接的先导作用。在唐人的心目中，他是距离唐代较近的诗人中最有代表性的作家，因而是非毁誉也就容易集中到他的身上。至于"初唐四杰"，虽不满于以"绮错婉媚为本"的"上官体"，但他们主要的贡献，则是在于对六朝艺术技巧的继承和发展、今体诗体制的建立和巩固。而这，也就成了"好古遗近"者所谓"劣于汉魏近风骚"的攻击的口实。如何评价庾信和"四杰"，是当时诗坛上论争的焦点所在。

杜甫正是在这种背景下写下这组诗的，诗中对庾信、"初唐四杰"作出了公正的评价，对部分文人看待齐梁以来的作品不作具体分析，全盘否定、一律排斥的态度提出批评，对时人提出诚恳的告诫。其言语十分尖锐，为了缓和紧张气氛，照顾反对者的情绪，诗人特意在诗题中用了"戏题"

二字。杜甫的这组诗是对时人的批判，同时也给后世直至今天的我们提出了宝贵的鉴戒。

第一首论庾信。诗人用"庾信文章老更成""凌云健笔意纵横"表达对庾信的肯定与赞叹。事实上，杜甫多次在他的诗作中对庾信给予高度评价。在《春日忆李白》里曾说"清新庾开府"，在《咏怀古迹五首》中说："庾信生平最萧瑟，暮年诗赋动江关。"杜甫认为，历史条件、社会现实、诗人生活阅历等等，都能直接或者间接地影响诗人的创作，评论前人不应该脱离这些实际，更不能以偏概全，轻率地否定。那些轻率否定庾信成就的人，正是无知的体现，殊为可笑。

第二、三首论"初唐四杰"。同样，诗人既反对时人对"初唐四杰"轻率的否定、无知的讥讽，同时也不主张夸大"初唐四杰"的影响力。就算是王、杨、卢、骆四杰的作品赶不上汉魏间作品，但是他们驾驭文采的能力依然是无人能比的。"龙文虎脊皆君驭"，杜甫继上首诗"当时体"的论述之后，又一次具体地赞颂了"四杰"之作，从而也对否定"四杰"的人进行了有力批驳。

后三首诗侧重于议论。第四首诗人着重提出"才力"的观点。诗人写出好的作品离不开才力，读诗之人在品评诗歌好坏的时候，也应该从诗歌中体现的"才力"大小处下功夫。在诗人的笔下，这里的"才力"既包括诗人认识现实、反映生活的能力和水平，又包括剪裁词藻、艺术表现的能力和水平。

第五首诗，诗人强调"爱古"而不"薄今"。在杜甫看来，诗歌是语言的艺术，"清词丽句"不可废而不讲。更何况庾信、"四杰"除了"清词丽句"之外，尚有"凌云健笔""龙文虎脊"的一面，因此他主张兼收并蓄，力崇古调，兼取新声，古、今体诗并行不悖。

但是，仅仅学习六朝，一味追求"翡翠戏兰苕，容色更相鲜"一类的"清词丽句"，虽也能赏心悦目，但风格毕竟柔媚而浅薄。要想超越前人，必须以恢宏的气度，充分发挥才力，才能在严整的体格之中，表现出气韵飞动的巧妙。不为篇幅所困，不被声律所限，在法度之中保持从容，在规矩之外保持神明。要想达到这种艺术境界，杜甫认为只有"窃攀屈宋"。

最后一首，具有总结的性质。诗人在前五首诗的基础上，得出一个结论："未及前贤"，这是没有什么好质疑的。但是，诗人认为，不能轻率地扬此抑彼，也不能盲目地贵古贱今，而要在"别裁伪体"和"转益多师"上做文章。

【唐】张九龄：读史以鉴今

|导读|

唐朝是一个诗的国度。广大文人在写诗的同时，也热衷于读史书。与此相适应，咏史诗的写作也达到了一个高峰。古代历史中高洁之士成为时代的楷模，吸引着他们深思高举，马首是瞻。张九龄正是从自身早年的读书经历中得出结论，一定要从小就重视对历史书籍的广泛阅读，在古人的事迹中汲取精神营养，培养高尚的道德情操。

叙怀二首（其一）

弱岁①读群史，抗迹②追古人。
被褐有怀玉③，佩印从负薪④。
志合岂兄弟，道行无贱贫。
孤根亦何赖，感激此为邻。

张九龄（673-740）

一名博物，字子寿，韶州曲江（今广东韶关市）人。唐朝开元名相，文学家、诗人。汉代张良之后，西晋张华十四世孙。他的《感遇诗》以格调刚健著称，有《曲江集》传世。

|注释|

①弱岁，二十岁体犹未壮，故曰弱。弱岁，指未到二十岁。②抗迹，极为高尚的品行。《楚辞·九章·悲回风》："望大河之洲渚兮，悲申徒之抗迹。"何劭《游仙诗》："抗迹遗万里，岂恋生民乐。"③被褐怀玉，比喻虽然出身寒微，但有真才实学。语出《老子·道德经·七十章》："知我者希，则我者贵，是以圣人被褐怀玉。"④负薪，背柴。借用朱买臣负薪读书典故。

读史的意义在于鉴今

诗人有《叙怀二首》诗，题为《叙怀》，当是抒写怀抱之作。那么这首诗抒写了诗人怎样的见解呢——读史，以古圣先贤为榜样，并借古以鉴今。这首诗以"弱岁读群史，抗迹追古人"起笔，显然写的是少年读书的事。

史载张九龄自幼聪颖过人，七岁能文，十九岁考中进士，到了二十岁，他已经遍览诸多史书了。胡曾、周昙等人甚至出现了专门的《咏史诗》集。周昙在他的《咏史诗》集序中说："考据妍媸用破心，圣人观古贵知今。"说的是阅读历史的目的在于以古鉴今。张九龄这首诗正是表明了这样的心迹。

"被褐有怀玉，佩印从负薪。"这两句集中表现了诗人的读书人情结或者说作为读书人的心迹。前句是一句成语，叫作"被褐怀玉"，比喻虽然出身寒微，但有真才实学。语出《老子·道德经·七十章》："知我者希，则我者贵，是以圣人被褐怀玉。"在老子的眼里，"被褐怀玉"不是普通人所能为的，只有圣人才能做到。

后一句则隐含了朱买臣负薪读书的典故。朱买臣，江苏吴县人，西汉中期著名的政治人物。汉武帝时为中大夫，累官至会稽太守，位列九卿。可是在他未遇之时，家里很穷，但他非常爱读书，常常一边打柴一边读书。而且他性格豪放，安贫乐道，在打柴的时候也不忘高声吟诗诵文，有时甚至高歌一曲。他的妻子十分生气："你都这样了，还有心思看书唱歌，心真大啊！"朱买臣并不介意，相反他却信心十足地对妻子说："我五十岁的时候应该能够富贵，现在都四十多了，你跟我受了不少苦，再忍受几年，我一定让你享福。"他的妻子闻听此言，当即讥讽他说："像你这样的人，不饿死在山沟里就不错了，还想着富贵，做梦去吧！"话不投机，朱买臣的妻子决意离开他。朱买臣挽留不住，只好随她去了。后来，经同乡严助的推荐，朱买臣果然在朝中做了官，且官越做越大，成了主爵都尉，列于九卿之中。

　　朱买臣负薪读书，终成正果，他的事迹激励了一代又一代寒门学子。张九龄在浩如烟海的历史典籍中唯独选中了朱买臣负薪读书的事迹，足见他对朱买臣执着精神的认可。

　　诗的最后四句是有感而发，表示自己愿意追随古人的高节，努力做一个与古代高洁之士志同道合、有真才实学的人。

【唐】孟浩然：读书人的尴尬

| 导读 |

孟浩然的诗歌成就与人品是值得我们敬仰的，但同时我们又为他终身不仕、困苦一生的遭遇感到惋惜。明代诗人李濂以"落魄襄阳客"称谓孟浩然。它促使今天的我们反思这样一个问题，才华横溢的孟浩然为何会穷困一生？孟浩然在他的《秦中寄远上人》诗中，道出了自己作为读书人的尴尬，也展示了他内心的深层矛盾。

秦中寄远上人①

一丘②常欲卧，三径③苦无资。
北土④非吾愿，东林⑤怀我师。
黄金燃桂⑥尽，壮志逐年衰。
日夕凉风至，闻蝉但益悲。

| 注释 |

①秦中，指唐都长安。远上人，名叫"远"的僧人。上人，对僧人的尊称。②丘，小山。③三径，指隐居之所。王莽专权时，蒋诩辞官回家，在院中开辟了三条小径，只与友人求仲、羊仲来往。后用"三径"指隐居生活。④北土，指长安。此处借指求仕做官。⑤东林，远上人所在的寺庙。⑥燃桂，谓烧柴像烧桂枝一样贵，比喻长安物价昂贵，生活不易。

孟浩然（689-740）

字浩然，号孟山人，襄州襄阳（今湖北襄阳）人，世称其"孟襄阳"。诗与王维齐名，并称"王孟"。他的诗清淡雅致，长于写景，多反映隐居生活，他是唐代著名的山水田园派诗人。

| 读诗偶得 |

"落魄襄阳客"的启示

这首诗写于凉风习习的秋天，可是诗中并没有收获的气息，更没有收获的喜悦。有的只是"自古逢秋悲寂寥"的清凄，还有壮志难酬的无奈。充满诗意的蝉鸣在诗人眼里是悲切的、令人心悸的。这是季节的秋天，更是诗人人生的秋天。这个秋天是荒凉的，是寒酸的。

"一丘常欲卧，三径苦无资。"道出了第一个矛盾：有心想过隐居的生活，但是苦于没有隐居的资本。隐居，并非不吃不喝，没有稻粱，如何避世？丘，也就是山，古代隐居之人常常远离尘世避居深山旷野，所以用"一丘"表示隐居。《汉书·叙传》中说："渔钓于一壑，则万物不奸其志；栖迟于一丘，则天下不易其乐。"南北朝时庾信《寻周处士弘让诗》说："试逐赤松游，披林对一丘。"其"一丘"意与此同。

"三径"是西汉末年兖州刺史蒋诩的典故。蒋诩辞官归隐，在院子里开辟了三条小路，平时不愿意外出，只与求仲、羊仲两位同时代的隐士交往。后来就用"三径"代表隐居之所。陶渊明《归去来兮辞》中说："三径就荒，松菊犹存。"孟浩然也多次在诗中用"三径"之语。《田园作》中说："卜邻近三径，植树盈千树。"《寻陈逸人故居》中说："人事一朝尽，荒芜三径休。"

"北上非吾愿，东林怀我师。"孟浩然家在襄阳，京城长安在其北面，诗人用"北上"代表到京城求取功名。"东林"，是指东林寺，在庐山东面。"我师"，也就是诗题中提到的"远上人"，名叫慧远。晋时刺史桓伊为高僧慧远在庐山东面建有一座寺院，名为东林寺。孟浩然视慧远为师，显然因为想望"一丘"而怀念东林寺僧的生活，而因为"无资"，才不得不"北上"。换言之，隐居才是他的本意，而求取功名实在是不得已而为之，是无奈之举。

"黄金燃桂尽"，进一步道出了穷困潦倒的窘迫境况。《战国策·楚策》中说："楚国之食贵于玉，薪贵于桂。"是说在楚国国都生活不易，吃的比玉还贵，烧的柴比珍贵的桂树还贵。孟浩然滞留在京师长安，物价绝不比战国时楚国的国都低。白居易也曾经历过"长安米贵"的尴尬。一个"尽"字道尽了孟浩然客居京城、衣食无保的窘境。更令人沮丧的是，随着年龄的增长，生活的磨难，自己的壮志也在不断地销蚀、衰减。

正是日暮途远，一事无成。"日夕凉风至，闻蝉但益悲。"至此，诗人把季节之悲与人生之叹合二为一，融合得天衣无缝，让人倍感酸楚和凄凉。

孟浩然是山水田园诗的开拓者，他的很多山水田园诗脍炙人口。比如《过故人庄》："故人具鸡黍，邀我至田家。绿树村边合，青山郭外斜……"口耳相传，经久不衰。他这样一个才华横溢的人，怎么会穷困一生呢？

仔细分析，我们得出一个大胆的结论：在盛唐之时，孟浩然没有与时代同频共振，早年做出了"隐居"的错误决定，是对时局的一个严重误判。"以隐求仕"的选择是他人生的重大失误。正是这一失误，导致他步入"以隐求仕"（失遇）——求取功名（失利）——归田园居（失意）——三径无资（失乐）的宿命。

孟浩然向往隐居的生活，实际上他在四十岁进京赶考之前特别是前三十年，确实过着隐居的生活。他在《秦中苦雨思归，赠袁左丞、贺侍郎》诗中说："苦学三十载，闭门江汉阴。"在后来科举失利后，在游历的过程中，也多次表达隐居之意。《适越留别谯县张主簿申屠少府》："君学梅福隐，余随伯鸾迈。"以东汉梁鸿自况。梁鸿与妻子孟光举案齐眉，隐居在霸陵山中，以耕织为业，业余则弹琴、咏诗自娱。《除夜乐城逢张少府作》："余是乘桴客，君为失路人。"自称"乘桴客"。《论语·公冶长》："子曰：'道不行乘桴浮于海。'"他过的是"岩扉松径长寂寥，惟有幽人自来去"（《夜归鹿门山歌》）的生活。

然而，隐居并不是他真实的目的。他是有志青年，"吾与二三子，平生结交深。俱怀鸿鹄志，共有鹡鸰心。"（《洗然弟竹亭》）他有出世入仕的强烈愿望："冲天羡鸿鹄，争食羞鸡鹜。"（《田园作》）他希望能够有人发现他这位藏于深山之中的隐士高人。然而，"不遇钟期听，谁知鸾凤声？"（《赠道士参寥》）"寂寂竟何待，朝朝空自归。""当路谁相假，知音世所稀。"没有知音，没有伯乐，没有人援引。"粤余任推迁，三十犹未遇。"（《田园作》）"遑遑三十载，书剑两无成。"（《自洛之越》）虽然，没有取得功名，还没有做官，但是这三十年的苦学，让孟浩然完成了他深厚的文学积淀，也奠定了他山水田园诗的文学史地位。正因为如此，他以无功名的"白衣"之身，得以与王维、张九龄等高官相交，甚至连皇上都知晓他的诗名。与他交往的县令以下的下级官吏、文人墨客亦不乏其人。

但是，在那个功名至上的时代，靠文名终究解决不了吃饭问题。以隐求仕之路行不通，生活也陷入了困顿，致使"三径苦无资"，孟浩然才决定进京赶考。此时，他依然期待有人能够荐举。为此，他专门献诗当时的丞相张九龄："八月湖水平，涵虚混太清。气蒸云梦泽，波撼岳阳城。欲济无舟楫，端居耻圣明。坐观垂钓者，徒有羡鱼情。"（《望洞庭湖赠张丞相》）前四句写得气象万千，不失为绝妙好诗。可是后四句陡然而转，期待援引之情，已经近于迫切了。

这首诗之后，孟浩然似乎没有得到张九龄的推荐。"不遇钟期听，谁知鸾凤声？"（《赠道士参寥》）"寂寂竟何待，朝朝空自归。""当路谁相假，知音世所稀。"（《田园作》）这几句诗似乎可以为证。但是，能够得到张九龄、王维等当权派"雅称道之"（《新唐书·文艺下》），不能不说孟浩然有着很多寒门学子可望而不可即的机遇。

有人可能怀疑，学富五车的孟浩然何以科举折羽？这个原因自然是多方面的。首先，是名额有限，每年参加考试的有二三千人，可是真正录取的只有几十人，是名副其实的百里挑一。就算在宋代录取的进士每年都有几千人的情况下，大才子梅尧臣依然屡战屡败。可见科举考试成功与否有必然，亦有偶然。其次，"杜门不欲出，久与世情疏。"[1]"端居不出户，

---

[1] 王维：《送孟六归襄阳》。

满目望云山。"[1] 是不是可以做这样的假设，长期远离尘世，避世苦读的孟浩然，与唐科举制度脱节，致使他科举失利呢？

然而，最终让孟浩然与科举分道扬镳的还是皇帝。有一次，王维把落第的孟浩然请到自己工作的翰林院。突然，唐玄宗驾到，孟浩然避之不及，只好躲藏起来。张九龄不敢隐瞒如实相告。唐玄宗不但不怪罪，反而高兴地对张九龄说："朕早就听说过这个人，只是尚未见面，快让他出来吧。"皇上已闻其名，孟浩然名声之大可见一斑。这次与皇上的意外相见，本是一次难得的机遇。可是却让孟浩然搞砸了。原来，唐玄宗想当面试试孟浩然的才学，便让他赋诗一首。孟浩然也没多想，直抒胸臆，在诗中说出"不才明主弃，多病故人疏"这样的话。皇上一听，不高兴了："是你自己不求上进，不想做官，朕何尝抛弃过你？你凭什么这么污蔑我！"天子一怒，孟浩然这回真的只能回去当隐士了。孟浩然的话确是肺腑之言，但是却不懂得"政治"，任性用错了地方，比他更任性的皇上自然不能容他。而他的"故人"会不会也因为这句话而生气呢，想想大概也在所难免——是啊，皇上不曾抛弃你，故人又何曾疏远了你！

从这一点上看，也能看出孟浩然作为一介书生耿介与天真的一面。事实上，像这样的例子并不少见。在此后的宋代，一代才子柳永不也是因为一句词得罪了皇上，得了一个"奉旨填词柳三变"的雅号吗？

从京城回来，孟浩然真的过上了隐居、游历的生活，从此一生未仕。身处盛世，一代才子，终身未仕，困苦一生，不能不说是一个悲剧。他的好朋友，诗人王维一句话道出了孟浩然"悲剧"的根源："圣代无隐者，英灵尽来归。遂令东山客，不得顾采薇。"[2] 这首诗虽然是鼓励落第举人綦毋潜的，但用在孟浩然身上，也十分贴切。王维、孟浩然所处的时代是"盛唐"，也就是王维所说的"圣代"。圣代是不会让人才遗落的，就算落第，依然有机会从头再来，终究会有出人头地、为国所用的一天。换言之，是

---

[1] 王维：《登裴迪秀才小台作》。

[2] 王维：《送綦毋潜落地还乡》。

不会给人当隐士的机会的。王维的话虽然对时代有溢美的意味，但他说的也是实情。可是孟浩然偏偏身在盛世，却要做隐士，这样又怎能不碰壁呢？而历史对孟浩然也做出了评价。《新唐书》并没有把孟浩然列入《隐逸》之列，而以《文艺》载之，说明欧阳修这位历史学家也不肯定孟浩然的隐居之举，但对他的文名还是充分认可的。

虽然一生未仕，但孟浩然终以诗名为后世所敬仰。李白、杜甫、罗隐等大诗人都对孟浩然的诗给出了高度评价。穷困的孟夫子，此生亦足以立名矣！

【唐】韩愈：读书改变气质

导读

"人之能为人，由腹有诗书。"韩愈特别强调读书的作用，他认为读书与不读书有巨大的差别，读书的人后来可能具备"龙"的气质，而不读书的人后来难免具有"猪"的气息。我们不能责备韩愈对于不读书人的"成见"，但由是可以看出诗人对读书的作用是如此重视。

韩愈极为看重对"五经"的学习，他认为经训是一切学问的"根本"，是源头活水。诗人还提出了读书四字诀，即多、明、学、行。

符读书城南

木之就规矩①，在梓匠轮舆②。
人之能为人，由腹有诗书。
诗书勤乃有，不勤腹空虚。
欲知学之力，贤愚同一初。
由其不能学，所入遂异间③。
两家各生子，提孩④巧相如。
少长聚嬉戏，不殊同队鱼。
年至十二三，头角稍相疏。
二十渐乖张⑤，清沟映污渠。
三十骨骼成，乃一龙一猪。
飞黄腾踏去，不能顾蟾蜍。
一为马前卒，鞭背生虫蛆。
一为公与相，潭潭⑥府中居。
问之何因尔，学与不学欤。
金璧虽重宝，费用难贮储。

韩愈（768-824）

字退之，河南河阳（今河南孟县南）人。自谓郡望昌黎（今河北省昌黎县），世称韩昌黎。晚年任吏部侍郎，又称韩吏部。唐代古文运动的倡导者，宋代苏轼称他"文起八代之衰"，明人推他为"唐宋八大家"之首。与柳宗元同为"古文运动"倡导者，故与其并称"韩柳"。有"文章巨公"和"百代文宗"之名，著有《韩昌黎集》四十卷，《外集》十卷。

学问藏之身，身在则有馀。
君子与小人，不系父母且^⑦。
不见公与相，起身自犁锄^⑧。
不见三公后，寒饥出无驴。
文章岂不贵，经训乃菑畲^⑨。
潢潦^⑩无根源，朝满夕已除。
人不通古今，马牛而襟裾。
行身陷不义，况望多名誉。
时秋积雨霁，新凉入郊墟。
灯火稍可亲，简编可卷舒。
岂不旦夕念，为尔惜居诸。
恩义有相夺，作诗劝踌躇。

注释

①规矩，规，指圆规。矩，方矩。校正方圆的工具。②轮，车轮。轮舆，车匠。梓匠，木匠。③闾，里巷的门。入异闾，即走进不同的门。④提孩，即孩提，开始会笑的幼儿。陆九渊《贵溪重修县学记》："孩提之童，不无亲爱其亲；及其长也，无能为力不知敬其兄。"⑤乖张，乖巧、张狂。即有了分别。⑥潭潭，宽深，宽大。陈亮《与叶丞相》："亮积忧多畏，潭潭之府所不敢登。"⑦且，语气词。《诗经·小雅·巧言》："悠悠昊天，曰父母且。"⑧犁，耕地的农具。锄，同"锄"。⑨菑，初耕一年的田，泛指农田。畲，开垦过三年的田。⑩潢潦，积水池。

读诗偶得

学与不学有差别

一个人之所以有别于其他人，或者说胜过其他人，在于他腹中有诗书。读书能够让一个人变得有气质，变得从容、自信，这是韩愈提出的一个重要观点。他说："木之就规矩，在梓匠轮舆。人之能为人，由腹有诗书。"木材通过圆规和方矩的测量后，可以变成或圆或方的材料，但是它们做成车轮，还是做成桌椅，那得看木匠的手艺。一个人之所以能够出人头地、与众不同，根本原因在于腹中有诗书。

韩愈以后，很多诗人都提出过类似的观点。最著名的应该是宋代苏东坡的诗："粗缯大布裹生涯，腹有诗书气自华。"

腹中的诗书从何而来？"诗书勤乃有，不勤腹空虚。"腹中的诗书惟有靠"勤"字方可得到。诗人说，一个人有贤有愚，但是，在刚出生的时候，大家都是一样的，在他们的亲人眼里都是那样的聪明伶俐，惹人喜爱。稍微长大一点，他们在一起玩耍，看不出有什么不同。但到了十二三岁，长相上就有了差别。到了二十岁，也就是成年了，开始表现出完全不同的性格、品性，就像清渠与污渠中的水一样，泾渭分明。等到了三十岁，人的身体完全发育成熟，才学也基本确定，地位开始相差悬殊，人就有了"龙"与"猪"的分别。成"龙"的，成了公与相，飞黄腾达，住在高楼大屋之中；成"猪"的，当了马前卒，整天卖力气还要挨鞭子抽。为什么会有这么大的差别？就在于学与不学。

人的智力有高有低，家庭环境有好坏，遗传基因有优劣，但是，这些都不是造成"龙与猪"之别的根本原因。勤能补拙，勤奋确实可以改变气质，更能改变命运，这是亘古不变的道理。

韩愈是古文运动的倡导者，他认为经训是学问的根本，就好像农业是天下的根本一样。读书人要有所成，必须在经典上下功夫，"文章岂不贵，经训乃菑畲。"而且，他强调经训还是一切学问的"根源"，是源头活水。有一些积水池，一旦下了雨也能积满水。可是早上满了，晚上就干了，为什么？因为它只出不进，没有得到源源不断的补充。经训，就是"源"，学好了经典，就成了有源之水。

韩愈进而提出，一个读书人一定要博古通今，否则就是穿着衣服的牛马，行事、做人就可能陷于不义之中。在这种情况下，还怎么能获得别人的赞誉呢？

赠别元十八协律^①六首（其五）

读书患^②不多，思义患不明。
患足已^③不学，既学患不行。
子今四美^④具，实大华亦荣。
王官不可阙，未宜后诸生。
嗟我摈南海^⑤，无由助飞鸣。

| 注释 |

　　①元十八协律，元集虚，字克己，行十八，唐代河南人，隐士。元集虚当时在桂
管观察使裴行立幕下为吏，其职务为协律郎，故韩愈称其为"元十八协律"。②患，毛病，
弊病。③足已，骄傲自满。④四美，指"多、明、学、行"四种读书法。⑤摈，弃置不用。
南海，指海南。

| 读诗偶得 |

读书四字诀：多、明、学、行

　　这组诗共有六首，这是其中的第五首。诗人提出了读书四字诀，即多、
明、学、行。多，就是要多读书。读书少是读书的一大弊病；明，就是要
思考，从而弄明白书中蕴藏的道理。读书不思考，不明白其中的义理，这
是读书的第二大弊病；学，就是要不断地学习，也就是要始终有"学不足"
的感觉。骄傲自满，止步不前，是读书的第三大弊病；行，就是要学以致用，
也就是陆游说的"绝知此事要躬行"。死读书，不知变通，不知活学活用，
这是读书的第四大弊病。

　　多，自然是要博览群书，同一本书也要反复读，也就是"男儿须读五
车书"的意思；明，就是要在熟读、多读的基础上深入思考。如果思考得不够，
自然就不会明白其中的道理，所谓"学而不思则罔"，说的就是这种情况；
行，就是要学以致用、活学活用，不能做腐儒、酸儒的读书人。

　　下面，重点说一下这个"学"字。诗人反对"足已不学"，提倡永不止步。

《礼记·学记》："故学然后知不足，教然后知困。"只有不断地学习，才能不断地发现自己的差距与不足，反过来又促进探索未知世界，在这个过程中，"独上高楼，望尽天涯路。"学问才能不断进步，不断攀登新的境界。

"足已不学"，语出《史记·绛侯周勃世家》："足已而不学，守节不逊，终以穷困。悲夫！"

这句话是司马迁对汉景帝时著名将领周勃、周亚夫父子二人的评价。其中，"足已而不学"，主要说的是周勃。

周勃曾经担任过百万大军的统帅——太尉之职，后来当过丞相，这样出将入相的人怎么能说"足已不学"呢？

原来，周勃是刘邦的老乡，早年以编织蚕筐为业，谁家有丧事他则充当吹鼓手，没有接受过正统的文化教育。不过，他却有一身力气，能拉强弓，这身手让他在秦末农民战争中得以施展，使他建立了大功，一直做到太尉、丞相这样的高官。这种经历，让周勃对读书人有天生的反感——"勃为人木强敦厚，高帝以为可属大事。勃不好文学，每召诸生说士，东向坐而责之：'趣为我语'。其椎少文如此。"（《史记·绛侯周勃世家》）

每次接见儒生，他总是自己坐在尊位上，而且很不耐烦地说："快点讲，别磨叽！"周勃跟刘邦一样，文化程度不高，特别是对儒学经术不感兴趣，从这个角度说周勃"不学"是有道理的。那么，"足已"又是怎么回事？周勃虽然不通经术，但自有他过人之处，比如军事指挥才能，这一点除了他的天分外，与他身经百战的实战锤炼密不可分。正是在秦末风起云涌的军事斗争和政治斗争中，周勃成长为卓越的军事家、政治家，他有了"足已"的资本，所以才会自我满足，瞧不起那些整天之乎者也的文人儒士。

后来，周勃被人诬告入狱。好在他的儿子是汉文帝的驸马，加上有窦太后的说情，周勃总算免去了牢狱之灾，回到封地后，低调地走完自己的人生。

这种性格成了周勃实实在在的缺点，他也因此付出了代价。周勃被免去相国后回到他的封地，而当年与刘邦一起打天下的功臣，一个接一个被杀，周勃心中不免自危。因此，每次有官府的人到他的封地巡查时，他与家人都如临大敌，身着铠甲、手持兵器相见。有人告他谋反，周勃被逮捕入狱。"勃恐，不知置辞。"本来有人告他谋反是莫须有之事，可是周勃只知道害怕，却不知道为自己辩解。并非他不想辩解，而是他缺少辩才，而这正是他"不学"的结果。

看来，"足已不学"不但影响学业精进，而且还可能引来杀身之祸啊。

【唐】柳宗元：孤独的读书人

|导读|

"从此忧来非一事，岂容华发待流年。"两句诗让人想到了曹操的"对酒当歌，人生几何""何以解忧，惟有杜康"。在复杂多变的政治生活中，诗人有太多的"忧"事。在这种"忧"中，诗人感受到了时间的稀缺。启示我们时不我待，只争朝夕。

诗人还强调，书籍是最好的药，他可以治愈人的创伤，带来心灵的愉悦。

岭南①江行

瘴江②南去入云烟，望尽黄茆③是海边。
山腹雨晴添象迹④，潭心日暖长蛟涎⑤。
射工⑥巧伺游人影，飓母⑦偏惊旅客船。
从此忧来非一事，岂容华发⑧待流年！

柳宗元（773-819）

字子厚，河东（今山西永济县）人，世称"柳河东"。二十一岁中进士，二十六岁任集贤殿正字，替朝廷整理图书。唐肃顺宗时，他积极支持并参加了王叔文政治革新派，被任命为礼部员外郎。王叔文革新失败后，柳宗元被贬到永州（今湖南零陵县）做司马。十年后，又被贬到柳州（今广西壮族自治区柳州市）做刺史，人称"柳柳州"。

|注释|

①岭南，道名，相当于省。现广东、广西等地，由于位于五岭的南面，故名。②瘴江，充满湿热空气的江。③黄茆，黄茅草。茆，同"茅"。④象迹，大象的踪迹。⑤蛟涎，蛟龙的口水。⑥射工，一名"蜮"，又名"短弧""射影"。传说中一种害人的水生物。听到人声用气射人。有的说射工能够含沙射人。射中人就要生疮，甚至射中人的影子也要生病。⑦飓母，和虹相似的一种自然现象。通常在中午出现，夜半消失。行船的人见到它就预示着暴风雨就要来临。⑧华发，花白的头发。

| 读诗偶得 |

岂容华发待流年

从美学的角度看，这首诗算不上高明，也谈不上意境。你看这里的景物：江是"瘴江"，草是"黄茆"，山中行走的是笨重、愚蠢的"大象"，潭水里游动的是可憎、可恶的"蛟龙"，平静的江水下面是可以含沙射影的"射工"，开阔的江面上空映现出预示着风暴的"飓母"。看这样的风景、事物，视觉上厌恶，心灵上添堵。

为什么诗人会描绘出这样一幅令人生厌的画面？原来诗人参加王叔文集团主持的"永贞革新"，因为遭受到保守势力的打击两次被贬。在元和十年（815），柳宗元与韩泰、韩晔、陈谏、刘禹锡等五人同时被召回京，但不久朝廷再次将他们贬谪。第一次，柳宗元被贬为永州司马。这一次他又被贬为柳州刺史，明升暗降，因为柳州在当时比永州更偏远、更落后。

诗人写这首诗时，心情是沉重的，感情是愤怒的，对保守派是鄙夷的，所以他的笔下才出现了上述"景物"。知道了这些，我们应该理解诗人为什么会把一首诗写得如此触目惊心。

但是，诗的最后两句"从此忧来非一事，岂容华发待流年"却让我们眼前一亮。

亮点在哪里？在一个"忧"字。在改革之前，诗人对改革的前景充满理想主义色彩，对改革面临的困难和阻力也估算不足、应对不够。可是，他没有想到改革面对的保守势力如此强硬。一个"热血"青年开始变得冷静，他意识到从此以后要担忧的事越来越多，以前认为不是问题的，现在都已成为问题。原来没有重视的阻力，现在已经足够引起担忧。改革任重道远，要想继续改革，需要调整思路、改变策略、重整旗鼓。这个"忧"是诗人总结改革失败教训的结果，是诗人不言放弃、继续革命的结果，也是诗人承担责任、忧国忧民的必然。

既然有这么多值得忧虑的事，应该以什么样的姿态去应对呢？时间！时间！诗人感受到了时间的可贵，生命的短暂。"晓镜但愁云鬓改"，不觉间老之将至，怎么办？只能争分夺秒，绝不能让时光虚度。因为"去日苦多"，因为"日暮途远"……

时间，是最为宝贵的财富。鲁迅说，浪费时间等于谋财害命。今人也有"时间就是金钱，效率就是生命"的说法。只是很多时候，我们并没有认识到时间的可贵，更没有认识到时间的短暂。为什么不在失去时间之前，好好地利用时间，让时间发挥出重要作用呢？

诗言志，歌咏言，声依咏，律和声，此言不假。柳宗元曾不止一次地在他的诗中运用这种笔法，表达他的愤怒，昭示他不屈不挠、绝不妥协，继续战斗的决心与意志。如《江雪》一诗："千山鸟飞绝，万径人踪灭。孤舟蓑笠翁，独钓寒江雪。"景物孤绝，色调单一，寒彻入骨，这样一幅画面，真让人不寒而栗，触目惊心。但在这冷峻风景的背后，我们是不是可以感受到诗人心中澎湃的热血？是不是可以管窥到诗人"革命尚未成功，同志还需努力"的坚强意志？

正因为诗人有如此使命意识、担当精神，才会如此地看重时间，才能如此分秒必争，与时间赛跑。人的一生按百年计算，也不过是三万多天。如果去掉幼儿的成长，老年的静养，人真正可以为生活、为理想、为事业奋斗的时间实在有限。珍惜时间吧！在时间的长河里，种瓜得瓜，种豆得豆，不种便什么收获也没有。

读书

幽沉谢世事①，俯默窥唐虞②。
上下观古今，起伏千万途③。
遇欣或自笑，感戚亦以吁。
缥帙各舒散④，前后互相逾⑤。
瘴疬扰灵府⑥，日与往昔殊。
临文乍了了⑦，彻卷兀若无⑧。
竟夕谁与言，但与竹素⑨俱。
倦极更倒卧，熟寐乃一苏。

欠伸展肢体，吟咏心自愉。

得意适其适^⑩，非愿为世儒^⑪。

道尽^⑫即闭口，萧散捐囚拘^⑬。

巧者^⑭为我拙，智者^⑮为我愚。

书史足自悦^⑯，安用勤与劬^⑰。

贵尔^⑱六尺躯，勿为名所驱。

| 注释 |

①幽沉，隐避、沉寂。此指隐居。谢，辞。世事，指世俗活动。②俯默，低头默诵。唐虞，古尧帝初封于陶丘（今山东定陶），后迁于唐（今河北唐山市），故号陶唐氏，历史上称为"唐尧"。舜帝的先人封于虞（今山西平陆），故有虞氏，史称虞舜。③起伏，指兴衰。千万途，千万桩。④缥帙，用帛做成的白色书卷。舒散，舒展散开。⑤逾，调换。⑥瘴疠，疾病。疠，同"疬"，病。灵府，心。⑦临文，看着书本。乍，起初。了了，明白。⑧彻卷，收起书本。兀，浑然无知的样子。⑨竹素，简策与缣素，这里指代书籍。⑩适其适，怎么舒服怎么来。⑪世儒，世俗的儒生，即指追名逐利的腐儒。⑫道尽，主张、学说讲完了。⑬萧散，消闲、清静。捐，抛弃，这里指忘却。囚拘，困窘，不自由。⑭巧者，投机取巧的人。⑮智者，善于处世的人。⑯书史，书籍。自悦，使自己快乐。⑰劬，过分劳累。⑱贵，珍惜。尔，你。

| 读诗偶得 |

书史足自悦

柳宗元在政治上是不得意的，两次被贬谪的经历就是明证。面对挫折、失意，应该怎么去做？诗人在上一首诗《岭南江行》中说："从此忧来非一事，岂容华发待流年。"表达了他的处境与心情。改革失败了，自己也遭到了贬谪，诗人"忧"的事一下子多了起来。这种"忧"当然包括对国家前途命运的担忧，也包括对自己人生命运的担忧，还有对朋友的担忧。

但是，光有"忧"解决不了问题。他需要等待时机。在"等"的过程中，又要做点什么？诗人"俯仰窥唐虞""上下观古今"——开始在阅读书史中积淀自己、排解自己，寻找破解社会问题的钥匙。

诗人是孤独的，就像他在《江雪》中所写："孤舟蓑笠翁"，孤独的背影让人感同身受。

在这首诗里，诗人同样是孤独的，"竟夕谁与言？"一天到晚，没有一个人可以和他说话。可见，诗人在政治上是缺少同盟者的，或者说，政治改革失败后，可以说话的朋友天各一方，再难找到倾听者、交流者和共鸣者。但是诗人又是充实的，"但与竹素俱"，毕竟还有书籍，还有朋友的信笺。

诗人意识到，有名有利，功成名就，自然会带给人荣华与快慰，但是这需要付出多少辛劳，甚至还要牺牲人格、尊严，甚至做人的原则、底线。而读书却不然，它就像老师、像益友、像兄弟、像自己的爱人，与他们聊天，听他们讲故事、讲人生、讲哲理，足以让人快乐。

诗人反对为了追求名利，流连世俗、人事而"勤与劬"。但是，诗人读起书来却是"勤与劬"的。"倦极更倒卧，熟寐乃一苏。欠伸展肢体，吟咏心自愉。"好像是随意的，累了就睡一会儿。坐久了、腰酸了，就伸展腰身。反过来想一想，诗人读书是不是很投入呢？投入到什么程度？"倦极"！疲惫到了极点，甚至不得不睡觉，才能有所缓解。站起身来，舒展腿脚的时候，才知道已经坐了太久。

【唐】杜牧：读书贵有恒

| 导读 |

　　诗人强调，经书是根本，一定要打好根基，研习好经书；史书对于国家的兴亡有借鉴意义，要经国济世，离不开阅读史书。诗人还强调，书是宝贵的精神财富，读书贵在循序渐进、持之以恒。

　　诗人向侄儿重点推荐了八个人，他们分别是屈原、宋玉、司马迁、班固以及唐代的韩愈、柳宗元、李白、杜甫。在杜牧眼里，"韩柳""李杜"，是"四君子"，可以与古代屈原、宋玉、司马迁、班固等大家媲美。

冬至日寄小侄阿宜诗

小侄名阿宜，未得三尺长。
头圆筋骨紧，两眼明且光。
去年学官人，竹马绕四廊。
指挥群儿辈，意气何坚刚。
今年始读书，下口三五行。
随兄旦夕去，敛手整衣裳。
去岁冬至日，拜我立我旁。
祝尔愿尔贵，仍且寿命长。
今年我江外，今日生一阳。
忆尔不可见，祝尔倾一觞①。
阳德比君子，初生甚微茫。
排阴出九地，万物随开张。
一似小儿学，日就复月将②。
勤勤不自已，二十能文章。
仕宦至公相，致君作尧汤。

杜牧（803—853）

　　唐朝京兆万年（今西安市）人，字牧之，杜佑的孙子。晚唐著名诗人。晚年长居樊川别业，世称"杜樊川"。与李商隐齐名，合称"小李杜"。有《樊川文集》。

我家公相家，剑佩尝丁当。
旧第开朱门，长安城中央。
第中无一物，万卷书满堂。
家集二百编，上下驰皇王。
多是抚州写，今来五纪强。
尚可与尔读，助尔为贤良。
经书括根本，史书阅兴亡。
高摘屈宋艳，浓薰班马香。
李杜泛浩浩，韩柳摩苍苍。
近者四君子，与古争强梁③。
愿尔一祝后，读书日日忙。
一日读十纸，一月读一箱。
朝廷用文治，大开官职场。
愿尔出门去，取官如驱羊。
吾兄苦好古，学问不可量。
昼居府中治，夜归书满床。
后贵有金玉，必不为汝藏。
崔昭④生崔芸，李兼生窟郎⑤。
堆钱一百屋，破散何披猖⑥。
今虽未即死，饿冻几欲僵。
参军与县尉，尘土惊劻勷⑦。
一语不中治，笞箠身满疮。
官罢得丝发，好买百树桑。
税钱未输足，得米不敢尝。
愿尔闻我语，欢喜入心肠。
大明⑧帝宫阙，杜曲⑨我池塘。
我若自潦倒，看汝争翱翔。
总语诸小道，此诗不可忘。

｜注释｜

①觞，酒杯。②日就月将，每天每月都有长进。《诗经·周颂·敬之》："维予小子，

不聪敬上，日就月将，学有缉熙于光明。"③强梁，古代神话中的神名。借指英雄。④崔昭，唐博陵人，参与平定安禄山叛乱，屡封至邺国公。⑤李兼，唐朝陇西人，先后做过刺史、防御使、国子祭酒等职。窟郎，败家子。陆游《贫甚卖常用酒杯作诗自戏》："银杯羽化不须叹，多钱使人生窟郎"⑥披猖，分散，飞扬。⑦勖勤，惊恐不安的样子。韩愈《让统军碑》："新师不牢，勖勤将逋。"⑧大明，大明宫。长安的官殿名。⑨杜曲，在今西安市东南，樊川、御宿川流经其间。唐朝大姓杜氏世居于此，故名。

| 读诗偶得 |

读什么样的书

　　这首诗是诗人在冬至日写给侄儿阿宜的。冬至日是古代重要的节日，家人往往要聚会，彼此祝福，就像现在的过年一样。诗人在这样一个重要的日子，专门写一首诗给侄儿，教育、鼓励、引导侄儿读书，并对他的人生道路给予指引。

　　诗人在此诗中提出的第一个观点是，读什么样的书？"旧第开朱门，长安城中央。第中无一物，万卷书满堂。家集二百编，上下驰皇王。多是抚州写，今来五纪强。尚可与尔读，助尔为贤良。"诗人说，杜家虽然在长安城中重要的位置有朱门旧第，但是家中除了满屋的书外，并没有别的东西。这些书中不乏"四书""五经"这样的经典，还有《史记》《汉书》《后汉书》这样的史书。除此之外，还有杜家的家集，那是杜家家传的学问。诗人说，这些家集足足有二百编，可以说凝聚了杜氏家族多少代人的心血。只要认真研读这些家集，也可以帮助侄儿成才。

　　诗人还强调，经书是根本，一定要打好根基，研习好经书；史书对于国家的兴亡有借鉴意义，将来经国济世，离不开阅读史书。所以，"愿尔一祝后，读书日日忙。"

　　除了读经典、读史书、读家集外，还有没有具体的"书单"呢？诗人确在其中提了出来。诗人向侄儿重点推荐了八个人，他们分别是屈原、宋玉、司马迁、班固以及本朝的韩愈、柳宗元、李白、杜甫。在杜牧眼里，

"韩柳""李杜"，是"四君子"，可以与古代屈原、宋玉、司马迁、班固等大家媲美。

一口吃不成一个胖子，读书贵在循序渐进、持之以恒。"一似小儿学，日就而月将。"语出《诗经·周颂·敬之》："维予小子，不聪敬上，日就月将，学有缉熙于光明。"意思是，我虽然年幼初登基，聪明戒心尚缺少，但是日复一日的勤于学习，日积月累也能像积累光亮一样，掌握知识渐广渐深。

诗人希望侄儿能够像周成王儿时那样学习，扎扎实实，顺其自然，每一天都有每一天的收获，每个月都有所长进，日积月累，滴水穿石。

接着，诗人又用通俗的诗句，提出了读书要循序渐进、持之以恒的观点。"一日读十纸，一月读一箱。"哪怕一天只读十页纸，那么一个月下来，读过的书纸也能装一箱了。诗人告诫侄儿，读书不一定要贪快，也不要有畏难情绪。正所谓，望山跑死马。面对万卷家藏，很有可能望而生畏，所以诗人才提醒侄儿，读书不要着急，要稳扎稳打，步步为营，一点一点地消化，一点一点地积累，就会聚少成多，水到渠成。

阿宜的父亲虽然在官府为官，他也可以像很多官员那样为子女攒下金银财宝，但是他必不肯那样做。因为，在诗人看来，他的兄弟是这样的人——"昼居府中治，夜归书满床。"白天，在其位谋其政，回到家中则以书为伴，是一个爱书如命的人。

杜家看重的不是物质财富，而是要掌握真学问，做一个精神饱满、富足的人。诗人举用崔昭、崔芸与李兼及其儿子的事例，来说明富贵不足侍，只有掌握了知识才会取之不尽、用之不竭的道理。

【唐】贾岛：活到老，学到老

|导读|

邹明府是贫穷的，当了三年县令，退休时只能骑着一匹瘦马回乡；邹明府又是富足的，在他简陋的归乡行囊中，却有着厚厚的藏书。很显然，在官任上，他是爱读书的。而归乡后，他同样是准备好好读书的。诗人借助对邹明府"官满载书归"的描写，表达了对邹明府退休后仍然坚持读书的赞美，借以提出了"活到老、学到老"的观点。

送邹明府游灵武①

曾宰西畿县②，三年马不肥。
债多凭剑与，官满载书归。
边雪藏行径，林枫透卧衣。
灵州听晓角③，客馆未开扉。

贾岛（779－843）

字阆仙，一作浪仙，唐朝河北道幽州范阳（今河北涿州）人，自号"碣石山人"，作诗以"苦吟"著称，人称"诗奴"。早年出家为僧，法号无本。

|注释|

①明府，汉魏以来对郡守的尊称。唐以后亦有称县令为明府者。灵武，今宁夏回族自治区银川市下辖灵武市。②宰，泛指做地方长官。畿，古代王都周围千里以内的地区。泛指王都周围的地区。③晓角，早晨的号角。角，古代军中的乐器。

|读诗偶得|

官满载书归

贾岛生活在中唐，那个时候官场腐败渐成风气，上行下效，大官大贪，小官小贪，难得有清廉之吏。贾岛的朋友邹明府曾经在京西一个县当过三年县令，按理说，"三年清知府，十万雪花银。"知县虽不比知府，大唐亦不是清朝，但是以当时之势，知县邹明府完全可以赚个盆满钵溢。然而，事实上是，三年知县届满，邹明府骑的马还是那样瘦，债务多得只能靠卖剑来偿还。足见邹明府是清廉的，而贾岛对他自然是赞赏有加的。

但是，从读书的角度，我们却更关注邹明府另外的一个形象，那就是"官满载书归"。邹明府虽然穷困，但是他又是富有的，那满车书的行囊就是明证。诗人没有进一步描述邹明府是如何爱书、如何读书的，留给读者以充分的想象空间，也提醒我们思考这样一个深刻的命题——官员，应该如何坚持读书学习呢？

提到这个话题，要先讲一个故事：

宋太祖赵匡胤做皇帝之前是一员武将，但他酷爱学习，常常手不释卷。有一次，他随后周皇帝柴荣平定江淮征战寿州。打了胜仗归来，赵匡胤特意搜罗了一车书籍。有人不知情，向周世宗告密，说他搜刮了几车的金银财宝，要据为己有。周世宗很是震惊，于是差人查验，谁知打开箱子一看，哪有什么金银财宝，不过是几千卷书而已。周世宗疑惑地问赵匡胤："赵爱卿，你做朕的将帅开辟疆土，当坚甲利兵，带那么多书有何用？"赵匡胤答道："臣无奇谋，唯恐辜负了圣恩，打仗带书，目的是想开阔眼界，增长知识。"周世宗深以为是。

赵匡胤称帝后，更加喜欢读书。尽管日理万机，仍然坚持每天读三卷《太平御览》。即使有一天因有事耽搁了，日后也一定要抽空补上。当时有人对他说，每天读三卷，恐怕太辛苦、太累了。宋太祖说："开卷有益，我认为实在不算是一件辛苦的事。"《太平御览》共一千卷，宋太祖硬是挤时间通读一遍。该书原名是《太平编类》，后来因为太祖皇帝曾经通读过，而改名为《太平御览》。

宋太祖不仅自己爱读书，他还勉励大臣们多读书，不仅文臣要多读书，武臣也要读书。他曾对文武百官说："今之武臣，亦当使其读经书，欲其知为治之道也。"有一次，宋太祖遇到一个疑难问题，问宰相赵普，赵普回答不出来。他再问学士陶毂、窦仪，二人准确地回答出来。宋太祖十分感慨地说："宰相须用读书人！"从此，宋太祖更加佩服那些学富五车的读书人，赵普和其他文武大臣们也在他的鼓励引导下变得爱读书起来。

还要讲两个成语。

一个成语是"不学无术"。这个成语说的是西汉大将军霍光。霍光是朝廷举足轻重的大臣，深得汉武帝信任。汉武帝临死前把幼子刘弗陵（昭帝）托付给霍光辅佐。昭帝去世后，霍光立刘询做皇帝（宣帝）。霍光掌握朝政大权四十多年，为西汉王室立下了不小的功勋。

刘询继承皇位以后，立许妃做皇后。霍光的妻子霍显，是个贪图富贵的女人，她想把自己的小女儿成君嫁给刘询做皇后。为了达到这个目的，她买通女医下毒害死了许后。毒计败露，女医下狱。此事霍光事先一点也不知道，等事情败露，霍显才告诉他。霍光非常惊惧，指责妻子不该办这种事情。但他不忍心妻子被治罪，便把这件伤天害理的事情隐瞒了下来。霍光死后，有人向宣帝告发此案，宣帝派人去调查处理。霍光的妻子闻听此事，与家人、亲信商量对策，决定召集族人策划谋反，不想走漏了风声，宣帝派兵将霍家包围，满门抄斩。东汉史学家班固在《汉书·霍光传》中评论霍光的功过，说他"不学无术，暗于大理"，意思是：霍光不读书，没学识，因而不明关乎大局的道理。这就是"不学无术"典故的由来。

不过，围绕这个典故，更有名的故事则出在北宋名相寇准身上。寇准当了宰相，不久得罪了皇上，出使陕州。这时候他的好友、同窗张咏刚好从成都罢职回来。寇准给其接风，临别时寇准问张咏："老朋友，我就要到陕州去了，您有什么教我的？"张咏缓缓地说："《霍光传》不可不读。"寇准没明白他的意思，回来便认真地捧起《汉书》，翻阅到《霍光传》读起来，直到最后，读到"不学无术"时，才明白张咏的用意："原来张兄是说我不学无术啊！"

寇准十九岁就考中进士，仕途一帆风顺，罕有人能比，年纪轻轻便跻身高层，甚至当上宰相，怎么能说他"不学无术"呢？原来正因为"仕太早、进太速"，当官太早了，升职太快了，他更多地忙于官场应酬，而忽视了读书学习，从而退步了。

另一个成语是"江郎才尽"。

意思是指年轻时很有才气，到晚年文思渐渐衰退。这个成语说的是江淹的故事。江淹，字文通，是南朝著名的文学家，历仕三朝，宋州济阳人。这样一个人怎么能有"才尽"的一天？原来他早年酷爱读书学习，才华横溢，可是后来随着官位越来越高，便疏于学习，结果再也作不出像样的诗作。所以得了一个"江郎才尽"的称谓。

赵匡胤是皇上，是最大的官，依然不忘读书学习。寇准、江淹，以才华见长，然而当官以后不再继续学习，给后人留下了"不学无术""江郎才尽"的"话柄"。看来，做了官依然要勤奋读书，要像邹明府那样"官满载书归"才是正理啊！

【唐】李群玉：读书就是打磨的过程

|导读|

在《劝人庐山读书》诗中，诗人提出了"片玉若磨唯转莹"的观点。一块美玉只有经过精心的打磨，才能显示出晶莹的面貌，才能发出夺目的光彩。诗人暗用了孔子"玉不琢不成器"的名言，把学子比喻成"玉"，依然是对学子的赞美。学子天生就是一块好材料，但还欠点功夫，差一个环节——需要打磨。如何去打磨？去庐山读书吧，那里才是你成才的摇篮和沃土。与自己的前途相比，道路遥远又算得了什么呢？

劝人庐山读书

怜君少隽①利如锋，气爽神清刻骨②聪。
片玉若磨唯转莹③，莫辞④云水入庐峰。

|注释|

①隽，同"俊"，才华出众。②刻骨，极言程度深。③莹，光洁、光亮。④辞，推辞。

李群玉（约808－约860）字文山，唐代澧州（今湖南常德）人。晚唐重要诗人，与齐己、胡曾被列为唐代"湖南三诗人"。他的诗多擅写羁旅之情。有《李群玉诗集》。

|读诗偶得|

玉不琢不成器

从这首诗反映的内容看，似乎有一个后生要去庐山读书，但是路途遥远，前路漫漫，流露出畏难情绪。诗人写这首诗正是为了鼓励他，让他珍惜机会，克服困难，义无反顾地到庐山去求学。

诗人劝勉的学子为什么要去庐山读书呢？这里有一个背景。庐山，又称匡山，相传在殷周时有匡姓兄弟二人结庐于此隐居读书，所以后来把此山称为庐山或匡庐。庐山在江西省北部，鄱阳湖畔、长江之滨，风景秀丽，自古就是游览胜地。很多诗人都去过庐山，并留下大量脍炙人口的诗篇。诸如李白的《望庐山瀑布》："日照香炉生紫烟，遥看瀑布挂前川。飞流直下三千尺，疑是银河落九天。"

唐贞元年间，江州刺史李渤青年时期曾经与他的哥哥李涉一起在庐山栖贤寺一带读书。李渤养了一只白鹿，外出学习、走访、游览时，他常常把白鹿带在身边，时人称其为"白鹿先生"。李渤兄弟读书的地方，位于庐山五老峰下，其地形四周都是山洞，后来人们就把那里称为"白鹿洞"。长庆年间（821—824），李渤任江州刺史，他在自己兄弟俩曾经读书学习的"白鹿洞"修建亭台楼榭，栽植花木，兴办讲座。自此，白鹿洞名重一时，成为四方读书人向往的游学之地。当然，那时候还没有"白鹿洞书院"。大约在940年，南唐政权在李渤兄弟隐居读书的地方建立学馆，称为"庐山国学"，又称"白鹿国学"，是一所与金陵国子监类似的高等学府。北宋初年，江州乡贤在"白鹿洞"办起了书院，"白鹿洞书院"之名由此而来，并逐步发展成为北宋四大书院之首。南宋淳熙六年（1179），朱熹任南康军，兴复白鹿洞书院，白鹿洞书院达到鼎盛时期。

庐山白鹿洞因为李渤兄弟的读书成才故事而声名大振，文人墨客、莘莘学子，心向往之。李群玉劝勉的学子，当属于这种类型。

下面，我们再看一下诗人是如何鼓励这位学子的。

"怜君少隽利如锋，气爽神清刻骨聪。"少年才俊，锐利如锋；气爽神清，天资聪颖。显然学子正处于"盛年"，精力充沛，思维敏捷，这是一生最好的时光，是读书学习的最佳时分。然而，"盛年不重来，一日难再晨。"应该如何才能不负这美好的年华、宝贵的时光呢？

"片玉若磨唯转莹"，一块美玉只有经过精心的打磨，才能显示出晶莹的面貌，才能发出夺目的光彩。这里诗人暗用了孔子"玉不琢不成器"的名言，把学子比喻成"玉"，依然是对学子的赞美。学子天生就是一块好材料，但还欠点功夫，差一个环节——需要打磨。如何去打磨？去庐山读书吧，那里才是你成才的摇篮和沃土。与自己的前途相比，道路遥远又算得了什么呢？

全诗四句，写得晶莹剔透，入情入理，极具鼓动性。读罢此诗，仿佛看到了那位学子背上行囊，毅然决然地踏上了前往庐山读书的旅途！

欧阳修《镇阳读书》一诗中有言："平生事笔砚，自可娱文章。"意思是靠着自己的文字才学，完全可以通过写文章达到自我娱乐、自我发展的目的。这话说得很自信，不过自信需要底气。其实，唐代诗人李群玉正是这样的人。他的诗写得清新古雅，草书写得也很出众，而且还会吹笙，用现在的话说，是个多才多艺的"才子"。然而，在唐诗的国度里，才子如云，李群玉的名声并不大，甚至有很多人都没有听说过他。不过，他确实是一个很有特点的读书人。

他生性旷达，"白鹤高飞不逐群，嵇康琴酒鲍照文。此身未有栖归处，天下人间一片云。"[1] 专以吟咏自适，不乐仕进。杜牧游历澧州，钦佩他的诗名和才气，劝他参加科举考试。太和二年（828）正月，李群玉制举考试落第，从此再没参加科考。

他先是"蛰居"，"十年侣龟鱼，垂头在沅湘。"沅澧流域的风情不仅熨平了他赴举蒙辱的受伤心灵，而且给了他创作灵感，创作了《秋登涔阳城》《南庄春晚》等脍炙人口的诗歌。继而"漫游"，其足迹遍及江表、荆州、巴蜀以及粤桂，结识了政要李虞、裴休和著名诗人李商隐，与诗人方干、姚合、段成式等成为好友。这一期间，他创作了大量的羁旅诗和山水诗，"诗笔遒丽，文体丰妍。"

杜牧临终前向巡视湖南的裴休举荐李群玉。李群玉于会昌三年至六年、大中六年至八年两度入幕府，受到裴休的礼遇和器重。后来，裴休官至丞相，与令狐绹一起向朝廷推荐李群玉。令狐绹亲自撰写《荐处士李群玉状》，倍加称赞："佳句流传于众口，芳声籍甚于一时。"李群玉受到鼓励，向唐宣宗献诗三百首，唐宣宗诏谕："所进歌诗，异常高雅"，授弘文馆校书郎。但仅三年，因为他"讦直上书""傲尽公侯"，厌倦官场尔虞我诈

---

[1] 李群玉：《言怀》。

的生活，毅然辞职南归。他写的《出春明门》一诗，直言心中的愤懑："本不将心挂名利，亦无情意在樊笼。鹿裘藜杖且归去，富贵荣华春梦中。"

南归途中，李群玉经过位于湘阴的祭祀娥皇、女英二妃的黄陵庙，题诗一首。是夜投宿旅栈，梦见与二妃互叙情好，并相邀两年之后"游于汗漫"。大中十二年，李群玉离开澧州，再次东游，行至江西南昌，投洪井而死，履行了两年前与二妃的承诺。光化三年（900），唐昭宗诏准著名诗人韦庄的奏请，承认李群玉为"遗贤"，追赐进士及第。

李群玉是晚唐享有盛名的大诗人。同代著名诗人周朴称赞说："群玉诗才冠李唐，投书换得校书郎。"段成式《哭李群玉》诗："明时不作祢衡死，傲尽公卿归九泉。"另一著名诗人李频也说他是"逍遥蓬阁吏，才子复诗流"。

李群玉还有一首小诗，写得清新典雅，让人爱不释手。其诗为《书院二小松》："一双幽色出凡尘，数粒秋烟二尺鳞。从此静窗闻细韵，琴声长伴读书人。"

【唐】王建：读书如种田，需精耕细作

|导读|

王建作了一个形象的比喻，他说读书就好比种田一样，再好的田地如果不精耕细作也不会有好的收获，同理，再好的书如果不认真学习，不深刻思考也不会有大的收益。

诗人特别重视"六经"，认为学习"六经"是贤者的必由之路。诗人还提出，"人初生，日初出"，年少的时候，是精力最旺盛的时候，要趁着年少多读书。人的一生有一半时光是在睡眠中度过的，诗人的这一"发现"使之惜时之感跃然纸上。

励学

买地不肥实，其繁①系耕凿。
良田少锄理，兰焦②香亦薄。
勿以听者迷，故使宫徵③错。
谁言三岁童，还能分善恶？
孜孜日求益，犹恐业未博。
况我性顽蒙，复不勤修学。
有如朝暮食，暂亏忧陨获④。
若使无六经，贤愚何所托。

王建（约767—约830年）

字仲初，关辅（今属陕西）人。家贫，"从军走马十三年"，居乡则"终日忧衣食"。四十岁以后，"白发初为吏"，沉沦于下僚，任县丞、司马之类的小官，世称王司马。他写了大量的乐府，同情百姓疾苦，与张籍齐名。又写过宫词百首，在传统的宫怨之外，还广泛地描绘宫中风物，是研究唐代宫廷生活的重要资料。

|注释|

①繁，繁盛，繁衍。②兰焦，美人蕉，俗名兰焦。③宫、徵，五音中的两种。五音包括宫、商、角、徵、羽。④陨获，指丧失操守。《礼记·儒行》："儒有不陨获于贫贱"。

| 读诗偶得 |

良田少锄理，兰焦香亦薄

诗题为《励学》，就是鼓励读书学习的意思。诗人开门见山，指出读书就好比种田一样，田地上能否长出繁盛的庄稼、菜蔬，关键不在于地的肥瘠，而在于垦种、耕作是否到位。再好的田地，如果不精耕细作，那么即使种上美人蕉，也不会散发出浓郁的香味。

诗人接着用听音乐的感受，进一步阐明勤奋读书、学习的重要性。他说，就像听音乐一样，一个三岁的孩子怎么能分辨出善恶？同理，一个人如果不好好地学习音乐知识，即使弹奏乐曲的人弄错了宫音与徵音，恐怕也听不出来。人非生而知之者，即使像孔夫子那样的圣人，也没有停止学习。何况我们普通人呢？诗人把结论落在了一个"勤"字上。

诗人劝人一定要好好学习六经。诗人又举了一个形象的比方。他说，一个人如果一天不吃饭，肚子就会饿得咕咕叫。如果一个读书人一天不学习六经，那么他就不会辨别贤与愚。

在本书中，我们多次引述这样的观点——六经，是读书人的必读书目。学习传统文化，一定要高度重视六经。从孔子开始，陶渊明、李白、杜甫、李百药直至后来的曾国藩等，无不对六经推崇备至。当然，我们在学习的过程中，一定要"扬弃"。

短歌行

人初生，日初出。
上山迟，下山疾。
百年三万六千朝①，夜里分将强半②日。
有歌有舞须早为，昨日健③于今日时。
人家见生男女好，不知男女催人老。
短歌行，无乐声。

| 注释 |

①百年，指人寿百岁。朝，日。②强半：大半、过半。③健，康健、强健。

| 读诗偶得 |

读书需趁早

诗人王建认为，人生在世，以百年为限，不过是三万六千天，还要被黑夜分去一半。时间何其短促，而且人一天比一天衰老，一天不如一天，所以做什么事一定要趁早。

诗人用两个形象的比喻，来说明人生的短暂，岁月的易逝。第一个比喻，人初生，日初出。人刚生下来，就好比太阳刚露头一样。太阳一升一落，一天就过去了。人的生命也是极其短暂的，就像太阳一样。不一样的是，太阳周而复始，而人却一去不返。第二个比喻，人生的过程，又好比爬山。上山的时候，很慢，下山的时候，就很快。上山时，好比青少年，似乎有大把的光阴可以浪费，登山的时候便可以优哉游哉，甚至盘桓嬉戏。下山时，好比老年，人到山顶开始走下坡路，很快就会来到谷底。时间不等人，一点都不假。

有白天就会有黑夜，自古就是这样。人们不厌其烦地感叹生命短暂，但是没有想到在这短暂的时间里，有一半的时间要在睡眠中度过。王建"发现"了这个被人们忽略了的"秘密"。诗人惜时之感，对时间的紧迫感，在这首诗中展现得淋漓尽致。

时间是短暂的，生命是拮据的，"昨日健于今日时"。毕竟昨天的我们比今天的我们要年轻、要强健，"有歌有舞须早为"，还是趁早享受生活吧。

"有歌有舞须早为"，从字面上看似乎是鼓励人们要趁早享乐，但实际上"歌舞"二字具有象征意义，从积极的角度去体会，应该是健康、有益的生活。

唐代的《金缕衣》诗[1]是中唐时的一首流行歌词，其中"有花堪折直须折，莫待无花空折枝"与王建"有歌有舞须早为"之句异曲同工。

唐朝诗人王贞白《白鹿洞》诗二首（其一）中说："读书不觉已春深，一寸光阴一寸金。不是道人来引笑，周情孔思正追寻。"刻画了一个专心致志、心无旁骛的读书人形象。因为被书中的内容吸引，季节变换了都不知道。而走进书中的世界，周公的情怀，孔子的思想，不时引得诗人啧啧称奇，甚至不由自主地会心而笑。

---

[1] 《金缕衣》诗："劝君莫惜金缕衣，劝君须惜少年时。有花堪折直须折，莫待无花空折枝。"

【唐】薛令之：莫厌灯前读书苦

| 导读 |

诗人是一个酷爱读书的人，他坦言读书的过程是艰苦的，除了要坐得住冷板凳外，有时还要忍受物质贫瘠的困苦。但读书也是快乐的，因为书中有你需要的一切。只要付出努力，一定会遇到明时、明君，总会出人头地，就像当年的苏秦与韩信一样。

诗人认为，读书重要的是要"稽古"，也就是要从历史中汲取智慧和力量。

草堂①吟

草堂栖在灵山谷，勤读诗书向灯烛。
柴门②半掩寂无人，惟有白云相伴宿。
春日溪头垂钓归，花笑莺啼芳草绿。
猿鹤寥寥③愁转深，携琴独理仙家曲④。
曲中哀怨谁知妙，子期能说宫商⑤调。
鱼未成龙剑未飞⑥，家贫耽读人皆笑。
君不见苏秦与韩信⑦，独步⑧孰知是英俊。
一朝得遇圣明君，腰间各佩黄金印⑨。
男儿立志需稽古⑩，莫厌灯前读书苦。
自古公侯未遇时，萧条长闭山中户⑪。

薛令之（683-756）

字君珍，号明月，福建长溪县（今福安）人。神龙二年（706）进士及第，成为福建第一位进士。开元中，官左补阙、太子侍讲。后辞官归乡，迁居厦门岛洪济山北，成为厦门岛最早的开拓者之一。

| 注释 |

①草堂，即灵谷草堂，位于福安溪北洋城山村后，为薛令之读书之所。唐咸通元年（860）改为灵岩寺。②柴门，用树枝编扎为门，形容极其简陋。③猿鹤，比喻君子，读书人。《太平预览》引《抱朴子》："周穆王南征，一军尽化，君子为猿为鹤，小人为虫为沙。"寥寥，数量少。④理，弹奏。仙家曲，泛指高妙的琴曲。⑤子期，指钟子期，传说中精通音乐的知音。商，我国古代音乐用宫、商、角、徵、羽表示音阶，宫商表

示其中的宫音与商音，后来也泛指音乐。⑥鱼未成龙剑未飞，比喻还未取得成功。汉·辛氏《三秦记》："河津一名龙门，水险不通，鱼鳖之属莫能上，江海大鱼薄集龙门下数千，不得上，上则为龙也。"南朝宋·刘敬叔《异苑》卷二："晋惠帝元康五年，武库火，烧汉高祖斩白蛇剑、孔子履、王莽头等三物。中书监张茂先惧难作，列兵陈卫，咸见此剑穿屋飞去，莫知所向。"⑦苏秦，战国时纵横家，凭着三寸不烂之舌游说于诸侯之间，说服六国联合对抗秦国，从出身卑微的一介寒士成为身挂六国相印的显赫人物。韩信，秦汉之际名将。早年家贫，常从人寄食。在楚汉战争中，韩信发挥了卓越的军事才能，帮助刘邦击败了项羽，建立了汉朝，封为淮阴侯。⑧独步，指超群出众，无与伦比。曹植《与杨德祖书》："昔仲宣独步于汉南，孔璋鹰扬于河朔。"⑨黄金印，用黄金制作的印章，古时公侯将相所佩。苏秦以纵约劝说六国君王，其言得行，其身得佩六国相印，为纵约长。⑩稽古，考察古代，研习古事，也特指阅读史书。⑪萧条，寂寥冷落。闭户，闭门。《太平御览》卷六一一"学部五·勤学"引晋·张方《楚国先贤传》："孙敬好学，……常闭户，号为'闭户先生'。"因此，"闭户"亦指专心致志读书。

| 读诗偶得 |

不妨当个"闭户先生"

这首诗用了两个典故，一个是"白云为伴"，一个是"闭户先生"。前者借用了陶弘景的诗。陶弘景《诏问山中何所有赋诗以答》中有这样的句子："山中何所有，岭上多白云。只可自怡悦，不堪持赠君。"诗人用这个典故，旨在描写自己的读书环境，当然也是表明自己甘于寂寞，勤奋苦读的决心。后者借用了晋·张方《楚国先贤传》讲的孙敬好学的事："孙敬好学……常闭户，号为'闭户先生'。"表明诗人愿意像孙敬那样，闭门苦读。

苏秦在未遇之前，曾经在家用锥刺股，发愤读书。但是他的家人包括妻子、兄嫂都瞧不起他，认为他不务正业、异想天开。但是后来苏秦终于得到秦王的重用，身挂六国相印，名噪一时；韩信当年也曾被认为是游手好闲的公子哥，甚至还在淮阴街头受过胯下之辱，但是后来被刘邦登坛拜将，成为刘邦的重要帮手，叱咤风云。

机会总会青睐有准备的人，从古人的事例中，诗人看到了希望，对未来充满了信心。

诗的最后四句，提出了读书观点的核心。即读书重要的是要"稽古"，也就是要从历史中汲取智慧和力量。读书是快乐的，因为书中有你需要的一切。但是，读书的过程也是艰苦的。除了要坐得住冷板凳外，有时还要忍受物质贫瘠的困苦。这个过程，有可能是极其漫长的。可是惟有吃得苦中苦，方能为人上人。只有自身强大，才能在机会来临的时候，乘势而上，大显身手。到那时，所有的付出都有了回报，所有的痛苦都会成为美好的回忆。

【唐】翁承赞：惟有读书声最佳

| 导读 |

翁承赞在唐代诗人里并不算出名，但是这两首诗却让人印象深刻。这是诗人坐在书斋里悠闲自在地写下的两首诗。第一首，强调"读书声里是吾家"。短短七言，把以读书为业的自豪、快乐、自信情怀表现得淋漓尽致。第二首，强调"惟有读书声最佳"。读书声是天下最美的声音，它与贫富贵贱无关，与兴衰荣辱无关，这是对读书生活的最高礼赞。

书斋漫兴二首

其一
池塘四五尺深水，篱落①两三般样花。
过客不须频②问姓，读书声里是吾家。
其二
官事归来衣雪埋③，儿童灯火小茅斋。
人家不必论贫富，惟有读书声最佳。

| 注释 |

①篱落，篱笆。②频，频繁。③雪埋，被雪覆盖。

翁承赞（859—932）

字文尧，晚年号狎鸥翁，福建莆阳兴福里竹啸庄人。乾宁三年（896）进士，光化三年（900）授右拾遗，官至福建盐铁副使。工诗，有诗集，现存诗作一百二十首。有"窗含孤岫影，牧卧断霞阴"等名句，被人称为"高妙"。

| 读诗偶得 |

万般皆下品，唯有读书高

两首小诗，没有用古老的典故，没有用艰涩的词汇，也没有浓墨重彩的铺陈，然而，读书生活的美好以及诗人对读书的向往之情、热爱之意、赞美之心，却跃然纸上，像诗人白描的生活场景一样，清新简约、悦人耳目。

先看看第一首。一处池塘，几间草屋，一段只有象征意义的篱笆墙，还有几株杨柳，几多花草，像一幅简笔画一样简约、和谐而有情致。最妙的是不时有读书声传来，由远及近，又由近及远，久久回荡。过往的人都忍不住要问："这是谁家啊？"知情的人肯定会告诉他们，那是翁家。诗人此刻刚刚在书斋读完书，闭目养神休息的那一刻，不觉间一首小诗已成："过客不须频问姓，读书声里是吾家。"只要听听这读书声就知道了。"读书声里是吾家"一语，足以让天下的读书人据为己有，世代珍藏，并以此为荣。

来人为什么会频频地问姓名呢？一方面这里的环境清幽，令人羡慕，另一方面这里书香气浓，令人产生好奇之感。而诗人的回答则彰显出读书人的自信。不用问姓名，你只要听听这读书的声音，就应该知道这是谁家了。

再看第二首。"官事归来衣埋雪"，交代了诗人的身份。诗人是进士出身，曾官至右谏议大夫、福建盐铁副使，不小的官职。处理完公务回家，正赶上下雪，衣服都被雪盖住了。"儿童灯火小茅斋"，这是回家路上诗人所见。"小茅斋"说明这不是一个富贵人家。"灯火"，说明天已经黑了。天黑了，还下着雪，住在茅草房里的孩子不顾天寒地冻，还在挑灯夜读。这场景，在以"读书声里是吾家"自称的诗人眼里，该是多么温暖的一幕啊。虽然诗人认为自己家以读书为业，但是很显然他们的读书热情感染了周围人家。他从内心深处敬佩这些勤奋学习的寒门学子。"人家不必论贫富，惟有读书声最佳。"最后这两句是诗人的感叹。

人可以有贫富，可是读书声却是一样最美的声音。难道，早在一千多年前的翁承赞就希望"全民读书"吗？

【唐】孟郊：时不我待，青春须早为

|导读|

"人学始知道，不学非自然"。诗人提出这样的读书观点，一个人如果不学习，就不会弄清楚万事万物的本源，摸不清其规律、道理。当然，也不会找到登堂入室的方法和途径。

"青春须早为，岂能长少年"。时间的长河流淌到唐代，诗人们依然强调时间短暂，强调要珍惜有限的时间。但是，与汉魏时代文人的时间观相比，大唐的文人们对时间的感叹明显少了感伤的味道，而增加了时不我待、积极进取的气象。

劝学

击石乃有火，不击元①无烟。
人学始知道②，不学非自然。
万事须己运③，他得非我贤。
青春须早为，岂能长少年。

|注释|

①元，原本，根本。②道，途径、方法；规律，道理；道义、正道；道家所说的万物之源。知道，就是了解、明晰万事万物的本源。③须，必须。己运，自己体悟。

孟郊（751-814）

字东野，湖州武康（今浙江德清）人，祖籍平昌（今山东临邑东北），先世居洛阳（今属河南）。早年生活贫困，曾周游湖北、湖南、广西等地，无所遇合，屡试不第。四十六岁始中进士。唐贞元十七年（801），五十岁的孟郊任江南溧阳尉。其代表名诗《游子吟》就是在溧阳时所作。在任不事曹务，常以作诗为乐，被罚半俸。元和九年，在阌乡（今河南灵宝）因病去世。与贾岛齐名，有"郊寒岛瘦"之称。有《孟东野诗集》。

人学始知"道"

诗题为《劝学》，诗人开门见山提出自己的观点——人学始知"道"，不学非自然。一个人如果不学习，就不会弄清楚万事万物的本源，摸不清其规律、道理。当然，也不会找到登堂入室的方法和途径。诗人以击石取火为例。如果不去击打火石，火石不会自动冒烟，更不会发出火花。所以，一定要积极主动地去求知、去学习。诗人进一步强调"万事须己运，他得非我贤"，要充分发挥个人的主观能动性，只有经过自己亲身实践，认真地加以体悟，理解了事物的本源，找到了学问的门径，才算真正学有所成。

诗人强调凡事一定要亲力亲为，特别是"青春须早为，岂能长少年"。他认为一个人的少年时代很快就会过去，一定要抓住机会，努力拼搏，刻苦读书，为知"道"创造条件。

这种观念是诗人自身"大器晚成"经历的切实体验。唐贞元十二年（796），四十六岁的孟郊奉母命第三次赴京科考，终于登上了进士第。放榜之日，孟郊喜不自胜，当即写下了生平第一首快诗《登科后》："昔日龌龊不足夸，今朝放荡思无涯。春风得意马蹄疾，一日看尽长安花。"进士及第的喜悦，让他感觉到过去吃的苦、遭的罪，都不值一提。"朝为田舍郎，暮入天子堂。"这种巨大的反差让他体验到了苦尽甘来的快慰，但是毕竟已经四十六岁了，青春不再，这不能不让诗人产生隐隐的伤痛。虽然自己不曾挥霍青春，但是，直到人过中年才进士及第，让他感到美中不足。他多想重回少年时代啊，可是青春一去不复返。"青春须早为，岂能长少年。"还是要趁着青春年少，努力拼搏啊！

与汉魏时代文人的时间观相比，大唐的文人们对时间的感叹明显少了感伤的味道，而增加了时不我待、积极进取的气象。

颜真卿三岁丧父，家道中落，母亲殷氏对他寄予厚望，实行严格的家庭教育，亲自检查监督他的学习。颜真卿不负母亲的希望，格外勤奋好学，每日苦读。同时，他从自身的经历与感受出发，勉励后人趁着年轻，一定

要好好读书："三更灯火五更鸡，正是男儿读书时。黑发不知勤学早，白首方悔读书迟。"（《劝学》）

唐朝诗人寒山说，"浩浩黄河水，东流长不息。悠悠不见清，人人有寿极。"指出黄河水滔滔不息，昼夜东流，浑浊的悠悠黄河水却不见有清的时候，但是一个人的生命却是有限的。告诫人们"苟欲乘白云，曷由生羽翼。唯当鬓发时，行住须努力"（《三百三首》诗之六十四），要趁着鬓发还没有变白，抓紧时间努力学习，磨炼自己的羽翼，好让自己早日展翅高飞。

唐代诗人王建强调，"人初生，日初出。上山迟，下山疾。百年三万六千朝，夜里分将强半日。有歌有舞须早为，昨日健于今日时。"（《短歌行》）人生在世，以百年为限，不过是三万六千天，还要被黑夜分去一半。时间何其短促，而且人一天比一天衰老，一天不如一天，所以做什么事一定要趁早。

中唐时有一首流行歌词："劝君莫惜金缕衣，劝君须惜少年时。有花堪折直须折，莫待无花空折枝。"

此诗含意很单纯，可以用"莫负好时光"一言以蔽之。这原是一种人们所共有的思想感情。它使得读者感到其情感虽单纯却强烈，能长久在人心中缭绕，有一种不可思议的魅力。它每个诗句似乎都在重复那单一的意思"莫负好时光"，而每句又都寓有微妙变化，重复而不单调，回环而有缓急，形成优美的旋律，反复咏叹，强调爱惜时光，莫要错过青春年华。从字面看，是对青春和爱情的大胆歌唱，是热情奔放的坦诚流露，然而字面背后，仍然是"爱惜时光"的主旨。

晚唐诗人杜荀鹤有诗说："少年辛苦终身事，莫向光阴惰寸功。"（《题弟侄书堂》）也对少年提出希望，要他们不要浪费光阴。

【唐】徐彦伯：学以致用的入世思想

| 导读 |

　　如果人才都像陶渊明那样隐居起来，社会还会有发展吗？徐彦伯认为，读书人学得一身好文艺，就要服务于帝王之家。用现在的话说就是要学以致用，要报效国家，服务社会。"何必岩石下，枯槁闲此生。"诗人旗帜鲜明地反对隐居山林、消极避世，而主张顺应时代，出世入仕。

拟古三首（其二）

读书三十载，驰骛周六经①。
儒衣干②时主，忠策献阙廷③。
一朝奉休盼④，从容厕⑤群英。
束身趋建礼⑥，秉笔坐承明⑦。
廨署相填噎⑧，僚吏纷纵横。
五日休浣⑨时，屠苏⑩绕玉屏。
橘花覆北沼，桂树交西荣⑪。
树栖两鸳鸯，含春向我鸣。
皎洁绮罗艳，便娟丝管清。
扰扰天地间，出处各有情。
何必岩石下，枯槁闲此生。

徐彦伯（？ —714）

　　名洪，以字行，兖州瑕丘（今山东兖州城区西南）人。其文章典缛，语言清丽沉凝，功力深厚。时司户韦属善判，司士李亘工书，而彦伯文辞雅美，时人谓之"河东三绝"。晚年好为强涩之体，题材上多闺愁闷思怨、应制侍宴之作。

| 注释 |

　　①驰骛，奔走，奔竞。周，遍。这里指在"六经"里驰骋。②干，求。③阙廷，朝廷。④休盼，重视，垂青。宋之问《桂州三月三》："伊昔承休盼，曾为人所羡。"⑤厕，间杂，置身。⑥建礼，汉宫门名，是尚书郎值勤的地方。借指尚书郎。⑦承明，古代官殿名，汉长安未央宫殿之一。泛指官署。⑧廨署，官署。填噎，堵塞。《抱朴子·疾

谬》："欲令人士立门以成林，车骑填噎于闾巷，呼谓尊贵，不可不尔。"左思《吴都赋》："冠盖云荫，闾阎填噎。"⑨休浣，同"休沐"，指官吏例行休假。⑩屠苏，室内的屏风。⑪西荣，正屋西边的廊檐。

| 读诗偶得 |

学而优则仕

诗人反对隐居山林、消极避世，而主张顺应时代，出世入仕。很显然，诗人的观点具有进步意义。但是，诗人提出这种观点，也有着深刻的社会背景。诗人生活在武则天统治时期，虽然武则天不失为中国历史上一位有作为的女皇帝，但是她具有两面性的超强"政治手腕"，也让那个繁荣的时代充满了不确定因素。大兴"文字狱"便对当时的文化发展以及文人的自由情怀形成强大的桎梏。因为发表言论或者所做文章与统治者思想不合，加之一些政策执行者一味变本加厉地揣摩最高统治者的心思，让政策走了样。很多王公卿士因为言语不慎，被酷吏周兴、来俊臣等秘密陷害，轻则流放偏远之地，重则家破人亡。这种情况不得不让一些人思索应该如何面对这个时代。为了求得生存，纵是一些位高权重者，也"不能有所裁抑，独谨身谆谆自全"[1]。不过，虽然意识形态如此严苛，但依然有一些文人能够游刃有余，深得最高统治者的青睐，徐彦伯就是这样幸运的一位。

徐彦伯早年住在太行山下，以读书为业，七岁的时候便以写文章闻名一时。薛元超任河北安抚大使时，上表推荐徐彦伯，徐彦伯后调为永寿县尉、蒲州司兵参军。当时他的同僚韦皓擅长判事断案，李亘工于文翰，徐彦伯文辞典雅优美，时人称为"河东三绝"。早年迁职方员外郎，进给事中；武后撰《三教珠英》，徐彦伯、李峤居文士之首。后来又修撰《武后实录》，再次受封；唐中宗到南郊行礼，徐彦伯又上《南郊赋》，以文辞典雅又多文采，为世人称道，提拔为修文馆学士、工部侍郎。观其一生可谓一帆风顺，直上青云。

[1] 《新唐书·豆卢钦望传》。

面对很多王公卿士祸从口出的事实，他曾经写过一篇《枢机论》告诫当代人，要谨言慎行。他认为，"夫言者，德之柄也，行之主也，志之端也，身之文也，既可以济身，亦可以覆身。"言语是人的枢机，否泰荣辱系于言语。这篇时论可以让我们更好地理解徐彦伯的处世之道与成功之钥。

现在，我们再回过头来看这首诗，无疑可以更好地理解诗人的主旨与意图。

"读书三十载，驰骛周六经。"三十年苦学，换来的是对"六经"这些儒家经典的烂熟于心。"儒衣干时主，忠策献阙廷。"这是果。学有所成之后干什么呢？是要"干时主"，靠才能赢得圣主的青睐、赏识；是要"献阙廷"，要把自己的聪明才智奉献给国家。诚然，哪个时代都需要视金钱如粪土、待名利如浮云的品德高洁之士，可是如果人才都隐居起来，都不能为朝廷所用，朝廷还会喜欢这样的人吗？他们在其所处的时代、社会还有市场吗？当然不会。这恐怕是徐彦伯学有所用、游刃官场的经验之谈。

紧接着诗人用十分自豪的口吻，用十四句诗的篇幅来描绘"学而优则仕"的荣光，对"时主"和"阙廷"的赞美之情溢于言表，"养尊处优"的优越感油然而生。因为自己坚持学有所用，为国君、为朝廷效力，为得到皇上的赏识，跻身于高官显贵之列。正是"谈笑有鸿儒，往来无白丁"。同时，还可以享受休假生活，在环境幽雅的庭院里赏花散步，吃着山珍海味，听着丝竹管弦，住着奢华的绮帐，甚至连池水中的鸳鸯也羡慕自己奢华的生活，向自己发出了示好的鸣叫。

"扰扰天地间，出处各有情。"天下本无事，庸人自扰之。天下之大，本来是无所不包的，每个人都会有他的归宿，每个果都会有它的因，这一切都在于个人的把握。这句诗应该是有所指，即扣上了上述介绍的时代背景。当时，很多人因为特立独行，或者言语不当，而招致祸患。徐彦伯告诫人们，一定不要庸人自扰。"何必岩石下，枯槁闲此生。"身负才智，学而优自当仕，理当为国家效力，为什么非要追求什么所谓的高洁而隐居呢？纵观那些隐居之士，有多少不是穷困落魄一生呢？

诗人描绘的奢华生活，并不足取。但是，诗人所表达的积极处世的思想却是进步的。另有唐朝诗人崔日知作《冬日述怀，奉呈韦祭酒、张左丞、兰台名贤》诗[1]，与徐彦伯的观点基本一致。其诗中有"既重万钟乐，宁思二顷田""愿逐从风叶，飞舞翰林前"之语，与徐彦伯"何必岩石下，枯槁闲此生"之句有异曲同工之妙。

---

[1] 崔日知《冬日述怀，奉呈韦祭酒、张左丞、兰台名贤》诗："弱龄好经籍，披卷即怡然。覃精四十载，驰骋数千言……鲁史君臣道，姬书日月悬。从师改炎燠，负笈遍山川……光荣拾青紫，名价接通贤。既重万钟乐，宁思二顷田……愿逐从风叶，飞舞翰林前。"

【唐】白居易：读书也需觅知音

|导读|

　　坐在一叶扁舟之中，点一盏昏暗的油灯，手捧友人的诗卷，竟是一夜未眠。灯油快干了，天也快亮了，眼睛看得都发疼了，依然手不释卷。是朋友的诗写得太好了，是与朋友的感情太深了，是朋友的观点与自己产生了强烈的共鸣？诗人没有明言，给读者留下了想象的空间。

舟中读元九①诗

把②君诗卷灯前读，诗尽灯残③天未明。
眼痛灭灯犹闇坐④，逆风吹浪打船声。

|注释|

　　①元九，即元稹，字微之，白居易的朋友。②把，拿。③残，指灯油已剩下不多。④犹，还。闇，同"暗"。一作"暗"。

|读诗偶得|

诗尽灯残天未明

　　"欲取鸣琴弹，恨无知音赏。"这种知音难觅的感觉贯穿诗人孟浩然的一生。读书固然需要幽静的环境，不被人打扰才好，但是真正的高手需要不断地对决，方能提高自己。读书

白居易（772—846）

　　字乐天，号香山居士。生于河南新郑，其先太原（今属山西）人，后迁下邽（今陕西渭南东北）。唐贞元进士，授秘书省校书郎。元和年间任左拾遗及左赞善大夫。后因上表请求严缉刺死宰相武元衡的凶手，得罪权贵，贬为江州司马。长庆初年任杭州刺史，宝历初年任苏州刺史，后官至刑部尚书。在文学上，主张"文章合为时而著，歌诗合为事而作"，是新乐府运动的倡导者。其诗语言通俗，有"诗魔"和"诗王"之称。和元稹并称"元白"，和刘禹锡并称"刘白"。有《白氏长庆集》传世。

也是如此，独学而无友，孤陋而寡闻。要想让学问提升境界，需要"奇文共欣赏，疑义相与析"。所以陶渊明为了找到知音，不惜移居。

诗人白居易是幸运的，他有知音。即使朋友不在身边，依然可以从他的诗文中感受到朋友的才情，朋友的温暖，朋友的力量。

白居易与元稹二人诗书往来频繁，彼此欣赏，相互提高，建立了珍贵的友谊。在《与元九书》中，诗人提出了著名的"文章合为时而著，歌诗合为事而作"的理论，据白居易自言，仅二人被贬期间，他们诗书往来就有上百篇之多。他们用实际行动践行了陶渊明"奇文共欣赏，疑义相与析"的读书境界。

收到朋友寄来新创作的诗作，诗人迫不及待连夜在舟中阅读。尽管船外风高浪急，诗人全然不顾。不知不觉间，厚厚的诗卷读完了，灯油也快干了，天也快亮了，可是诗人还没有困意。

长期的苦学，白居易"口舌成疮，手肘成胝"（白居易《与元九书》）未老先衰，还得了眼疾，用现在的说法是"飞蚊症"。纵是在这种情况下，他依然彻夜苦读。

此诗写于作者被贬江州途中。唐宪宗元和十年（815），宰相武元衡遇刺身死，白居易上书要求严缉凶手，因此得罪权贵，被贬为江州司马。他被撵出长安，九月抵襄阳，然后浮汉水，入长江，东至九江。在这寂寞的谪戍旅途中，他十分想念早五个月远谪通州（州治在今四川达县）的好朋友元稹。在漫长旅途中，一个深秋的夜晚，诗人伴着荧荧灯火，细读微之的诗卷，写下了这首《舟中读元九诗》。

我们看到的是诗人的执着，这幅舟中读书的画面也永远定格在读书人的眼前。

【唐】李贺：寻章摘句老雕虫

| 导读 |

因为他父亲的名字触讳，李贺便不能参加进士考试。李贺的命运是坎坷的，但是这并没有影响他的勤奋学习，他甘心于在浩如烟海的古籍中"寻章摘句"，在写作中精雕细刻，并以"老雕虫"自居。现在"寻章摘句"应该是贬义，但是研究学问特别是研究古代文史，我们确实需要这种功夫，不妨当一回这样的"老雕虫"。

南园十三首（其六）

寻章摘句老雕虫①，晓月当帘挂玉弓。
不见年年辽海②上，文章何处哭秋风？

| 注释 |

①雕虫，指文人雕辞琢句，用于贬义或者自谦。虫，指秦书八体中的"虫书"。②辽海，指东北边境，即唐河北道属地。

| 读诗偶得 |

勤奋的另一种境界

提到勤奋学习，我们很自然地想到孙敬、苏秦头悬梁、锥刺股的典故，诗人李贺在这首诗里却塑造了另外一个勤学的样本：月亮挂在了窗户上，成了别有诗意的窗帘，天马上就要亮

李贺（790-816）

字长吉，福昌（今河南宜阳）人，祖籍陇西，自称"陇西长吉"，因家福昌之昌谷，又称"李昌谷"。父名晋肃，因触讳，被迫不得应进士科考试。也因此终生落魄不得志，二十七岁时英年早逝。他继承了《楚辞》的浪漫主义精神，又汲取了汉魏六朝乐府及萧梁艳体诗的长处，以丰富的想象力和新颖诡异的语言，表现出幽奇神秘的意境，通过凌驾大自然而创造出新奇幽美的艺术境界，创造出独特的艺术风格，并对中晚唐时期的部分诗人产生了一定的影响。人称"诗鬼"。有《昌谷集》。

了，可是诗人还端坐在书桌前"寻章摘句"。

诗人李贺，尽管只活了二十七岁，可是却赢得了"诗鬼"之誉，在唐朝诗歌的群山中，占据了突出的一峰。李贺一向以文才自负，曾把自己比作"汉剑"，"自言汉剑当飞去"[1]，然而他的命运却是坎坷的。

他的父亲名晋肃，"晋"与"进士"的"进"犯讳，就因为这个原因，诗人不得参加进士科考试。从而使李贺空负满身才学，人为地被拒绝在官场之外。另外，从元和四年（809）到元和七年（812），辽东一带割据势力先后发生兵变，全然无视朝廷的政令。唐宪宗曾多次派兵讨伐，屡战屡败，导致天下疲惫，而藩镇割据的局面依然如故。国家多难，民不聊生。加之由于战乱不已，朝廷重用武士，轻视儒生，以致斯文沦落，诗人的命运更是雪上加霜。

但是，诗人依然是勤奋的，他没有因为自己个人的悲剧而自我沉沦，也没有因为国家的多难、儒生的被漠视而荒废读书。在这首诗里，他把自己比喻成"老雕虫"，把自己刻苦攻读书史叫作"寻章摘句"。"寻章摘句"，用现在的话来说似乎是贬义。我们读书强调要从整体上把握，不能断章取义，不能"寻章摘句"，但是诗人说的"寻章摘句"显然是自谦之语。读书研究学问，有时候还真离不开这种"寻章摘句"的精神。诗人读书到了什么境界？眼看天已破晓，斜月弯弯，就像一只玉做的弓印在窗帘上一样。

当然，诗人心中并不是没有痛，没有悲。末句的"文章"指代文士，实即作者自己。"哭秋风"不是一般的悲秋，而是感伤时事、哀悼穷途的文士之悲。这与屈原的"悲回风之摇蕙兮，心冤结而内伤"[2]颇有相似之处。社会黑暗，君王昏庸，"文章"不显，这正是屈原之所以"悲回风"、李贺之所以"哭秋风"的真正原因。

---

[1] 李贺：《出城寄权璩、杨敬之》。

[2] 《楚辞·九章·悲回风》。

【唐】皮日休：书籍是最珍贵的家产

| 导读 |

　　有的人以黄金为宝，有的人以屋宇为宝，有的人以女色为宝，晚唐诗人皮日休却以书为宝。在他的眼里，书是最宝贵的家产，它甚至胜过平庸的伴侣。有了这些宝贵的书籍，每天展开书卷，就是在与圣人面对面。不知道皮日休的家庭生活怎么样，但从他的表述中可以看出，他是一个爱书胜过爱伴侣的人。

读书

家资是何物，积帙列梁栭①。
高斋②晓开卷，独共圣人语。
英贤虽异世，自古心相许。
案头见蠹鱼，犹胜凡俦侣③。

皮日休（834？—883？）

　　字逸少，一字袭美，襄阳（今湖北襄樊）人。早年住在鹿门山，自称"鹿门子""闲气布衣""醉吟先生"。咸通八年（867）进士，曾任著作郎、太常博士、毗陵副使等职。晚唐杰出的现实主义诗人，其诗多抨击晚唐黑暗政治和弊病。有《皮子文薮》传世。

| 注释 |

　　①帙，包书的套子；积帙，形容书很多。梁栭，屋檐。王安石《后元丰行》："龙骨长干挂梁栭。"②高斋，高大的书斋。③俦侣，朋辈，伴侣。嵇康《兄秀才公穆入军赠诗》："徘徊恋俦侣，慷慨高山陂。"凡俦侣，平庸的朋友。

| 读诗偶得 |

家资是何物，积帙列梁栭

　　古代读书人早就意识到书籍对于学习的重要性。他们认为："遗子黄金满籯，不如一经。"（《汉书·韦贤传》）满筐的黄金赶不上一部经书。因为经书传递给人的是知识、思想，是取之不尽、用之不竭的宝藏，而黄金是不可再生的，总有用尽的时候。

在这首诗里，诗人把多得摞至房梁的书看作是最宝贵的"家资"，展现了诗人超凡脱俗的志趣。清晨，在高大的书斋里，坐在书案前，展开书卷，与圣人对话，听圣人的声音，感受圣人的思想脉动。虽然圣人与自己相隔千秋万代，可是"海内存知己，天涯若比邻"，又如在目前一般。书籍就算再破旧，甚至有虫从中爬出，这样的书也好过平庸的朋友。诗不长，却意味深长。

皮日休除了把书当作自己唯一的"家资"外，还有两个比喻亦很生动、贴切。他说："惟书有色，艳于西子；惟文有华，秀于百卉。"（《目箴》）书是最有姿色的，比美女西施还要艳丽。文章是最有华彩的，比百花还要秀美。他还说："文学之于人也，譬乎药，善服，有济；不善服，反为害。"（《鹿门隐书》）他把文学作品比作药，药是能够治病救人的，但前提是一定要对症下药，否则药就成了"毒药"，不但医不好病，反而会害人。也就是说，读书一定要讲究方法。

【宋】赵恒：来自皇帝的劝勉

| 导读 |

　　赵恒，宋太宗赵光义之子，宋真宗。一代帝王倡导读书，本身就有着巨大的鼓动性。作为诗人的赵恒又用艺术的手笔盛赞读书的好处，他说："书中自有千钟粟、黄金屋、颜如玉。书中车马多如簇。"是的，书中有你想要的一切，但是这些东西并不是凭空得到的，书山有路勤为径，要实现自己的愿望，"五经勤向窗前读"，离不开一个"勤"字。

励学篇

富家不用买良田，书中自有千钟①粟。
安居不用架高楼，书中自有黄金屋。
娶妻莫恨无良媒，书中自有颜如玉②。
出门莫恨无人随，书中车马多如簇③。
男儿欲遂平生志，五经勤向窗前读。

赵恒（968-1022）

宋太宗赵光义之子，宋真宗。

| 注释 |

　　①钟，古代容量单位，六斛四斗为一钟。《史记·河渠书》："溉泽卤之地四万余顷，收皆亩一钟。"古时一亩地收一钟粮，千钟相当于千亩地。②颜如玉，长得像美玉一样的女子。③簇，丛聚、聚集。

| 读诗偶得 |

书中自有黄金屋

　　这是一首身份独特的作者写的独特的诗。作者身份独特，因为他是皇帝；诗独特，因为它言简意赅，通俗易懂，以至于一千多年后的我们读它，都不用注释。

赵恒是面带微笑写完这首诗的。写完的时候，他高兴得欢呼雀跃。他彼时彼刻的形象，让我想到了吴承恩笔下的"美猴王"。猴子学成归来，驾着筋斗云，片刻就来到了花果山上空。真正是衣锦荣归，心情大好。当时，猴子已经有了法名"悟空"。在按下云头之前，他得意扬扬地吟了一首诗："去时凡骨凡胎重，得道身轻体亦轻。举世无人肯立志，立志修玄玄自明。"这是一个"海归"的切身体会，他也有扬扬得意的资本。

赵恒身为一国之君，高高在上，与在云端的孙悟空一样，可以俯视的姿态看天下、看天下的读书人。他没有必要卖弄学识，所以不必在诗中用那些佶屈聱牙的文字。在看似轻松、戏谑、调侃的陈述中，阐述了一个大道理——"男儿欲遂平生志，五经勤向窗前读。"

赵匡胤以陈桥兵变得开大宋王朝。他心中有一个隐忧，他是骑在马上打下的天下，会不会有同样骑在马上的人夺去他的天下？于是他制定了一个重要的国策，贬抑武人参政，建立一个士大夫共治天下的政治制度，全国地方长官一律任用文臣。

国家一时要起用那么多文臣，而宋承五代长期的战乱，一般人都不喜欢读书，书读得好的就更少。为此，朝廷一方面广开读书人登仕的途径，大行科举制度，另一方面也竭力倡导读书风气。宋真宗赵恒御笔亲作《励学篇》，传布天下，其鼓动作用不言而喻。

诗的语言平实、朴素，如唠家常般，在不知不觉间让人们进入他描绘的诗书世界——这里有良田、有高屋、有美女、有黄金……想要什么，便有什么。但前提是你得好好读书，要学好"五经"，因为那是"高考"的必读书。

宋代读书人一旦考中进士，就意味着进入了仕途。考得好的，可以直接当通判、县令，或者到朝中部委办局担任幕僚。名次靠后的，也可以到知府、知州、县令手下当个参军、主簿什么的。幸运的话，经过十几年时间，甚至可以坐到参知政事或者宰相的高位。宋代在文学上有成就的大家，无一不是走仕进之路，无一不是政府要员，这就是明证。所以，宋真宗赵恒的诗并不是空中楼阁，也不是画饼充饥，是实实在在的。试想，在这种背景下，皇上亲口说的，还有谁会怀疑？这首励学诗，当真是鼓舞了不知多少代人。

【宋】汪洙：诗书不负人

|导读|

诗人把读书提升到至高无上的地位——读书能够带给人荣华富贵，可以衣锦还乡、光宗耀祖，可以享尽人间风花雪月。其中的很多观点，用我们现代人的眼光看是不足取的。但是，并不是没有可取之处。相反，诗中真诚得近乎赤裸的表白，让人觉得诗人的观点真有些可爱。他说出了许多人想说而未说，未说而一直在努力做的事。我们今天从读书的角度看这首诗，仍然有其进步意义。

神童诗（节选）

天子重英豪，文章教尔曹①。
万般皆下品，惟有读书高。

少小须勤学，文章可立身。
满朝朱紫贵，尽是读书人。

学问勤中得，萤窗万卷书。
三冬②今足用，谁笑腹空虚。

自小多才学，平生志气高。
别人怀宝剑，我有笔如刀。

朝为田舍郎，暮登天子堂。
将相本无种，男儿当自强。

学乃身之宝，儒为席上珍。

汪洙

字德温，浙江鄞县（今宁波市鄞州区）人。元符三年（1100）进士，官至观文殿大学士。他自幼聪颖，九岁能诗，号为"汪神童"。

君看为宰相，必用读书人。

莫道儒冠③误，诗书不负人。
达而相天下，穷则善其身。

遗子满籯④金，何如教一经。
姓名书锦轴，朱紫佐朝廷。

古有千文义，须知学后通。
圣贤俱间出⑤，以此发蒙童。

| 注释 |

①尔曹，你们。鲍照《卖玉器者》诗："宁能与尔曹，瑜瑕稍辨论。"杜甫《戏为六绝句》诗："尔曹身与名俱灭，不废江河万古流。"②三冬，三年。《汉书·东方朔传》："年十三学书，三冬，文史足用。"也指冬季三个月，杜甫《遣兴》诗之一："蛰龙三冬卧，老鹤万里心。"③儒冠，儒生。杜甫《奉赠韦左丞丈二十二韵》："纨袴不饿死，儒冠多误身。"本诗诗人反杜诗意而用之。④籯，一种竹器。⑤间出，隔一段时间出现一次。

| 读诗偶得 |

万般皆下品，惟有读书高

汪洙的《神童诗》并非一时之作，后人统计共有六十多首，包括劝学、早春、春游、登山、除夕等十九类。但其风格、主题基本一致，即都是五言绝句，语言通俗易懂，适合孩童记诵。目的是宣扬读书的重要性，鼓励孩童多读书、勤读书。很多诗已经家喻户晓，比如"万般皆下品，惟有读书高""朝为田舍郎，暮登天子堂""久旱逢甘雨，他乡遇故知。洞房花烛夜，金榜题名时"等等。

被批臭的名言

诗人说："万般皆下品，惟有读书高。"与读书比起来，其他都是"下品"。这句话，曾经遭到无数人、无数次攻击与批判。其实，理解这首诗，理解诗人的观点，我们不能脱离其时代背景。我们今天学习它，也不是要全盘接受，而是要与时俱进，吸收其积极的成分。诗人把读书上升到至高无上的地位，有没有错？我们的回答是"没有"。书籍是人类进步的阶梯，不读书个人不能成长，社会不能进步。任何时代，任何人，都离不开读书。

诗人说"少小须勤学""学问勤中得"，强调一个"勤"字。"勤"，既是对人的行为要求，也是成就学问的必由之路。

"立"，立身、立名、立世。诗人认为，写一手好文章，就可以"立身"。其实，还可以立名、立世。三百六十行，行行出状元。一技在手，吃穿不愁。写文章也算一技，所以诗人的观点没有错。

读书是为了做官。做官的人很少有不读书的，就算是靠祖上的荣光当了官，他的祖上一定也是读书起家。官员，需要高素质，不仅在道德上要有高水准，在学问上也应该是高水平。否则，他怎么能胜任？孔子当了官，马上喜形于色。孔子的弟子不明白孔子的表现，对此还提出了批评。孔子解释道，只有当了官，才能按照自己的意愿去做事，才能惩恶扬善。所以当他得知自己要当官的消息后，掩饰不住高兴，表现在了脸上。读书为了做官，也无可非议。关键是做什么样的官，而这是另外一个范畴了。

君子应自强不息

一个人只有胸中有墨水，在人前才能底气足。诗人强调"自小多才学"，也就是从小就要发奋苦读，只有这样才能学到真东西，练就硬本领，才能"平生志气高"。诗人提出一个很有意思的问题——"将相本无种"。将相不是天生的，也不是祖传的，只要努力学习，平民百姓也可以为将为相。所以，男儿当自强！应该有理想，有追求，不要自暴自弃，不要妄自菲薄。

"王侯将相，宁有种乎。"这是秦末农民起义领袖陈胜、吴广大泽乡起义时提出来的口号。在这里，诗人汪洙借用来表达读书人可以通过读书求取功名、做到高官的意思。可见当时宋代的政治环境、文学环境、思想环境都是十分宽松的。这样一句话，如果在明代、在清代，恐怕要下"文字狱"，株连九族。那么，汪洙说的话是不是真的呢？是不是普通百姓通过科举考试，就可以走上为将为相的道路呢？答案是肯定的。宋代是文人政治，科举取士是重要的仕进之路。很多大政治家、文学家、将领，比如范仲淹、欧阳修、苏轼等都出身贫寒，他们正是通过刻苦读书走上仕途的。

"学乃身之宝，儒为席上珍。"诗人认为学问是一个人的"宝"，这个宝谁也夺不走，是无价宝、终身宝。儒生、学问家，就好比是宴席上的美味佳肴，人见人爱，有尊严、有地位。

当然，"满朝朱紫贵，尽是读书人。"满朝文武，穿朱戴紫的那些达官显贵，都是读书人。"君看为宰相，必用读书人。"皇帝任用宰相，一定也要用读书人。"宰相须用读书人"，这句话也大有来头，是宋太祖赵匡胤说的。有一次，赵匡胤要改年号为乾德，他让宰相收集前世的年号，避免出现重复。纵然如此，还是出现严重的纰漏。宋太祖平定蜀国后，得到一面铜镜，镜子的背面有"乾德四年铸"的字样。宋太祖大惊，忙问宰相是怎么回事，宰相却回答不出。于是召见学士陶谷、窦仪。窦仪说："这一定是伪蜀国的旧物。过去蜀王衍有过这个年号，一定是那年制造的。"赵匡胤感慨道："宰相须用读书人啊！"从此以后，他更加重视儒臣。

你看，读书成才有这么多好处，难道男儿还不应该自强吗？

学问永远是自己的

诗圣杜甫感慨："纨袴不饿死，儒冠多误身。"那些纨袴子弟凭借着祖上的阴德，便可吃香的、喝辣的，过着花天酒地的生活。可是，那些勤奋读书的贫民子弟、穷学生却吃不饱、穿不暖，穷愁潦倒，漂泊四方。这是诗人面对错位的现实发出愤怒的呼喊。但是在诗人汪洙眼里，却是另外一番景象。诗人说："莫道儒冠误，诗书不负人。"诗书是不会误人的。学成了文武艺，自然有用武之地。机会好，可以成为帝王的座上宾、门下客，甚至可以当上宰相，穿朱戴紫，治理天下，拯救万民；机会不好，怀才不遇，也可以保持自身的高洁，涵养浩然之气。而这都是诗书的功劳。

"遗子满籝金，何如教一经。"诗人认为学习"五经"，比拥有满籝的黄金更重要。因为"书中自有黄金屋"。读书有了学问、做了官，可以源源不断地有"黄金屋"建起来。否则，即使有满籯金，也只能坐吃山空。

"古有千文义，须知学后通。"先贤留下了无数经典之作，但是他们讲述的"大道"，只有经历深入的学习、思考、钻研，才会融会贯通。诗人依然强调一个"勤"字，离开了勤学，再好的经典也不会为我所用。

【宋】欧阳修：读书伴我成长

|导读|

　　欧阳修，有宋一代文坛盟主。欧阳修用诗的方式对他读书的感受、读书的成果、读书的方法进行了系统的总结，传递了大量的有关读书的信息，对于我们了解一代文坛盟主的成长经历大有好处。我们无法用简单的几句话来概括欧阳修的读书观点，只能告诉亲爱的读者，如果你想成为像欧阳修一样的大家，你必须好好读一读以下的文字。当然，读这些只是一个启发，沿着这个方向走下去，你会有意想不到的收获。

读书

吾生本寒儒，老尚把书卷。

眼力虽已疲，心意殊未倦。

正经首唐虞①，伪说起秦汉。

篇章异句读②，解诂及笺传③。

是非自相攻，去取在勇断。

初如两军交，乘胜方酣战。

当其旗鼓催，不觉人马汗。

至哉天下乐，终日在几案。

念昔始从师，力学希仕宦。

岂敢取声名，惟期脱贫贱。

忘食日已晡④，燃薪夜侵旦。

谓言得志后，便可焚笔砚。

少偿辛苦时，惟事寝与饭。

岁月不我留，一生今过半。

中间尝忝窃⑤，内外职文翰。

官荣日清近，廪给亦丰美⑥。

欧阳修（1007—1072）

　　字永叔，号醉翁，晚号六一居士，江西吉州庐陵永丰（今江西省吉安市永丰县）人，北宋杰出的政治家、文学家、史学家。唐宋八大家之一，主修《新唐书》，独撰《新五代史》，有《欧阳文忠公集》传世。

人情慎所习，酖毒比安宴⑦。

渐追时俗流，稍稍学营办。

杯盘穷水陆，宾客罗俊彦。

自从中年来，人事⑧攻百箭。

非惟职有忧，亦自老可叹。

形骸苦衰病，心志亦退懦⑨。

前时可喜事，闭眼不欲见。

惟寻旧读书，简编多朽断。

古人重温故⑩，官事幸有间。

乃知读书勤，其乐固无限。

少而干⑪禄利，老用忘忧患。

又知物贵久，至宝见百链。

纷华暂时好，俯仰浮云散。

淡泊味愈长，始终殊不变。

何时乞残骸，万一免罪谴。

买书载舟归，筑室颍水岸。

平生颇论述，铨次加点窜⑫。

庶几垂后世，不默死刍豢⑬。

信哉蠹鱼⑭书，韩子语非讪⑮。

| 注释 |

①唐虞，尧封于唐，舜封于虞，故以"唐虞"指尧舜，这里指尧舜时代出现的《六经》。②句读，标点，读通文章。句，指句末的停顿。读，指句中的停顿。③解诂，训诂，用今言释古语，也作"解故"。笺，古书注解的一种。传，注释或者阐述经义的文字。④晡，申时，下午三时至五时，这里指夜晚。晡食，吃第二顿饭，相当于现在的晚饭。⑤忝窃，忝，谦词。窃，窃位，不胜任。⑥廪，官府发给的口粮。丰羡，充足。⑦酖毒，毒酒。酖，通"鸩"，一种有毒的鸟。《左传·闵公元年》："宴安鸩毒，不可怀也。"意思是贪图安逸就像喝毒酒自杀一样，所以，一定不要贪图安逸。⑧人事，俗事，世事。⑨退懦，退步、软弱。⑩重，重视。温故，语出《论语·为政》："温故而知新，可以为师矣。"⑪干，谋求。⑫铨次，选择和编次。点窜，删改文字。⑬刍豢，泛指牛羊犬豕之类的家畜。⑭蠹鱼，一种蛀蚀衣物、书籍的小虫。⑮韩子，韩愈。讪，讥笑。

令人向往的读书生活

忘食日已晡，燃薪夜侵旦

欧阳修是一个勤学的人，"忘食日已晡，燃薪夜侵旦。"为了读书，他废寝忘食，通宵达旦。虽然年已老，眼已花，但是"老尚把书卷""心意殊未倦"，对读书的热情依旧。

欧阳修四岁的时候父亲就去世了，家境困难，但是他的母亲却知书达理，深知读书学习对孩子成长的重要。家中没有钱买纸和笔，她就用芦荻杆当笔，在沙地上教儿子认字、写字，"画荻教子"说的就是这件事。

在欧阳修看来，读书是天下最令人快乐的事情。唐虞时代出现的"六经"是学问的正源，但是到了秦汉时代，学者开始热衷于对这些经典进行注解、训诂（参见陶渊明读诗偶得），从而使后世学者莫衷一是，如坠五里雾中。欧阳修认为看这些书，这些五花八门的观点，就好像看两军对垒，打得不可开交。看到激烈处，不禁出了一身汗。在这种是非攻伐、自相矛盾、鱼龙混杂的学术氛围中，何去何从，完全取决于自己的判断。而这也正是读书的乐趣所在。

欧阳修是最潇洒的文人，他的身心都是极度自由的。想干什么就干什么，怎么想的就怎么说，没有丝毫的掩饰，也从不为自己的行为动机故意拔高。他废寝忘食、通宵达旦地苦读是为了什么？"念昔始从师，力学希仕宦。岂敢取声名，惟期脱贫贱。"说得再明白不过了，刚开始拜师读书就是想当官，摆脱贫贱。并立下这样的志向——一旦实现了自己的愿望，就不再读书。读书虽然是天下至乐之事，但是，早年艰苦的条件确实让自己受了不少委屈。

欧阳修当然不会得志后便"焚笔砚"。他说的"至哉天下乐，终日在几案"也是实情。但读书也是辛苦事，这也不用讳言。你看欧阳修是不是很坦诚？因为读书辛苦，才让很多读书人半途而废。而那些挨过少年艰苦岁月，头悬梁、锥刺股，废寝忘食、苦读不辍，直到学有所成的读书人，最终也品尝到了读书的"至乐"。

人情慎所习，酖毒比安宴

随着官越做越大，欧阳修不得不把大量的时间用在迎来送往以及繁忙的公务上，读书、写作的时间自然就少了——"官荣日清近，廪给亦丰羡。人情慎所习，酖毒比安宴。渐追时俗流，稍稍学营办。杯盘穷水陆，宾客罗俊彦。自从中年来，人事攻百箭。"

欧阳修坦率地承认自己做官以后疏于学习的状态。活到老，学到老，这话人们常说，但真正做到的却寥寥无几。特别是人当了官、有了富贵之后，再无薪米之忧，也没有了学习的动力。

北宋政治家寇准早年不爱读书，整天像个公子哥游手好闲，无所事事。他的母亲很生气，恨铁不成钢，有一次气得用秤砣砸到寇准的脚面上，鲜血直流。母亲又气又心疼，伤心地大哭一场。这件事对寇准触动很大，从此以后，他发愤读书，十九岁便考中了进士。此后，他官运亨通，平步青云。

可是，在他的朋友张咏的眼里，寇准却是个"不学无术"的人。原来，寇准当了官以后忙于应酬，便不再学习。有一次，寇准到外地做官，在离开朝廷之前，他向张咏请教，希望张咏能够临别赠言。张咏只说了句"《霍光传》不可不读"。寇准于是找来《汉书·霍光传》，读到最后才发现班固对霍光有这样一句评语"不学无术"。寇准恍然大悟，原来张咏是告诫自己要少些应酬多读书啊！

欧阳修切身体会到做官以后，读书的时间确实少了，应该引起自己的警惕。

除了应酬太多、没有时间学习，年龄也成了学习的障碍。他说，年纪一天比一天大，眼力、心力、体力都不济了，有心想读书、写作，却力不从心——"非惟职有忧，亦自老可叹。形骸苦衰病，心志亦退懦。前时可喜事，闭眼不欲见。"

没有什么比这更痛苦的了。一个人有能力做某事，也有机会做某事，可是却因为自己身体的原因，只能望洋兴叹。而随着年龄的增长，兴趣爱好也会发生变化，年轻时喜欢做的事，到了老年的时候就不一定喜欢做了。欧阳修晚年得了眼病，视力下降得厉害，记忆力也相对减退，身体素质急转直下，他切身感受到了由于年老体衰带来的烦恼与无奈。因此，他不止一次地告诫后学者，"年轻是重要的资本"，一定要抓住年轻的时光，好好地学习——

"春深夜苦短，灯冷焰不长。尘蠹文字细，病眸涩无光。坐久百骸倦，中遭群虑戕。寻前顾后失，得一念十忘。乃知学在少，老大不可强。"（《镇阳读书》）

"子年方少力可勉，往与夫子为颜回。"（《送章生东归》）

"吾子齿尚少，加勤无自轻。努力图树立，庶几终有成。"（《勉刘申》）

"顾我今老矣，两瞳蚀昏眵。大书难久视，心在力已衰。因思少自弃，今纵悔可追。戒我以勉子，临文但吁嘻。"（《获麟赠姚辟先辈》）

"少壮及时宜努力，老大无堪还可憎。"（《伏日送徐焦二生》）

买书载舟归，筑室颍水岸

买一船书，再在美丽的颍水岸边买一所房子，每天看书看累了，便把目光锁定在依依颍水。无官一身轻，有学万人重。这样的生活是不是很令人向往呢？当然，这只是诗人欧阳修的愿望。

欧阳修官做到了参知政事，相当于副宰相。文是北宋的文坛领袖，"唐宋八大家"之一。他桃李满天下，文章更是"洛阳纸贵"，每天求他写文作记的信件数不胜数，人们都以能够得到他的文章为荣。在官场、在文坛，他都游刃有余。看惯了人间风月，宦海沉浮，他终于明白了，名利、权贵都是过眼烟云，而只有"淡泊"才能保持长久。

那么，又应该如何保持淡泊呢？诗人有自己的答案："惟有吟哦殊不倦，始知文字乐无穷。"[1] "唯有文章烂日星，气凌山岳常峥嵘。"[2]

从淡泊又归于淡泊。这淡泊之下，是欧阳修曲折的人生经历和他对学问的不懈追求。"曾是洛阳花下客，野芳虽晚不须嗟。"正因为经历了那么丰富的人生旅程，他才得以如此从容地"买书载舟归，筑室颍水岸"。试想，如果没有远大的志向，没有发愤读书的积淀，没有宦海沉浮的历练，欧阳修又如何实现这个看似简单，实则艰辛备至的轮回？

人生，岂能不努力？

感兴五首（其五）

唧唧复唧唧①，夜叹晓未息。
虫声急愈尖，病耳闻若刺。
壮士易为老，良时难再得。
日月相随东，天行自西北。
三者②不相谋，万古无穷极。
安知③人间世，岁月忽已易④。

| 注释 |

①唧唧，虫鸣声。②三者，指日、月、天。③安知，怎么知道。④易，变换。

---

[1] 欧阳修《戏答圣俞持烛之句》诗："辱君赠我言虽厚，听我酬君意不同。病眼自憎红蜡烛，何人肯伴白须翁？花时浪过如春梦，酒敌先干伏下风。惟有吟哦殊不倦，始知文字乐无穷。"

[2] 欧阳修《感二子》诗："黄河一千年一清，岐山鸣凤不再鸣……英雄白骨化黄土，富贵何止浮云轻？唯有文章烂日星，气凌山岳常峥嵘。贤愚自古皆共尽，突兀空留后世名。"

| 读诗偶得 |

时间都去哪了

"唧唧复唧唧，夜叹晓未息。虫声急愈尖，病耳闻若刺……"听到虫鸣声，诗人感到仿佛有尖锐的东西在刺着他的耳朵。不由得感叹："壮士易为老，良时难再得！"

"时节忽已换，壮心空自惊。平明起照镜，但畏白发生。"[1]在一个秋夜，欧阳修静读之际突然听到虫子的鸣叫声，这叫声在静夜里显得格外的清晰，传得很远，直入心底，让人心惊。欧阳修放下书本，思绪进入了虫鸣的世界。他方才意识到，季节已经变换了。早上起来，看着镜中的自己，白发已经悄然爬满了两鬓。一首《虫鸣》诗道尽了诗人对时光易逝的感叹，一个"畏"字，告诉人们，时间是最可宝贵的财富。对于一个人来说，时间绝对是不可逆的、是不可再生资源。

由此我突然想到了很多人，想到了孔夫子，他站在大河边慨叹："逝者如斯夫！"时光啊，就像这奔腾的长江水一样，一去不复返啊；秦始皇是那样地害怕死亡，一而再再而三地派人去寻求长生不老之药，甚至明知道受了骗，也在所不惜；曹操也曾慷慨悲歌："对酒当歌，人生几何？"他们为什么都有这样的感叹？难道他们真的怕死吗？是的，他们都害怕死亡，但不是因为他们贪图享受，而是因为他们有未竟的事业，他们有崇高的追求。包括秦始皇也一样，他的"万世梦"何尝不是一项伟大的事业？

欧阳修的感叹与汉魏时人们对时光短暂的感叹一脉相承。一个心中装着别人、装着梦想、装着天下的人，他的时间永远是拮据的。

---

[1] 欧阳修《虫鸣》诗："叶落秋水冷，众鸟声已停。阴气入墙壁，百虫皆夜鸣。虫鸣催岁寒，唧唧机杼声。时节忽已换，壮心空自惊。平明起照镜，但畏白发生。"

送黎生①下第还蜀

黍离不复雅②，孔子修春秋。
扶王③贬吴楚，大法加诸侯。
妄儒泥于鲁，甚者云黜周。
大旨既已矣，安能讨源流？
遂令学者迷，异说相交钩④。
黎生西南秀，挟策来东游。
有司不见采，春霜滑归辀⑤。
自云喜三传⑥，力欲探幽微。
凡学患不强，苟至将焉廀⑦。
圣言简且直，慎勿迂其求。
经通道自明，下笔如戈矛。
一败不足衄⑧，后功掩前羞。

注释

①黎生，黎錞，字希声，蜀人，苏东坡的老乡，庆历二年下第，六年及第，后为眉州知州。治春秋颇有成就，欧阳修十分欣赏他。②黍离，《诗经》中有《王风·黍离》篇："彼黍离离，彼稷之苗。"这里指代《诗经》。雅，高尚，受人尊重。③扶王，扶汉阳（905-977），原籍汉阳，五代时因避罪投梅山右甲首领顿汉凌。北宋太平兴国二年（977），宋太宗命人攻打梅山，扶汉阳兵败跳崖身亡。后人为了怀念他，尊扶汉阳为"扶王"。④交钩，交错、混杂。⑤辀，古代车前边弯曲的独木车辕，泛指车。⑥三传，《左传》《公羊传》《穀梁传》，合称《春秋三传》。⑦廀，藏。⑧衄，伤败、退缩。

读诗偶得

大道至简

老子云："大智若愚，大巧若拙。"在圣人眼里，很多事情、很多道理是很简单、直白的。可是总有一些学者，总是愿意把简单的道理复杂化。本来圣人的言语只有几个字，非要演绎出几千字、几万字，不这样做似乎不足以显示有学问。而这样一来，就可能让后学者无所适从，甚至步入误区。

诗人对历史上一些泥古不化的儒生学者沉湎于孔子学说不能自拔，而且任意地对经典进行解读的现象提出批评。他认为，正是这种过度解读经典的行为，造成异端邪说混杂的局面，以致鱼目混珠，让人迷失了方向，不知何去何从。

这首诗里介绍的黎生就是这样不小心走入误区的人。姓黎的考生家远在蜀地，文章秀于西南，可惜没有得到主考官的认同，结果落第了。黎生自己说尤其喜欢钻研"三传"，而且试图努力探究"春秋三传"的精微之处，希望成为这方面的专家。欧阳修对黎生的好学精神表示赞赏，指出"凡学患不强"，只要学习下到了一定的功夫，自然能达到理想的境界。学通了经书，道理自然明了，这样写起文章来就特别有力量，好像手中有"戈矛"一样。但是他同时告诫黎生，"圣言简且直"，圣人说的话本来十分简明、直白，千万不要人为地将其复杂化。黎生沉迷于"三传"等经典，欧阳修担心他走上很多人走过的"歧途"，因此才这样提醒。而黎生下第的原因，恐怕也有误入歧途的成分。

欧阳修的担心不是多余的，他多次在诗文中表达类似观点："读书趋简要，害说去杂冗。"（《送焦千之秀才》）"儒者学乎圣人，圣人之道直以简。"（《韵总序》）

学而不思则罔，读书多思考是正确的，但是也不能剑走偏锋，思考过度，这样容易走向事物的反面。

送唐生

京师英豪域①，车马日纷纷。
唐生万里客，一影随一身。
出无车与马，但踏车马尘。
日食不自饱，读书依主人。
夜夜客枕梦，北风吹孤云。

翙然②动归思，旦夕来叩门。

终年少人识，逆旅③惟我亲。

来学媿道瞽④，赠归惭橐⑤贫。

勉之期不止，多获由力耘。

指家大岭北，重湖浩无垠。

飞雁不可到，书来安得频？

| 注释 |

①英豪域，英雄豪杰辈出的地方。②翙然，突然、飘然。不是刻意的而且是轻盈的。③逆旅，迎接客人，指代客舍。④瞽，目不明，引申为模糊不清。通"瞽"。⑤橐，口袋。

| 读诗偶得 |

一分耕耘一分收获

北宋时期，国家特别重视文人，科举考试制度也日益完善，每科录取进士的名额比之前代也大幅提升，种种因素促使北宋学子追求功名之心日趋强烈。除了刻苦攻读、做好科举准备外，他们在京师往往要拜访学界大家。一来可以实现读书人"就有道而正焉"的追求，二来也可以借以提高自己的知名度。如果有幸遇到伯乐，得到他们的推荐，自然是最好不过的事了。

本诗中提到的唐生家在遥远的岭南，只身一人来到京城，寄居在他人门下。食不饱，出无车。过够了这种寄人篱下的生活，唐生便有了归乡的念头。在起身之前，决定拜访一下当时名动京城的大学问家、政治家欧阳修。

君子赠人以言。欧阳修没有因为地位悬殊而拒绝唐生的请求，在临别之际，殷殷劝告唐生一定不要放弃努力，只要付出辛勤的努力，就一定会有收获。

欧阳修写了很多送给下第学子的诗，从中既可以看出他对后学者的关心呵护，又展现了一代文学巨擘杰出的学识与过人的见识。如勉励下第的黎生时说："一败不足衄，后功掩前羞。"（《送黎生下第还蜀》）一次失败说明不了什么，只要吸取教训，努力再战，一定会用成功洗却失败的耻辱。刘申落第，欧阳修告诉他，这与科举制度的弊病有关，鼓励他说："吾子齿尚少，加勤无自轻。努力图树立，庶几终有成。"（《勉刘申》）在一首诗中，他把失意的学子比作"青松"和"良玉"："子诚怀美材，但未遭良工。"（《青松赠林子》）一时没有成功，只是没有遇到良工罢了。只要自身素质过硬，就一定有出人头地的一天。

　　一代文学大家的鼓励，不知成就了多少学子。

读梅氏诗有感示徐生

子美^①忽已死，圣俞^②舍吾南。

嗟吾譬驰车，而失左右骖。

勍敌^③当压垒，赢兵当戒严。

凡人贵勉强，惰逸易安恬。

吾既苦多病，交朋复凋歼^④。

篇章久不作，意思如胶粘。

良田时持耕，草莽废锄芟^⑤。

美井不日汲^⑥，何由发涛甘？

偶开梅氏篇，不觉日挂檐^⑦。

乃知文字乐，愈久益无厌。

吾尝哀世人，声利竞争贪。

哇咬^⑧聋两耳，死不享韶咸^⑨。

尔幸知此乐，又常深讨探。

今官得闲散，舍此欲奚耽^⑩？

顽庸须警策，赖子发其箝^⑪。

| 注释 |

　　①子美，苏舜钦，字子美。②圣俞，梅尧臣，字圣俞。③勍敌，劲敌。④凋歼，凋零、死亡。⑤锄芟，铲锄。⑥汲，从井中生上提水。⑦挂檐，阳光照在房檐上，指代日落西山。⑧哇咬，俗乐，民间乐曲，也指声音细小繁杂。⑨韶，舜乐名。《论语·述而》："子在齐闻韶，三月不知肉味。"咸，和睦。⑩耽，沉湎。⑪箝，夹住，引申为封闭。发

其箱，打开他封闭的思维。

除了努力无他途

苏子美、梅尧臣是欧阳修的好朋友，他们建立了一生的真挚友谊。苏、梅二友相继辞世，这让欧阳修痛苦万分，感到好像正在奔驰的马车突然失去了左右两匹马一样。

读着梅尧臣的诗，诗人感慨万千。梅尧臣一生不遇，只做到县下的小官，直到晚年在欧阳修的推荐下才到朝中当了教授之类的学职。但是他才华横溢，特别是诗写得好，甚至还懂兵法，为《孙子》作注。

这首诗是诗人读梅尧臣的诗有所感写下的，目的是要给一个姓徐的书生看，鼓励他向梅尧臣学习。"凡人贵勉强，惰逸易安恬。"越是困顿、平凡，越要加倍努力。这样一定会找到快乐，实现人生的价值，就像梅尧臣一样。梅尧臣虽然没有做到学而优则仕，但是他确实做到了"学而优"，留下了宝贵的文学遗产。

欧阳修读梅诗，不觉间太阳已经偏西，这当然有朋友间的相惜之意，但更重要的是梅诗精彩绝伦，深深地吸引了他，让他感受到了读书的乐趣。欧阳修告诫徐生，追名逐利最终没有任何好处，不会带给人快乐。能够带给人快乐的是像梅尧臣写的这样的诗文。最后，诗人对徐生提出了希望："顽庸须警策，赖子发其箱。"一定要记住我说的话，我年事已高、身体又多病，不能指望再在学问上有什么精进，就看你的了。

因为身体多病，加之好友相继弃他而去，欧阳修好久没有动笔写诗文，以致笔都生锈了，思想也模糊不清，就像用胶粘上了一样——"篇章久不作，意思如胶粘。"

欧阳修在告诉我们，文学是勤奋者的工作，来不得半点的懒惰。良田再好，如果不及时耕种，也不能有收获；井水再美，如果不是每天都去打水，怎么能品味到甘甜？诗人强调，读书写作一定要持之以恒，坚持不懈。

这让我们想到了曾国藩的"日课十二条"。其中第四条说："读书不二，即书未读完，绝不翻看其他书，每日须读十页。"第五条说："读史，每日至少读二十三史十页，即使有事也不间断。"第十一条说："作字，早饭后习字半小时，凡笔墨应酬，皆作为功课看待，绝不留待次日。"

每一天做什么，做多少，都有明确的计划。一旦没有履行计划，一定会采取补救措施，甚至对自己进行"惩罚"。曾国藩能有那样高的学问、那么大的功业，岂是偶然？

酬学诗僧惟晤

诗三百五篇，作者非一人。
羁臣与弃妾，桑濮①乃淫奔。
其言苟可取，瘕杂不全纯。
子虽为佛徒，未易废其言。
其言在合理，但惧学不臻②。
子佛与吾儒，异辙难同轮。
子何独吾慕，自忘夷其身。
苟能知所归，固有路自新。
诱进③或可至，拒之诚不仁。
维诗于文章，太山一染尘。
又如古衣裳，组织烂成文。
拾其裁剪余，未识衮服④尊。
嗟子学虽劳，徒自苦骸筋。
勤勤袖卷轴，一岁三及门。
惟求一言荣，归以耀其伦。
与夫荣其肤，不若启其源。
韩子亦尝谓，收敛加冠巾。

| 注释 |

①桑濮，桑，指桑间，在濮水之上，是古卫国之地。古人认为卫地民风不古，男

女淫乱。后以桑间濮上之音为靡靡之音，"桑间濮上"为男女幽会之地。②臻，完备，精到。③诱进，诱导使进步。《后汉书·杜林传》："郎有好学者，辄见诱进，朝夕满堂。"《史记·礼书》："诱进以仁义，束缚以刑罚。"④衮服，古代帝王或者公侯穿的带龙图案的礼服。

| 读诗偶得 |

读书不盲从

宋代真是文学发展的沃土，你看，就连和尚都对《诗经》感兴趣，而且颇有研究。爱学《诗经》的和尚惟晤对欧阳修这个文坛盟主也是敬仰有加，特意向欧阳修请教作诗的技巧。

从诗中的表述可以看出，僧惟晤对《诗经》的主题持反对态度。大概他认为《诗》中描写的"羁臣""弃妾"以及"淫奔"的主题与佛教教义不符，因此对《诗经》颇有微词。也许惟晤和尚也拿不准自己的观点是否正确，便向欧阳修请教。欧阳修针对他这种倾向耐心地提出自己的见解：诗经三百零五篇，不是一时写就的，作者也有很多人。其中提到的主题未必都对，观点未必都纯，但是，"其言苟可取，瘕杂不全纯。"不能因为白玉有斑点就否定玉的整体价值，把它全部抛弃。关键不在于《诗经》是否纯正，而在于你学得是不是精到。如果学得精到，自然能够辨别良莠。任何一个学派，都有它的规律。只要找对了规律，就会找到登上学问峰顶的路。

"其言苟可取，瘕杂不全纯。"从读书的角度看，这句话有普遍意义。任何一部作品都有它的优点长处，也有缺点短处，要客观地评价，去其糟粕，取其精华，为我所用。

人无完人，金无足赤。学问也是如此。就算是被读书人推崇了几千年的"六经"，因为历史的变迁，人事的沉浮，在传递过程中也难免出现讹谬。欧阳修就曾对毛、郑诗学提出不少疑问，但是他却不敢轻易改动。因为他担心自己没有看到足够的相关书籍，害怕断章取义。"夫不尽见其书而欲折其是非，犹不尽人之辞而欲断其讼之曲直，其能果于自决乎？其能使之必服乎？"[1] 如果不读遍相关的书就轻易下结论，就好比没有听完人的辩护词就断案一样，怎么能敢下断言呢？又怎么能让人信服呢？

欧阳修说，诗和文就像泰山上的尘土一样。积土成山，积水成渊。泰山是由尘土积成，最终成就了其雄伟。如果尘土没有经历漫长岁月的积淀，没有沧海桑田的巨变，它终究是尘土。大海是由小溪汇成的，如果没有孜孜不倦、百折不挠的毅力，小溪终究还是小溪。欧阳修进一步打比方，好比古代帝王的衣裳，如果只看那一片片布料，怎么能知道衮服的庄重华丽与尊贵呢？

欧阳修告诫僧惟晤，也告诫读者，读书学习一定要精到，要尽可能多读，尽可能全面，不要轻易下结论。有疑问不要紧，但不能主观臆断、轻易改动。另外，读一本书要善于去粗取精，有所选择。当然，这又需要下苦功，练就一双慧眼和一个过人的大脑。

僧惟晤虽是出家人，但对学问研究却很执着。曾经在一年间三次携带自己的作品登门向欧阳修求教。欧阳修认为自己学的儒学，与释教走的不是一条道，不敢当惟晤的老师，其间可能曾经拒绝过惟晤。但是，欧阳修毕竟是一代大家，说自己不懂佛学，恐怕也是托词。他觉得自己有"诱进"的义务，一味地拒绝有违他的做人原则。

于是，诗人义不容辞地担当起"诱进"的重任。针对僧惟晤对诗学的认识偏差，欧阳修要他在"臻""规"两个字上下功夫。"臻"，到。只要学到火候，自然会得出正确的结论；"规"，规律、规则。只要找到规律，遵守一定的规则，就会沿着正确的道路不断前进，就有机会登堂入室。

欧阳修是当代名宦、大儒，人们都以认识他为荣，以得到他的只言片语相赠为耀。僧惟晤也未能免俗。在向欧阳修请教的过程中，少不了请欧阳修赐墨宝，希望能回去后在同门中有"面子"。欧阳修告诫惟晤，那些都是浮华之物，与其那样，不如真正学点东西，从根本上受益，岂不是更好？

---

[1] 欧阳修：《诗谱补亡后序》。

"与夫荣其肤，不若启其源。"什么是"源"呢？就是上述诗人对僧惟晤的告诫。最后，欧阳修引用他尊重的唐代大文学家韩愈的话，再一次对惟晤提出善意的忠告："收敛加冠巾"。要收敛自己、约束自己，更加严谨地对待学问，而不要随波逐流，或是轻易非古、标新立异。

【宋】王安石：教育要循序渐进

| 导读 |

王安石是大政治家、文学家，也是一个好家长。他对孩子的读书学习有自己的观点，到现在仍然有现实意义。诗人提出读书学习要尊重人的规律，未成年的时候不可拔苗助长，到了读书的年龄必须苦读书。他同时强调，每个人都有生存的压力，但是不能因为生计而荒废了读书。

赠外孙

南山新长凤凰雏①，眉目分明画不如②。
年小从他爱梨栗③，长成须读五车书。

| 注释 |

①凤凰雏，小凤凰。②画不如，比画得还好。③爱梨栗，用孔融的典故。参见陶渊明"读诗偶得"。陶渊明《责子》诗中有"通子垂九龄，但觅梨与栗"的句子。

| 读诗偶得 |

长成需读五车书

爱子之心，人皆有之。陶渊明《责子》诗虽题为责子，实际上爱子之心却贯穿全篇。

这首诗是诗人写给外孙的，隔代人更显得亲近。在诗人眼里，小外孙就像南山

王安石（1021-1086）抚州临川（今江西抚川）人。庆历二年（1042）进士，嘉祐三年（1058）上万言书，提出变法主张。神宗熙宁二年（1069）任参知政事，行新法。晚年退居金陵（今南京）的钟山半山园，号"半山"。元丰三年（1080），封荆国公。文学成就极高，散文为"唐宋八大家"之一。诗文集有《王文公文集》和《临川先生文集》两种版本。

上新生的小凤凰，眉目清秀得比手工描画的还好看。不过，诗人的重点不在于夸外孙长得好，而是提出了他的早教观——"年小从他爱梨栗"。就是孩子小的时候，就顺着他的性子来，他想要梨子就给他梨子，想吃栗子就让他吃栗子，而不要用成年人的想法去要求他。

这里面运用了一个典故。三国时鲁国人孔融，是孔子的二十世孙，也是"建安七子"之一。为人好学，秉性刚直，因屡次触怒曹操而被杀害。史书中记载，孔融小时候极为聪明，四岁的时候，就知道"让梨"。后来，文人常常拿"梨"说事。知道让梨是聪明的，但是有很多孩子别说四岁知道让"梨"，就是九岁了还分不清"梨"与"栗"，就像陶渊明的小儿子。

诗人王安石引用这个典故，旨在说明小孩子分不清"梨"与"栗"是正常的，是他的天性。因为他的智力还没有发展到那个程度，他的认识还没有上升到道德的高度，就随他去吧。如果非得逼着小孩子知道"让梨"，分清"梨栗"，那么无异于拔苗助长。所以早期教育要顺其自然，要符合孩子的特点，不能急于求成。

王安石的另一篇文章《伤仲永》，写了一个神童的"毁灭"过程，正是揭示了这个道理。如果违背规律，逆势而为，就会适得其反。

小时候有小时候的特点，长大了也有长大的特点。小时候可以"贪玩"，长大了可不行。长大了要干什么？要读"五车书"。这是诗人提出的另一个要点。

诗题是《赠外孙》，显然诗人作此诗的目的是要劝外孙多读书。全诗只有四句，抛出了两个观点，没有做过多的解释，却给读者留下了很大的想象空间。王安石是一位政治家，也是一位了不起的文学家。"长成须读五车书"是他自己的成功经验，用这个典型教育后代，言传身教，其效果恐怕比宋真宗的御笔诗还要好。

王安石另有一首诗《舟中读书》这样写道："冉冉木叶下，萧萧山水秋。浮云带田野，落日抱汀洲。归卧无与语，出门何所求？未能忘感慨，聊以古人谋。"诗人在舟中看两岸深秋山水，兴尽而卧舟中，没有人和他说话，而自己似乎又有许多话想对别人说，只好捧起书本，与书中的古人交流了，诗人把书当成了朋友。

送乔秀才①归高邮县

薄饭午不羹②，空炉夜无炭。
寥寥日避席③，烈烈风欺幔④。
谓予勿恶此，何为向子叹。
长年客尘沙，无妇助亲爨⑤。
寒暄慰白首，我弟才将冠。
邅回⑥岁又晚，想见淮湖⑦漫。
古人一日养，不以三公⑧换。
田园在戮力，且欲归锄灌。
行矣子诚然，光阴未宜翫⑨。
负米⑩力有余，能无读书伴。

| 注释 |

①乔秀才，嘉靖本作"乔执中秀才"。②不羹，没有肉羹。羹，用肉或菜调制的带汁的食物。③避席，离开座席。古人布席于地，各人独占一席而坐。当对人表示尊重时，则起立离开原位。④幔，帷幔。欺，风大掀开帷幔，用一"欺"字，说明风之"烈"。⑤爨，烧火做饭。⑥邅回，徘徊不进，回转。⑦淮湖，指高邮湖。⑧三公，国君手下负责军政事务的最高长官。⑨翫，同"玩"。忽视，荒废。⑩负米，指维持生计。

| 读诗偶得 |

生活读书两不误

乔秀才是王安石的朋友，王安石并没有因为自己与他身份地位悬殊而表现出慢待的意思。从欧阳修、苏东坡、王安石等大家对待下第学子的态度，我们可以看出，这些学界的泰斗在人格上、道德上同样占据了制高点。

乔秀才的读书生活是艰苦的。为了求学、"就有道而正焉"、参加科举考试，他不得不经受无米、无柴的艰难，不得不忍受寄人篱下、为权贵而避席的低贱，不得不亲自下厨，为填饱肚子而绞尽脑汁。

也许是科举失利，也许是他厌倦了这种苦难的读书与科举生活，也许是家中年迈的父母唤起了他的孝心，他决定回到高邮湖畔，过那种耕猎生活。

孔子的学生仲由非常孝敬父母，因为家境贫寒，他平时非常节俭，经常靠挖野菜度日。但是他担心父母吃不好，便不惜从百里之外背米回家孝敬父母。父母去世后，仲由也当了大官，曾经南游于楚，"从车百乘，列鼎而食"，再不用为吃喝发愁了，但是他再想吃野菜，为父母背米，却无法做到了。

树欲静而风不止，子欲养而亲不待。乔秀才要尽自己的孝心，陪伴一下父母。王安石对乔秀才的选择是赞同的，他说："古人一日养，不以三公换。"但是，他对乔秀才重点提了两点希望：一是让他珍惜光阴，不要虚度。二是在维持生计、孝敬父母之余，不要忘记读书。总之，希望乔秀才不要气馁，不要为家庭生计所累，还是要在学业上有所成就。

【宋】王禹偁：乞火为读书

| 导读 |

　　"凿壁""囊萤""映月"，范仲淹"画粥断斋"，欧阳修"画获学书"等勤学故事，已经成为古代勤奋学习的典故流传久远，事实上大诗人王禹偁早年也有为了读书，清明"乞火"的经历。可以说"清明乞火"的典故完全可以作为古代勤奋学习的典型。

清明

无花无酒过清明，兴味萧然①似野僧。
昨日邻家乞新火②，晓窗分与读书灯。

| 注释 |

　　①兴味：兴趣、趣味。萧然：清净冷落。②新火：唐宋习俗，清明前一日禁火寒食，到清明节再起火，称为"新火"。

王禹偁（954-1001）
北宋诗人、散文家。字元之，济州巨野（今山东省巨野县）人。晚年被贬于黄州，世称"王黄州"。

| 读诗偶得 |

人穷志不短

　　我是在无花可观赏，无酒可饮的情况下过这个清明节的，这样寂寞清苦的生活，就像荒山野庙的和尚，一切对于我来说都显得很萧条寂寞。昨天从邻家讨来新燃的火种，在清明节的一大早就在窗前点灯，坐下来潜心读书。

　　古代清明节有赏花、饮酒的习俗。清明节的前一天要禁止烟火，到清明节那天再起火，谓之"新火"。可是，诗人却是在无花可赏，无酒可饮的情况下度过清明节的。他说自己过得有点像住在荒郊野外的和尚。在起"新火"的时候自家连火种都没有，不得不向邻居借。可见诗人的生活是极其艰苦的。

王禹偁是北宋的知名学者，官至翰林学士，虽然他多次被贬，但是北宋统治者有一个可贵的优点，他们不杀大臣，就算经常贬官，但很快官复原职，或者越级提拔，都是常事。因此，诗人晚年不至于贫穷到连"火种"都需要向人家借的程度。所以，这首诗所写的应该是作者早年生活的情况。

清明节这天，诗人特意早早地向邻居讨来火种，"晓窗分与读书灯"，原来是为了第二天起早读书。我们可以想象，夜色还没有退去，诗人躺在床上辗转反侧，并不是因为昨天禁烟火，家里冷清难挨，而是因为昨天读的书正在兴头上。他想象着书中的情节，盼望着天快点亮起来。好不容易天快亮了，诗人迫不及待起身，用昨日借来的火种点燃油灯，微弱的灯光在小屋内亮起，一个读书人的身影被投射到纸窗上。

诗人也想过赏花、踏青、饮酒、嬉戏等节日生活，也想让节日充满生趣，不要那样索然无味、无奈，家境的贫困不得不让他少了这些兴致。但有一点他依然兴致盎然，那就是读书。二十多岁的时候，诗人就考中了进士，一直做到翰林学士，成为一位学问大家，当然与早年这种刻苦读书的生活分不开。生活如此困顿，却还如此刻苦攻读，令人肃然起敬。

【宋】孙复：要有钻仰不已的精神

|导读|

　　孟子、荀子、扬雄三位学问大家，他们是一生下来就是知道万事万物道理的天才吗？非也，孙复认为，这些圣人学问之所以能够达到在"圣域"自由驰骋的境界，正是因为他们"钻仰久不已"，也就是经历了长期刻苦、深入、执着的钻研过程。圣人尚且如此，我们这些平凡的人要想有所成就，除了勤奋学习，"钻仰不已"外，还有别的途径吗？

谕学

冥观①天地何云为，茫茫万物争蕃滋②。
羽毛鳞介③各异趣，披攘攫搏④纷相随。
人亦其间一物尔，饿食渴饮无休时。
苟非道义充其腹，何异鸟兽安须眉。
人生在学勤始至，不勤求至无由期。
孟轲荀卿扬雄氏，当时未必皆生知⑤。
因其钻仰⑥久不已，遂入圣域争先驰。
既学便当穷远大，勿事声病淫哇辞⑦。
斯文下衰吁已久，勉思驾说扶颠危。
击喑歕聋⑧明大道，身与姬孔为藩篱⑨。
是非丰顇⑩若不学，慎无空使精神疲。

孙复（992—1057）

　　字明复，号富春，晋州平阳（今山西临汾市）人。北宋理学家、教育家，孙武第四十九代孙，与胡瑗、石介，人称"宋初三先生"。

|注释|

　　①冥，幽深；观，看。②蕃滋，繁殖、生长。③介，甲。④披攘攫搏，泛指人间争斗。⑤生知，生而知之。⑥钻仰，语本《论语·子罕》："仰之弥高，钻之弥坚。"后表示深入钻研。⑦淫哇辞，浮夸的言辞。⑧喑，哑。击喑，敲击使哑人发声。歕聋，驱赶

使聋人奔走。比喻启发人的心智。欧，同"驱"。⑨姬孔，周文王姬发与孔夫子。藩篱，屏障，外围。⑩顇，通"悴"、"瘁"，劳累，困病。

| 读诗偶得 |

要有远大的志向

诗人认为孟子、荀子、扬雄三位学问大家之所以能够达到在"圣域"自由驰骋的境界，是因为他们"钻仰久不已"，也就是经历了长期刻苦、深入、执着的钻研过程。

诗人提出了这样的观点——"人生在学勤始至，不勤求至无由期。"也就是"书山有路勤为径，学海无涯苦作舟"的意思。一个人要想学有所成，除了"勤"之外，别无他法。孟子等三人的成功经历，即是诗人为这个核心观点所举的实例。圣人要成为圣人，尚且需要"仰之弥高，钻之弥坚"，要有长久"钻仰"的精神，何况普通人呢？

在这首诗里，诗人认为天下万物都是一样的，为了生存，都要不断地"争"，不断地"披攘攫搏"，都要为了衣食住行而不断奔波。但是，人与其他动物的区别在于，人懂得"道义"。人如果没有"道义"，就是长了胡须和眉毛的鸟兽。那么，人的道义从何而来？当然不是一生下来就有的，而是要靠后天的学习，而且是长久的、坚持不懈的学习。

读书学习，自从有了学校，就成了很自然的事。但是，之所以有圣人与普通人之分，还在于读书学习的志向是否远大，学习的方法是否得当。

"既学便当穷远大，勿事声病淫哇辞。"诗人提倡在"斯文下衰吁已久"的情况下，应该深刻地思考、扶正传统经典学说，以明晓"大道"，而反对那种无病呻吟、热衷于华丽辞藻的文风。诗人愿意做周文王、孔夫子学说的捍卫者。很显然，周孔倡导的儒家学说，是孙复积极维护的。

【宋】曾巩：书是良师益友

| 导读 |

　　曾巩是"唐宋八大家"之一，但这主要是从古文的成就上说的。他的诗文采确实差一些，但它传递的思想却并不逊色，《冬望》就是一例。诗人认为，书中的字句胜过宝玉美石，是良师益友。他的"日令我意失枯槁，水之灌养源源来"两句，成为南宋朱熹《观书有感》中"问渠哪得清如许，惟有源头活水来"之滥觞。

冬望

霜余荆吴①倚天山，铁色万仞光芒开。
麻姑②最秀插东极，一峰挺立高嵬嵬。
我生智出豪杰下，远迹久此安蒿莱③。
譬如骅骝④踏天路，六辔岂议收驽骀⑤？
巅崖初冬未冰雪，藓花入履思莫裁。
长树夹路盖十里，苍颜毅气不可回。
浮云柳絮谁汝碍？欲往自尼⑥诚愚哉。
南窗⑦圣贤有遗文，满简字字倾琪瑰⑧。
旁搜远探得户牖，入见奥阼⑨何雄魁。
日令我意失枯槁，水之灌养源源来。
千年大说没荒冗，义路⑩寸土谁能培？
嗟予计真不自料，欲挽白日之西颓。
尝闻古者禹称智，过门不暇慈其孩。
况今尫人⑪冒大任，力蹶岂更余纤埃⑫。
龙潭瀑布入胸臆，叹息但谢宗与雷⑬。
著书岂即遽有补，天下自古无能才。

曾巩（1019-1083），字子固，宋建昌军南丰县（今属江西）人，世称"南丰先生"。他出生在一个诗书传家的官宦人家。祖父曾致尧，宋太平兴国八年（983）进士，做过很多州的知州，有文集十卷和《仙凫羽翼》等专书数种。父亲曾易占，也曾进士及第，做过宜黄、临川二县尉，擅写文章。曾巩是"唐宋八大家"之一。

| 注释 |

①荆吴，这里指江西一带。②麻姑，山名，在今江西南城县西南。③蒿莱，野草，引申为草野，代指民间。④骓骝，赤色的骏马。⑤六辔，古代帝王车驾用六匹马。驽、骀，两种劣马。⑥尼，止息不前。⑦南窗，即"南轩""学舍"，是诗人在家附近修建的专门用来藏书和读书的草屋。⑧琪瑰，琪，玉名。瑰，美石。⑨奥阼，屋子的西南角叫奥。阼，指东阶。这里泛指殿堂。⑩义路，语本《孟子·万章下》："义，路也。"后以"义路"指义之所由出，即正义的道路。⑪尪人，瘦弱的人。⑫蹶，竭，尽。纤埃，微尘，比喻极小的气力。⑬宗与雷，宗炳和雷次宗，都是南朝人，好游山水。

| 读诗偶得 |

见水思源，苦求乃得

曾巩虽然出生在一个诗书传家的官宦人家，但是他的人生经历并不平坦，甚至可以说有点坎坷。首先，他的仕途就很艰难。宋仁宗景祐三年（1036），曾巩十八岁时第一次进京赶考，但没有考中。直到宋仁宗嘉祐二年（1057），他与弟弟曾牟、曾布同登进士，那时候的他已经三十九岁了。

其次，就在曾巩第一次参加科举考试落第那一年，他的父亲曾易占在信州玉山县做知县时受人诬陷，虽然最后澄清了事实，但是仍然落职归乡回到南丰。在那里没有房屋，也没有田地，曾巩不得不挑起全家生活的重担，为此他四处奔波："西北则行陈、蔡、谯、苦与睢、汴、泗，出于京师；东方则绝江舟漕河之渠，逾五湖，并封、禺、会稽之山，出于东海上；南方则载大江，临夏口而望洞庭，转彭蠡，上庾岭，由浈阳之泷，至南海上。"（《学舍记》）足迹遍布半个中国，遇到了重重困难。

那一年，他的父亲在南京（今河南商丘）突然病故，在举目无亲的情况下，曾巩运送父亲的灵柩南归，几经周折才将父亲安葬。此外，弟弟结婚，妹妹出嫁，内外亲属的庆贺与吊慰，向官府缴租纳税，这些事情无一不需要他来操办。在古代那些知名文人中，像曾巩年轻的时候便承受家庭重压的是不多见的。

　　但是，曾巩也是幸运的。在他的人生关键时期，遇到了两位贵人——王安石和欧阳修。曾巩十八岁那年科举不第，却结识了王安石。从此，他们二人相互切磨，共同研究学问，建立了深厚的友谊。宋仁宗庆历元年（1041），曾巩到京师入太学，再次参加进士考试，但又落榜。这次，他上书给欧阳修，并献上杂文和时务策两编。欧阳修读后十分惊异，形容他的文章像"昆仑倾黄河，渺漫盈百川"（欧阳修：《送吴生南归》），并骄傲地说，选进士不中，国家失去了一个人才，而自己有幸得到了这个人才（"而独予得也！"——《送曾巩秀才序》），喜悦之情，溢于言表。从此，曾巩成为欧阳修的得意门生，最终与老师一道成为"唐宋八大家"之一。

　　曾巩酷爱读书，并以读书为乐。他在自家附近得到一块草地，用篱笆围了起来，栽上竹木花卉，再在其间开辟一块菜地，引来水源，种上蔬菜。当然，最重要的是寻得了很多书收藏在小屋里，使之成为曾巩的"书房"。别人认为这书房实在太小、太简陋，但是诗人却说："这对我来说是再合适不过的了。我多年心神操劳、身体困乏，为家事役使奔走，是想有所作为。我居住陋室，破衣粗食，吃荒野菜汤，虽穷困但很安心，自然是想实现自己的志向而等待着时机。我所恨的也有，那就是本可以掌握圣贤们的大道，可是学问还达不到。至于文章，是我平生的爱好和向往，倒是常常写作而没有空闲过。而那些建筑坚固、木材精良、高大壮观的房舍，本是世上那些聪明豪俊、有优越条件和强大势力可以依靠的人才能修得起的。像我这样愚笨的人，哪能轻易办到而敢去想呢？"（曾巩：《学舍记》）

　　"结茅以自休，嚣然而乐。世固有处廊庙之贵，抗万乘之富，吾不愿易也。"（曾巩：《南轩记》）世上自然有位居朝廷的显贵，有比得上国君的富有，可是我却不愿意拿我的这块草地、这间草屋与他们交换。曾巩年幼的时候便跟随老师读书，但是，跟其他小孩子一样，他当时玩心很重，还不喜读书。等到十六七岁时，他看出"六经"中的话与古今作家的文章有超过常人的见解，才懂得爱书，从此下定决心，一定要好好读书，将来能与古今名家并驾齐驱。所以，尽管家庭屡遭变故，他依然顽强地咬牙挺过难关，没有耽误学习。

他在自己建的狭窄的书屋里收藏了很多书，上至六经、诸子百家、史家的著作、笺疏之类的书以及论赞美好事物、讽刺坏人坏事、感发于微小而寄托深远、山岩墓石的刊刻、浮夸诡怪之类的文章，下至兵法权谋、历法、星官、乐工、山农、野圃、方言、地志、佛老所传各种图书，都可以在他的书屋里找到，而不用外求。

"南窗圣贤有遗文"，说的就是书屋中藏书的情况。"书与吾俱，可当所谓益者之友非邪？"（曾巩：《南轩记》）诗人认为书是他的"益友"。在他看来，这些圣贤之书里的字字句句，胜过宝玉美石。

书是源头活水，可以滋润干渴的心田。源头之水不是自己来的，而是需要发现、梳理、引导，方能注入"半亩方塘"，使之清澈甘美、活力四射。

"旁搜远探得户牖，入见奥阼何雄魁。日令我意失枯槁，水之灌养源源来。"读书需要有不畏艰险，勇于探索，刻苦钻研的精神，只有这样才能找到登堂入室的"门径"，从而得以一览殿堂内的辉煌。曾巩说自己广求深探，找到了源头活水，它们源源不断地流淌进自己的心田，从而使自己枯槁的心田，每天都能得到清泉的滋润，自己干渴的心田自然也一天天地丰润起来。

曾巩的学生秦观、陈师道说曾老师"短于韵语"，也就是不善于作诗。当然，这主要看跟谁比。与自己的散文相比，曾巩的诗确实要逊色很多。而今人钱钟书认为曾巩的诗远比苏洵、苏辙好，七言绝句则更有王安石的风致。但是，从《冬望》这首诗可以看出，曾巩写诗的文采确实要差一点。比如说，他提出的"日令我意失枯槁，水之灌养源源来"，表达的意思就是朱熹《观书有感》中"问渠哪得清如许，为有源头活水来"的意思，可见，曾巩用"源源水"来比喻好书对人的滋润，开了朱熹的先河，但其知名度却远远比不上朱诗，其艺术表现也远远不如朱诗。但是，作为一个重要的读书观点的传播，曾巩功不可没。

【宋】陈师道：好书如"可人"

|导读|

事与愿违。每个人都希望自己的愿望能够实现，可是事实上往往结果与愿望相违。诗人想表达这种意思，但诗人这首诗无意间传达的读书感受，却切中了读书人的要害。诗人说，遇到好的书读起来就特别顺畅，哪怕再厚也会很快读完。它就像是自己心仪的人一样，与心仪的人在一起，时光自然过得飞快。

绝句四首（其四）

书当快意①读易尽，
客有可人②期不来。
世事相违每如此，
好怀③百岁几回开？

|注释|

①快意，舒适、称心。②可人，让人满意的人、可心的人。③怀，胸怀。好怀，开怀，指心胸开阔。

|读诗偶得|

书当快意读易尽

我们经常会有这样的感觉，读到一本好书，往往手不释卷、废寝忘食；在阅读的时候，因为书的内容太精彩，又不忍心一下子读完，很想马上找个人一起分享；

陈师道（1053-1102）

字履常，一字无己，号"后山居士"，彭城（今江苏徐州）人。家境困窘。早年学文于曾巩，绝意仕进。元祐（1086-1094）初期，因苏轼等人举荐，任徐州教授。后任太学博士、秘书省正字等职。诗学杜甫，苦心锤炼，质朴苍老，深受黄庭坚推崇。他是"江西诗派"代表作家，常与苏轼、黄庭坚等唱和。有《后山先生集》《后山谈丛》。

就在思想踌躇之际，眼睛又落到了书上，读书兴致正浓，不觉间一本书已经读完了。

感觉很多人都有，但不是所有的人都能表达出来。就好像早春的草，远远地看去，分明已经绿了；可是走到近前，却找不到绿色的踪迹。这种感觉并不新奇，但是没有人写出来。到了唐代，一位伟大的诗人韩愈写了"天街小雨润如酥，草色遥看近却无"，读罢不禁让人拍案叫绝："这么简单，我怎么没想到这样表达！"

又如在平原上看天，觉得天是低的。在清澈的江水中看月，月是近的。这种感觉完全符合人的视觉感受，但是却很少有人用诗意表达出来。等到了唐朝诗人孟浩然"野旷天低树，江清月近人"一出，遂成千古绝句。

再如汛期来临，河水涨满了河道，河面是不是显得比平时宽阔很多？谁又能想到，这样一种平常得不能再平常的现象，在唐代诗人王湾眼里又成了千古名句："潮平两岸阔，风正一帆悬。"

……

陈师道把一个人读到一本好书时的感觉写成了《绝句》一首，虽然没有韩愈写草、孟浩然写江、王湾写潮那样有名，却也独树一帜，令人佩服之至。

自然界或者生活中普通的现象，在高明诗人的笔下却成了千古名句，有一点不可忽视，那就是诗人们对这些平凡事物、普通现象的细心观察。事实上，凡是打动人心、引起共鸣的作品，无不是细心观察、认真描摹的结果。它也提醒我们，艺术创作，要有眼观六路、耳听八方、明察秋毫的功夫。这是这首诗告诉我们的第一个信息。

陈师道这首绝句传递的第二个信息是，他做了一个十分形象的比喻，把一本好书比喻为"可人"。可人，是指使人满意的人、能干的人。《礼记·杂记下》中说："其所与游辟也，可人也。"他所交往的人是让人满意、能干的人。陈师道说，自己的朋友中有"可人"，但是，他们却不能时时陪伴自己。一本好书就像朋友中的"可人"，"可人"无法常来，好书也不容易得到。于是，诗人才有这样的感慨："世事相违每如此，好怀百岁几回开！"

陈师道作于同年的另一首诗《寄黄充》中也提到了"可人"："俗子推不去，可人费招呼。世事每如此，我生亦何娱？"其中拿"可人"与"俗子"相对比，感叹世上俗人太多，可人太少，有知音难觅之叹。但是，我们从读书的角度看这首诗，既然"可人"可以代表一本"好书"，"俗人"是不是可以代表一本"庸书"呢？所以读书就像交朋友，一定要选择好书读，切不可不加选择，来者不拒。所谓开卷有益，并不是不加选择，全盘接受。

第三个信息，类似于陶渊明读诗偶得中的"奇文共欣赏，疑义相与析"。宋哲宗元符二年（1099），诗人困居徐州，生计维艰，"人不堪其贫"，别人都看不下去了，他却不以为意，依然"左右图书，日以讨论为务，盖其志专欲以文学名后世也"（魏衍：《彭城陈先生集记》）。

诗人一口气将一本好书读完之后，十分渴望能同朋友一起交流读书心得、讨论作诗的甘苦。但当时诗人的知心朋友尽在远方，黄庭坚被逐斥戎州（今四川宜宾），苏轼被贬谪海外，魏衍自徐州移沛州，张耒任职宣州，朋友天各一方，难于相见。"客有可人期不来"正是这种思友心切而不可得的慨叹。

次韵夏日

江上双峰一草堂①，门闲心静自清凉。
诗书发冢②功名薄，麋鹿同群③岁月长。
句里江山随指顾④，舌端幽眇致张皇⑤。
莫欺九尺须眉白⑥，解醉佳人锦瑟傍⑦。

| 注释 |

①草堂：旧时文人避世隐居，多名其所居为草堂，此泛指简陋的居所。②诗书发冢：谓以诗书作为家业。发冢：发展家业。③麋鹿同群：与麋鹿为伴，比喻过着隐居山林的生活。④指顾：手指目视。⑤幽眇：指幽深杳渺，指深奥隐微的道理。张皇：张大，解开，引申为阐发。⑥莫欺：不要辜负。九尺须眉：指男子。⑦解：懂得。锦瑟：绘

纹如锦的瑟。

| 读诗偶得 |

门闲心静好读书

陈师道一生专注于读书，并以此为乐。绍圣元年（1094）春天，诗人被罢去颍州学职后，生活清贫，但不改情操，越穷读书越精勤。绍圣四年（1097）夏天，作者居家未仕，每天以讨论读书为务，专心文学。这首诗正是诗人闲居徐州时为勉励自己所作，表达了自己不因生活贫困而改变操守，不贪图安逸而刻苦学习的志向。

首句先写环境的幽雅，次句切"夏日"主题，写闲静的生活与心境。三四句描述自己以诗书为业，同时也委婉地透露出仕宦不得意，不得不过着隐居生活的无奈。五六句写诗人游于诗艺和学术之乐。篇末二句诗意转宕，谓须眉虽白，犹"解醉佳人锦瑟旁"。

"句里江山随指顾，舌端幽眇致张皇。"让我们看到了诗人居家读书的快乐。一方面，他可以沿着书中诗句的路径，探索文学百花园的胜景。另一方面，他也可以拿起笔，在自己创作的诗文中指点江山。如果有朋友来了，还可一起讨论文章的幽深微妙，阐发自己的观点，在观点碰撞中继承与光大。

诗人反对读死书、死读书，沉醉在古书的海洋里不能自拔。他说自己不是不解风情的"腐儒"，也懂得怜香惜玉，也喜欢莺歌燕舞。但是，时光是有限的，如果贪图于宴享，满足于醉倒在"石榴裙"下，那么绝不可能在学问上有所成就。所以男子汉大丈夫应当刻苦自励，勤奋苦学，成名成家，以求实现自己的人生价值。

【宋】苏轼：书读百遍，其义自见

导读

苏东坡是一个名人，一个大家，他成功的"秘诀"散见在他的很多诗作中。像"堆墙败笔如山丘"，说的是一个"勤"字；"旧书不厌百回读"，说的是书读百遍其义自见；"著书不复窥园葵"，说的是读书要专心致志。在《杂说·送张琥》中，诗人还提出了写作要厚积薄发的观点。

苏轼（1037—1101）

字子瞻，一字和仲，号东坡居士，眉州眉山（今属四川）人。苏洵之子。嘉祐年间（1056—1063）进士。曾上书力言王安石新法之弊，后因作诗讽刺新法而下御史狱，贬黄州。宋哲宗时任翰林学士，曾出知杭州、颖州，官至礼部尚书。后又贬谪惠州、儋州。在各地均有惠政。卒后追谥文忠。学识渊博，喜好奖励后进。与父苏洵、弟苏辙合称"三苏"。其文纵横恣肆，为"唐宋八大家"之一。其诗题材广阔，清新豪健，善用夸张比喻，独具风格。与黄庭坚并称"苏黄"。词开豪放一派，与辛弃疾并称"苏辛"。又工书画。有《东坡七集》《东坡易传》《东坡书传》《东坡乐府》等。

石苍舒①醉墨堂

人生识字忧患始，姓名粗记可以休②。
何用草书夸神速，开卷惝恍③令人愁。
我尝好之每自笑，君有此病何能瘳④。
自言其中有《至乐》，适意无异《逍遥游》⑤。
近者作堂名醉墨，如饮美酒消百忧。
乃知柳子语不妄⑥，病嗜土炭如珍羞⑦。
君于此艺亦云至，堆墙败笔如山丘⑧。
兴来一挥百纸尽，骏马倏忽踏九州⑨。
我书意造⑩本无法，点画信手烦推求⑪。
胡为议论独见假⑫，只字片纸皆藏收？
不减钟张君自足，下方罗赵我亦优⑬。
不须临池更苦学，完取绢素充衾裯。

注释

①石苍舒，字才美，京兆（今西安市）人，善

草隶书，人称"草圣三昧"。②姓名粗记可以休，典出《史记·项羽本纪》："项籍少时，学书不成，去学剑，又不成。项梁怒之。籍曰：'书足以记名姓而已。剑，一人敌，不足学，学万人敌。'"③惝恍，模糊不清，这里形容草书变化多端。④瘳，病愈。⑤《至乐》《逍遥游》，均为《庄子》中的篇名。这里用其字面含义。至乐，最高层次的快乐。逍遥，自由自在。⑥柳子，柳宗元。不妄，不假。⑦珍羞，同"珍馐"，珍美的菜肴。⑧堆墙败笔如山丘，据《唐国史补》卷中："长沙僧怀素好草书，自言得草圣三昧。弃笔堆积，埋于山下，号曰笔冢。"此谓石苍舒勤学苦练。⑨骏马倏忽踏九州，形容石氏草书神速，放笔快意，自由无碍。倏忽，疾速，指极短的时间。九州，指全国各地。⑩意造，以意为之，自由创造。⑪推求，指研究笔法。⑫胡为，何为、为何。假，宽容，这里是作者的自谦。⑬不减钟张君自足，下方罗赵我亦优：《法书要录》卷一《晋王右军自论书》："吾书比之钟张，当抗行，或谓过之。"又《法帖释文》卷五载唐怀素书："右军云：'吾真书过钟，而草故不减张。'仆以为真不如钟，草不及张。"钟张，指钟繇、张芝，皆汉末著名书法家。罗赵，罗晖、赵袭，皆汉末书法家。衾裯，泛指被子。

| 读诗偶得 |

人生忧患识字始

熙宁元年（1068），苏轼凤翔任满还朝，途中在石苍舒家过年。石苍舒藏有褚遂良《圣教序》真迹，邀苏轼作诗。熙宁二年（1069），苏轼回到汴京后写了这首诗寄给石苍舒。

石苍舒热爱草书到了什么程度，从他把自己的"书房"取名"醉墨堂"可见一斑。李白斗酒诗百篇，石苍舒写起字来"如饮美酒消百忧"，以至于他的好朋友苏东坡佩服得五体投地。先前，苏东坡不相信柳宗元说有的人嗜土炭如珍馐，可看到石苍舒对书法的痴迷劲，他不得不相信柳宗元所说的话。

陆游爱读书，人们给他起个绰号叫"书颠"，他很乐意接受，也很享受这个绰号。苏东坡认为石苍舒爱书法同样到了如醉如痴的程度。虽然一个是爱读书，一个是爱写字，但是他们对事物痴迷的劲头是相同的。看来，一个人想要成功，没有点"痴"劲儿是不行的。

石苍舒对书法的"痴迷"，最终表现为他的刻苦。他之所以在书法上达到很高的造诣，正是勤奋的结果——"堆墙败笔如山丘"，为了练字，他写废的毛笔堆积如山。此语一出，其他任何溢美之词都显得多余了。

当然，诗人除了赞颂石苍舒书法写得好，下的功夫多外，还提出了他对书法的理论观点：摆脱羁绊，放笔快意，追求创作的最大自由，经过长期积累、艰苦劳动，终至水到渠成的境界。

苏轼是大书法家，有多篇诗谈到书法。像《凤翔八观》里的《石鼓歌》《次韵子由论书》《孙莘老求墨妙亭诗》和这首《石苍舒醉墨堂》，都是脍炙人口的。

在这里，还要特别提到两句诗，那就是开头说的"人生识字忧患始，姓名粗记可以休"。人生的忧患是从识字开始的，只要能写能认自己的姓名就可以了。更何况用草书来夸耀书法的神奇和迅捷，让人看了模糊恍惚令人发愁。我每每自笑曾经爱好草书，不想你也有这个"毛病"，不知道哪年才能病愈？

中国最伟大的文学家、著名的书法家苏东坡怎么会有此感慨，难道读书、认字还有错吗？很显然，这些牢骚与苏轼当时的境遇和心情是分不开的。在凤翔的前期，知府宋选对他照顾有加。后来宋选离任，由陈希亮接任。陈希亮对下属冷冰冰的，又好挑剔，甚至苏轼起草的文字，他也总要横加涂抹。苏轼到了京城，正值王安石为参知政事，主张变法，苏轼与之政见相左，以致后来因此而遭放逐。此时二人矛盾虽未激化，但苏轼心中已有不快，所以才借题发挥，有了这样的表述。

送安惇秀才失解西归

旧书不厌百回读，熟读深思子自知。
他年名宦恐不免，今日栖迟①那可追。
我昔家居断还往②，著书不复窥园葵③。
朅④来东游慕人爵，弃去旧学从儿嬉。

狂谋谬算百不遂，惟有霜鬒来如期。

故山松柏皆手种，行且拱⑤矣归何时。

万事早知皆有命，十年浪走宁非痴。

与君未可较得矢，临别惟有长嗟咨。

| 注 释 |

①栖迟，淹留，隐遁。游玩休憩。②断还往，断绝迎来送往。③窥园，《论衡·儒增》："儒书言董仲舒读《春秋》，专精一思，志不在他，三年不窥园菜。"葵，菜名。我国古代重要蔬菜之一，又名冬葵。④揭，通"曷"，何时。⑤拱，两手合围，表示大小粗细。

| 读诗偶得 |

旧书不厌百回读

安秀才科举落第，苏轼写诗安慰他，同时提出了自己的读书观点，以此来指导安秀才读书，尽一位长者的"诱进"义务。

"旧书不厌百回读，熟读深思子自知。"诗人起笔便提出了这样的读书观点。遇到一本好书或者经典作品，要不惜时间，反复阅读，这样自然就会弄明白其中的道理。诗人曾多次在诗文作品中表达这种观点——"读书万卷始通神。"[1]"别来十年学不厌，读破万卷诗愈美。"[2]不过，这种观点并非诗人首创。汉代的桓谭说："读千赋则善赋。"[3]诗词歌赋读多了，不用跟老师学，自然就会作诗词歌赋，讲的就是多读的重要性。写《三国志》的陈寿说："读书百遍，其义自见。"[4]如果书读了很多遍，书中的意思自然就会展现在自己面前。

书读多了，不但能够理解其中的意义，还会提高自己的写作能力。杜

[1] 苏轼：《柳氏二甥求笔迹》。

[2] 苏轼：《送任仮通判黄州兼寄其兄孜》。

[3] 桓谭：《新语·道赋》。

[4] 《三国志·魏志·王朗传附王肃》。

甫说："读书破万卷，下笔如有神。"唐代另外一位诗人姚合说："书多笔渐重，睡少枕长新。"[1]

书读多以后，还可以让人举一反三、触类旁通。唐皇甫湜说："书不千轴，不可以语化；文不百代，不可以知变。"[2] 意思是，书如果不读上千卷，就不能谈融会贯通；文章如果不看上百代，就不可能通晓世事的变化。

诗人用自己早年专心读书的事例来鼓励安秀才。诗人说自己过去在家读书的时候，为了避免分心，受世事纷扰，他断绝了迎来送往，就像汉代大儒董仲舒那样"三年不窥园"。他希望安秀才不要因为落第而气馁，而是要"家居断还往，著书不窥园"。这里，诗人不仅是对安秀才的告诫，也是对所有读书人的殷殷教诲。

苏轼的诗句，让我们不由得想起伟大的史学家司马迁。他的父亲临终前嘱咐他，一定要完成《史记》的写作，承担起历史家的责任。元封三年（公元前108），司马迁正式就任太史令，立即开始继续父亲的事业。生在雄才大略的汉武时代，司马迁意气风发，决心抓住大好时机，完成写作《史记》的伟大使命——"仆以为戴盆何以望天，故绝宾客之知，忘家室之业，日夜思竭其不肖之材力，务壹心营职，以求亲媚于主上。"[3]

为了写作，司马迁争分夺秒，兢兢业业，断绝了与亲朋好友的聚会甚至所有的应酬，忘记个人小家庭的经营，把全部身心都投入到了写作之中。写史，需要参考大量的历史资料，这本身就是一项繁杂和耗时费力的工作。北宋史学家司马光在写作《资治通鉴》时，据说参考了三百多种图书，整个写作持续时间长达十九年，而且除司马光本人外，还有刘攽、范祖禹等人参加了大量篇幅的写作，其难度可想而知。司马迁写作《史记》比之司马光其艰难程度更甚。他的时代，上距秦始皇焚书坑儒、项羽火烧咸阳不过百年，一方面历史资料欠缺，需要做大量的搜集、整理工作，另一方面

---

[1] 姚合：《别贾岛》。

[2] 皇甫湜：《谕业》。

[3] 司马迁：《报任安书》。

在已有的资料中又要去粗取精、精心剪裁。有时候还要深入历史事件现场寻根探源、访问历史人物后人、搜集民间口口相传的旧闻。同时，作为史官司马迁还要随时扈从武帝，记录他及大臣们的言行。而这些不过是写作的基础性工作。《史记》是中国第一部纪传体通史，"究天人之际，通古今之变，成一家之言。"是前无古人的工作，司马迁不能不为此殚精竭虑。

他把司马家族的良好家风、父亲的谆谆嘱托、汉武帝的信任，化作写史的强大动力，孜孜以求，忘我忘家。正是凭着这种顽强的作风，坚忍不拔的毅力，对职业深深的敬畏之心，司马迁在遭受宫刑之前，完成了《史记》大部分的写作。

司马迁也好，董仲舒也好，苏轼也好，他们之所以能够建立名垂千古的业绩，留下不朽的作品，都离不开勤学苦读，多读、善读。他们留给我们的除了光辉灿烂的作品，还有充满智慧的读书哲学。这些都值得我们认真地"钻仰"。

苏轼强调多读书的同时，又主张在读书过程中要注意吸取精华。要多积累，不要轻易发表自己的见解。他有一个著名的观点——"博观而约取，厚积而薄发。"[1] 意思是博览群书并且吸收其精华部分。多积累知识，少发表个人见解。

---

[1] 苏轼：《杂说·送张琥》。

【宋】黄庭坚：读书人应有所作为

|导读|

读书到底为了什么？隐居避世吗？在乱世尚可，可是在盛世绝不可行。如果学到了知识，最后都归隐山林，社会将成为什么样子，这个不言而喻。所以，有识之士都反对避世。诗人主张读书要向那些有作为的人学习，建立济世之功，而不能贪图书斋风光，过那种归隐避世的生活。他还特别重视藏书，认为家有千金不如藏书万卷。

郭明甫作西斋于颍尾请予赋诗二首（其二）

东京望重两并州①，遂有汾阳整缀斿②。
翁伯③入关倾意气，林宗④异世想风流。
君家旧事皆青史，今日高材未白头。
莫倚西斋好风月，长随三径古人游。

|注释|

①望重，名望大。并州，古州名，东汉时治所在晋阳（今太原市晋源区）。东汉郭丹、郭伋都做过并州牧，又都是有名望的人物。②汾阳，因位于汾河西北，按水之北曰阳而得名，今属山西吕梁市下辖县。唐代郭子仪封汾阳郡王，曾平定安史之乱。缀斿，缀，结，斿，旗帜下垂的部分。用以比喻君主为臣下挟持，大权旁落。整缀斿，指郭子仪危急时刻挺身而出，平定安史之乱，拥立新主，再造唐室。③翁伯，汉代游侠郭解，字翁伯。④林宗，东汉郭太，字林宗，是当时的儒林领袖。他死后，蔡邕曾写过一篇情真意切的碑文。

黄庭坚（1045-1105）

字鲁直，自号山谷道人，洪州分宁（今江西修水）人。治平进士，宋哲宗时曾任著作佐郎，官虽然不大，但是文学成就却非比寻常。其诗风格奇硬拗涩，开创江西诗派，影响颇大。又能词，兼擅书法，是宋代著名的文学家、书法家。有《山谷集》《山谷琴趣外篇》。

| 读诗偶得 |

莫倚西斋好风月

　　读书人自然喜爱书斋，哪怕是别人的书斋，同样闻之而喜，见之而爱。接到朋友郭明甫新书斋落成的信件后，黄庭坚写下了两首诗表示祝贺并表达向往之意，本诗是其中的第二首。但是，向往归向往，人在江湖，身不由己，黄庭坚不可能丢下公职完全退隐。即便退隐，也应该是功成身退，就像张良那样建功立业后，才能"愿逐赤松游，披林对一丘"。所以，黄庭坚没有忘记劝谏他的朋友"出山"，为国家效力。

　　诗人一连举出五个姓郭的历史人物故事。首句，用东汉郭丹、郭伋之事。这两个人都做过并州牧，是当时颇有名望的人物；次句，用唐代郭子仪之事。郭子仪封汾阳郡王，曾平定安史之乱，拥立天子登基，再造唐室；第三句用西汉豪侠郭解之事。郭解入关时，关中豪杰听说后争先恐后来与他交游；第四句用东汉郭太之事。郭太是当时的儒林领袖人物，他死后，蔡邕写了一篇情深意笃的碑文。通过这些郭姓名人的历史遗事，勉励郭明甫，希望他向先人学习济世立功，不要贪图西斋好风月而长期归隐。

　　黄庭坚自己就是读书的典范。

　　元丰三年（1080）秋，黄庭坚自汴京归江南，赴吉安太和县任县令。途经安徽贵池，遇风雨，在池口镇逗留了三天，写了一首气象清新、意境隽永的七律，题为《池口风雨留三日》，可以让我们管窥到黄庭坚作为一个读书人的心境。诗是这样写的："孤城三日风吹雨，小市人家只菜蔬。水远山长双属玉，身闲心苦一春锄。翁从旁舍来收网，我适临渊不羡鱼。俯仰之间已陈迹，暮窗归了读残书。"

　　孤城三天刮风吹雨，人们只能避雨在家以淡饭素菜充饥度日。烟雨迷蒙中远眺，那浩渺如练的长江水滔滔流向远方。那巍峨绵延的山岭，犹如一双长颈赤目的属玉鸟。近观此景，见雨中淋着一只白鹭。渔翁从邻舍出来收网具，而我并不羡慕鱼味美可口。转眼之间一切都变成陈迹，不如暮色中回到窗下继续读没有读完的书。

全诗首两句写小城风雨，次两句写鸟。写景写物，自然生动。临渊而不羡鱼，暗示自己与世无争的心境。"俯仰"一句颇有哲理，须弥之间，便已陈迹，宇宙万物不过如此。最后一句则为黄庭坚心声——还是向往对着暮窗，自由自在的读书生活。

题胡逸老致虚庵①

藏书万卷可教子，遗金满籯②常作灾。
能与贫人共年谷，必有明月生蚌胎③。
山随宴坐图画出④，水作夜窗风雨来。
观水观山⑤皆得妙，更将何物污灵台⑥。

| 注释 |

①胡逸老：生平不详。致虚庵：胡逸老的书房名。②遗金满籯：语本《汉书·韦贤传》："遗子黄金满籯，不如一经。"籯，竹箱。作，兴起，成为。③能与贫人共年谷，必有明月生蚌胎：梁商，东汉外戚大臣，他十分关心百姓的疾苦，遇到灾年，常派人开仓赈济。明月，指珍珠。明珠出于老蚌，比喻佳子弟出于门庭。《三国志·魏书》卷十《荀彧传》裴松之注引孔融写给韦端的书信说："不意双珠，近出老蚌。甚珍贵之。"④宴坐，闲坐。图画，一作"画图"。⑤观水观山，一作"观山观水"。⑥灵台，此指心。

| 读诗偶得 |

家有千金不如藏书万卷

在造纸术发明以前，书刊是刻在竹简上或者写在丝帛上的，那时候拥有一套"书"是很难的事，收藏书更是极其奢侈的事。即便发明了造纸术，书的成本低了很多，读起来、收藏起来也方便多了，但是真正想成为一个藏书家，也是不容易的。

藏书，只能是富贵人家的事。对于贫苦的人来说，要想读书恐怕只能向别人借书读，至于想藏书万卷，只能是梦想而已。在古代如果有人能够拥有万卷藏书，几乎可以肯定非官即富。北宋一代文豪欧阳修就有一个很好的愿望——"买书载舟归，筑室颍水岸。"买一船的书回家，在美丽的颍水岸边再购建一个房子，过那种惬意的耕读生活，这可不是一般的读书人所能办到的事。

有了万卷书，让物质的富翁进而成为精神的富翁成为可能。

宋徽宗崇宁元年（1102），黄庭坚离开谪居已久的川蜀，次年又贬往广西宜州。有一次，由湘返赣，途中经过胡逸老的住处，有感于胡逸老的书房里万卷藏书的气氛，忍不住题诗相赠。其中提出了"藏书万卷可教子，遗金满籯常作灾"的观点。即家有万卷书，可以让子孙后代随时阅读，就好像给子孙请了无数的老师一样。好的阅读环境，自然为培养教育子孙后代提供了优越的条件。可以说，好书胜过金钱财宝。家中的财宝多了，可能成为不祥之物，招致灾祸，而书只能带来收获，带来吉祥，带来进步。

黄庭坚告诉我们，如果有条件，一定要多买一些书，建立自己的"家庭图书馆"。虽然，现代社会阅读的渠道已经很多，电子书数不胜数，公共图书馆比比皆是，但是电子书永远代替不了纸质书。手捧一本书，闻油墨的馨香，时不时地在书上做些批语，写上心得，给自己留下记忆，给后来者提供启示，真是魅力无限，远非电子书所能比的。

但是，有了藏书一定要读，否则就成了"书橱"。有一位叫陆澄的人读书很多，但是却不能应用。"澄当世称为硕学，读《易》三年，不解文义，欲撰《宋书》竟不成。"（《南史·陆澄传》）时人王俭戏称其为"书橱"。这样，书就成了摆设。就好像现在一些公司老板、暴发户，一定要在办公室摆一大排高档书柜，里面全是精装的书，只是这些书全是新的，很少有翻动过。更可笑的是，这些"精品"书竟然很多是盗版。这种"摆设"式藏书，是读书人万万要不得的。苏东坡说"孔子圣人，其学必始于观书"，又说"束书不观，游谈无根"（《李氏山房藏书记》），都是讲书多了是好事，但是不读等于没有书。

胡逸老，其事迹不详。不知其人，视其友。从黄庭坚亲自登门拜访并题诗相赠，可见胡先生非寻常之人。而诗人借用汉代大儒韦贤来比拟胡逸老，加之胡家幽静的居住环境，藏书万卷的书香之气，让我们可以想象胡逸老的为人，揣测其人生经历。当然，也能让我们窥测到诗人的追求。

《题胡逸老致虚庵》是黄庭坚晚年之作。其实早在这之前三十年，黄庭坚就写了《郭明甫作西斋于颍尾请予赋诗二首》诗，表达对胡逸老式生活的羡慕之意。

熙宁四年（1071），黄庭坚任汝州叶县（今属河南）县尉。他的朋友郭明甫在颍尾女郎台附近新建了一处房子，取名"西斋"。新房子里摆满了书籍，看美丽风景，读心仪书籍，郭明甫来信向黄庭坚描述了自己的新生活，想让朋友同乐，并请黄庭坚赋诗为西斋增色。

朋友有可喜可贺之事，而这种生活也是自己向往的，怎么能不有感而发呢？于是，诗人写下了这两首诗，其中第一首中"万卷藏书宜子弟，十年种木长风烟"两句，与"藏书万卷可教子"同一语意。不同的是，在给郭明甫书斋的贺诗中，诗人还强调了读书与培养人才的关系，指出"十年树木，百年树人"。藏书之要不在"藏"，而在于"读"与"教"，在于"宜子弟"，在于百年大计，培养人才。

【宋】司马光：以著书为职业

导读

　　司马光本身是个高官，但他同时也可以说是专业作家。他用了十九年时间写完了《资治通鉴》，诗人自言"以著书为职业"实至名归。著书的前提当然是读书，"读书破万卷，下笔如有神。"但是，再忙也要有休闲的时光，要处理好读书写作与休息的关系。所以，他对友人的"安乐窝"赞叹不已。

和邵尧夫安乐窝中职事吟①

灵台无事日休休②，安乐由来不外求。
细雨寒风宜独坐，暖天佳景即闲游。
松篁亦足开青眼③，桃李何妨插白头④。
我以著书为职业，为君偷暇上高楼⑤。

注释

　　①和，依照别人诗词的格律或者内容作诗词。邵雍原诗题为《安乐窝中吟》。这首诗是诗人的和作。邵尧夫，即邵雍（1011-1077），北宋理学家，字尧夫，宋仁宗皇祐元年（1049）定居洛阳，以教授生徒为业。安乐窝，西京留守王拱辰为邵雍治园建屋，名"安乐窝"。职事，职事官。宋沿唐制，官员之有执掌者称职事官，此处为戏称。②灵台，指心。休休，安闲的样子。③篁，竹的通称。青眼，用晋阮籍青白眼典故。《世说新语·简傲》注引《晋百官名》："阮籍不拘礼敬，能为青白眼。见礼俗之士，以白眼对之。嵇康赍

司马光（1019-1086）

　　字君实。陕州夏县（今属山西）涑水乡人，世称"涑水先生"。宝元（1038—1040）年间进士。宋仁宗末期任天章阁待制兼侍讲、知谏院。英宗时进龙图阁直学士。神宗即位，擢翰林学士，反对王安石变法，出知永兴军，不久调任西京御史台。哲宗即位，拜尚书左仆射兼门下侍郎，主持朝政，废除新法。任宰相八个月后病死。赠太师、温国公，谥文正。撰有《资治通鉴》，另有《司马文正公文集》《稽古录》等。

酒挟琴来访，籍大悦，乃对以青眼。"④插白头，插在白头上。⑤偷暇，趁有空。上高楼，看春色。

安乐由来不外求

"心灵宁静无事，天天都一样悠闲，安乐从来不必到身外去谋求。细雨寒风的日子独自静坐，天暖景佳就出外闲游。松竹苍翠足以令人双眼愉悦，艳美的桃李花又何妨插在白头之上……"诗人对朋友邵尧夫悠闲自得、轻松自如的生活进行了素描般的描绘。很显然，诗人对朋友无拘无束的生活方式、乐观自如的生活态度表示赞赏。你看，诗人也忍不住放下手中的书和笔，登上高楼去追寻那漫天的春色了……

邵雍长期住在洛阳，他把自己的居所取名叫"安乐窝"，并自号"安乐先生"。熙宁三年，司马光因与王安石政见不合，力请守郡。四年四月，改判西京御史台来到洛阳，自此与邵雍相识，并很快成为莫逆之交。

在哲学思想上，二人都讲究象数之学；在政治上，都反对王安石新法；在文学上，则经常在一起作诗唱酬。邵雍原诗题为《安乐窝中吟》，这首诗便是依据邵雍诗的原韵做的。因为是互相唱和，在内容上便紧密相关。比如，首联中有"安乐由来不外求"之句，正是应对邵雍诗"诚明本是吾家事，自是今人好外求"诗意而翻作；颔联和颈联是"安乐窝"中职事的具体描述。邵雍有诗云："重寒盛暑多闭户，轻暖初凉时出街。"和颔联的意思相仿。

"安乐窝"是自己的私人空间，可是邵雍愿意把它带给自己的快乐与朋友分享，可见二人关系密切。而朋友有此乐事，自然要捧场。不一定亲自前去体验一番。因为自己还有"正事"——我以著书为职业。对不起朋友，我还要著书立说。不过，你的"安乐窝式"生活确实让我羡慕，以至于我忍不住放下手中的工作，登上高楼去追寻那无垠的春光了。当然，如果能看到朋友踏春而来，那是再好不过了。

当时，诗人退居洛阳，正在编写史学巨著《资治通鉴》。司马光著《资治通鉴》费时十九年，可以说付出了艰巨的劳动。他每天很早就起床，一直工作到深夜。每天修改的草纸就有一丈多高，等到修完时，在洛阳存放的修改稿堆满了两间屋子。在呈上给皇帝的《进书表》中，司马光说"平生精力，尽于此书"，可谓为此书费尽了一生的心血。

司马光少年时期就勤奋好学，做官以后仍然手不释卷。为了抓紧时间读书，他给自己设计了一套特别的卧具：一张木板床、一个圆木枕头。平时坐着累了，他就躺在床上看书。看累了，身体一歪，木枕头便滚到一旁，他就醒了，然后继续读书。司马光给这个枕头起了个名字，叫"警枕"。

为了写作《资治通鉴》，司马光翻阅了大量史书，有的书不知翻了多少遍。正因为如此，他在写作时能够清楚地记住，哪件史实在哪本资料里，在什么地方。这种扎实的学习作风，为他完成《资治通鉴》奠定了基础。

【宋】李觏：人生易老，只争朝夕

| 导读 |

从太阳初升到日落西山，只是一瞬间的事儿，一天很快就会过去；刚刚还是艳丽的红色，不觉间已经枯黄，一年也很快就会过去。诗人用"数分红色上黄叶，一瞬曙光成夕阳"表达时光飞逝之感，与古代文人、政治家的惜时观念一脉相承，借以劝诫后人，一定要抓住当下，努力建功立业，切不可虚度光阴。

秋晚悲怀

渐老多忧百事忙，天寒日短更心伤。
数分红色上黄叶，一瞬曙光成夕阳。
春水别来应到海①，小松生命合禁霜。
壶中若逐仙翁去②，待看年华几许长。

| 注释 |

①春水别来应到海，南朝梁·江淹《别赋》："春草碧色，春水渌波，送君南浦，伤如之何。"②壶中若逐仙翁去，壶公是传说中的仙人。据《云笈七签》记载：壶中有日月如世间，有老翁夜宿其内，自号壶天，人称为"壶公"。《后汉书·费长房传》也记有费长房跟随卖药壶公学道的事。

李觏（1009-1059）

字泰伯，建昌军南城（今属江西）人。世称"盱江先生"，又称"直讲先生"。庆历二年（1042）举"茂才异等"科落第。在他的倡议下成立了盱江书院。皇祐（1049—1054）初期，因范仲淹的举荐试太学助教，历任太学说书、管勾太学。拥护"庆历新政"，极力排斥佛、道二教。以文章知名，有《直讲先生文集》（亦称《盱江文集》）。

一瞬曙光成夕阳

对时光易逝、生命短暂的感叹，是魏晋以来一直不衰的主题。虽然不同时期感叹的重点不同，但是随着时间的推移，人们对生命意义的认识不断提升。在文人的笔下，对生命短暂的悲忧，正在被壮志未酬的遗憾所取代。

开头两句，"渐老多忧百事忙，天寒日短更心伤。"诗人感叹天寒日短，时光易逝，明确表示因此"伤心"。诗人为什么"伤心"？一是自己"渐老"，一天一天地老了，不觉已步入人生之秋；二是"百事忙"，忙生活、忙事业，为自己、为家人，也为他人，为国家。这一点从诗人的人生经历中可以看出来。

次两句，诗人通过秋景的变化，艺术地表现光阴荏苒、岁月变迁。"数分红色上黄叶"，这是树木的自然变化，诗人见微知著，让人联想到《易经》里的话："履霜，坚冰至""一瞬曙光成夕阳"，这是从早到晚的变化。日升日落，本是再平常不过之事，日复一日，年复一年，日子就是这样过着。可是，在诗人眼里，只是"一瞬"。让人联想到"白驹过隙"还有"惊风白日"。

五六两句展示了诗人的胸襟与志向。诗人想到源源不息、孜孜东流的春水，总有到海的时候；亭亭屹立的小松，虽然年轻但总能耐得住风霜，迎来自己生命的春天。

诗的最后两句，诗人借用仙人壶公的传说，表达自己希望能够成为仙人。如果那样，就不必像现在这样有"天寒日短"的伤心，也可以腾出时间去完成自己的"百事"，实现自己的人生追求。

但是，人不可能成为神仙，"壶中岁月"不可望更不可即。怎么办？我们只有珍惜现在，争分夺秒，只争朝夕。

【宋】谢逸：读书不作儒生酸

| 导读 |

北宋时期，统治者特别重视文官，很多儒者披挂上阵，成为带兵打仗的将领。正是在这样的时代背景下，诗人借送别董元达之际，提出了这样的观点——读书人学到真本领，要学以致用，要在战场上建立功勋，而不能做四体不勤、五谷不分，满口"之乎者也"的"酸书生"。

送董元达①

读书不作儒生酸②，跃马西入金城关③。
塞垣④苦寒风气恶，归来面皱须眉斑。
先皇⑤召见延和殿⑥，议论慷慨天开颜⑦。
谤书盈箧⑧不复辩，脱身来看江南山。
长江滚滚蛟龙怒，扁舟此去何当还？
大梁⑨城里定相见，玉川破屋应数间⑩。

谢逸（？-1113）

字无逸，自号溪堂，抚州临川（今江西抚州）人。屡举进士不第，博学工文辞，诗文深得黄庭坚赏识。与弟谢薖并称"二谢"。曾作蝴蝶诗三百余首，人称"谢蝴蝶"。有《溪堂集》《溪堂词》。

| 注释 |

①董元达，其人事迹不详。从诗中看，是位立功边疆的将领。②酸，寒酸、迂腐。③金城关：金城，地名，在今甘肃兰州西北，是宋与西夏交界处重要关口。④塞垣，关塞。这里指西北边防地带。⑤先皇，指宋神宗。⑥延和殿：宋代官殿名。《宋史·地理志》："崇政殿后有景福殿，其西，有殿北向，曰延和，便坐殿也。"宋神宗时，龙图阁直学士李柬之致仕，神宗特召见他于延和殿。⑦天开颜：天子龙颜大悦。⑧谤书盈箧：《战国策·秦策》：

"魏文侯令乐羊将，攻中山，三年而拔之。乐羊反而语功，文侯示之谤书一箧。"谤书，诽谤他人的奏章。⑨大梁，即汴京，今河南开封。⑩玉川，唐朝诗人卢仝，号玉川子，家中贫穷。"破屋数间"，语本韩愈《寄卢仝》："玉川先生洛城里，破屋数间而已矣。"

| 读诗偶得 |

书生的味道

这是一首送别诗，诗人开宗明义，指出朋友董元达虽然是一介书生，也曾刻苦攻读，他却不是一个"穷秀才""酸书生"，而是一个可以金戈铁马、驰骋沙场、冲锋陷阵的"将领"。早年就跃马西行，在金城关一带边塞守卫疆土。边塞苦寒，关河冷落，秋去春来，光阴荏苒，董元达归来之后，已经须眉尽白。

诗人显然提倡读书人学到真本领，要学以致用，要在战场上建立功勋，而不能做四体不勤、五谷不分，满口"之乎者也"的"酸书生"（李白也曾在《嘲鲁儒》一诗中提出类似的观点，可参阅）。

北宋初年，几任皇帝都十分好学。宋太祖赵匡胤早年跟随周世宗打仗，有一次得胜归来，拉了满满一大车"宝物"。有将领向周世宗举报说赵匡胤中饱私囊，周世宗派人检查，结果发现那一车宝物都是图书。当了皇帝以后，赵匡胤更没有放松学习，他还要求武将一定要多读书，不能只做一介武夫。不懂礼仪，不懂谋略，怎么能打胜仗？另外，他重用文人，往往派文人到军队中任要职，有的甚至要挂帅。因为他懂得打仗不仅要靠武力，更离不开智力。

后来的宋太宗、宋真宗、宋仁宗等，都是学有所长的人，而且延续了宋太祖的传统，用文官集团治理天下。比如，北宋与西夏发生战争，宋仁宗便起用了任越州知州的范仲淹，到西北挂帅御敌。范仲淹也不负众望，赢得了"胸中有数万甲兵"的美誉。

在这种背景下，读书人奔赴战场，守边护国，建功异域，已经成为一种时代潮流。这些读书人经过战争的洗礼，已经洗去了铅华，洗掉了传统书生的酸腐之气。

书生意气，挥斥方遒。大文豪苏东坡认为"书生古亦有战阵，葛巾羽扇挥三军"。他在《犍为王氏书楼》诗中这样写道："树林幽翠满山谷，楼观突兀起江滨。云是昔人藏书处，磊落万卷今生尘。江边日出红雾散，绮窗画阁青氛氲。山猿悲啸谷泉响，野鸟嘤夏岩花春。借问主人今何在？被甲远戍长苦辛。先登搏战事斩级，区区何者为三坟！书生古亦有战阵，葛巾羽扇挥三军。"

诗人说的是藏书楼的主人投笔从戎，到战场上建功立业去了，以致藏书楼上的万卷书都落满了灰尘。诗人提出了一个观点——读书人也未必就要在故纸堆中不能自拔，如果有机会书生同样可以在战场上冲锋陷阵、奋勇杀敌。这也就是杨炯《从军行》诗中所说"宁为百夫长，胜作一书生"的意思。话是这样说，诗人对藏书楼的环境依然是向往与赞美的。毕竟，那里存放着《三坟》《五典》，存放着读书人的梦想、智慧与力量。

事实上，书生之所以有"穷秀才""酸秀才"的恶名，并不在于读书本身，而是没有走出"书斋"，接受实践的栽培。同时，就学习本身而言，也没有达到相应的境界，没有真正步入学问的殿堂。读书人要想真正摆脱酸腐之气，除了经历生活实践的历练外，更需要真正静下心来，投入到学问研究之中去，努力登堂入室。

读书人还要锻造自身的性格与气节。董元达归来之后，曾被宋神宗在延和殿召见，他在廷对的当儿，议论慷慨，曾使龙颜大悦。但这位久经沙场的将领，依然没有躲过别人的诽谤。这也是一种怪现象，不干活的人反而没有毛病，辛苦工作的人却要让人说三道四。面对这种情况应该怎么办？董元达的做法是四个字："置之不理"。你说你的，我也不做任何辩解。不就是不能做官吗？"人生在世不称意，明朝散发弄扁舟。"正合我意，我退隐就是了。

这首诗让我们看到了董元达的性格特点，也给读书人以启示。当然，这毕竟是一首送别诗，最后依然归结到送别。"将来有幸，我们一定会在大梁城里相见，虽然我们不能大富大贵，但只要有几间破屋能够栖身也就足够了。"字里行间透着诗人的自信与傲骨。玉川子是唐代诗人卢仝的号，作者借以自比。玉川子卢仝一生没有得志，诗人也累试不第，朋友董元达仕途不遇，正是同病相怜。

除科举之外，诗人也还有其他途径可以入仕做官，但他并不低声下气去求别人的推荐，宁愿以布衣终老，所以在这里也以此勉励友人。诗虽然是送别，但不作临别涕泣之语，读书人的风骨尽现于诗句之中。

诗人在另外一首诗[1]中有这样的句子："家藏玉唾几千卷，手校韦编三十秋。"对一位隐居的朋友藏书之富和读书之勤的读书生活表示钦羡，对他不慕荣华富贵、固守操节的品行表示赞赏。有兴趣的读者可以认真品味。

---

[1] 谢逸《寄隐居士》："先生骨相不封侯，卜居但得林塘幽。家藏玉唾几千卷，手校韦编三十秋。相知四海孰青眼，高卧一庵今白头。襄阳耆旧节独苦，只有庞公不入州。"

【宋】王令：自是古贤因发愤

|导读|

　　司马迁在《报任安书》中，有"诗三百篇，大抵皆圣贤发愤之所为作也"的话。李白也说，古来圣贤皆寂寞。诗人秉承先贤的思想，结合杜甫当年并不被社会认可的实际，进一步肯定了古圣先贤是通过发愤读书达成的观点。他认为，好的作品就像是黄金，纵然一时被埋没，一时寂寞，但总会有发光的时候，必将名垂后世，流传久远。

读老杜诗集

气吞风雅①妙无伦，碌碌②当年不见珍。
自是古贤因发愤，非关③诗道可穷人。
镌镵④物象三千首，照耀乾坤四百春。
寂寞有名身后事⑤，惟余孤冢来江滨。

王令（1032—1059）

　　字逢原，广陵（今江苏扬州）人。以教书为生，擅长诗文，其诗风格奇崛豪放，王安石对其文章和为人都很推重。有《广陵先生文集》《十七史蒙求》。

|注释|

　　①风雅，指《诗经》中的国风和小雅、大雅。气吞风雅，元稹《杜工部墓志铭》称杜甫诗："上薄风雅，下该沈宋，言夺苏李，气吞曹刘。"王令用其意。②碌碌，平庸无能。③非关，与……没有关系。④镌镵，雕刻。⑤寂寞有名身后事，杜甫《梦李白》其二："千秋万岁名，寂寞身后事。"

古来圣贤皆寂寞

杜甫是中国伟大的现实主义诗人，王令对杜甫十分景仰。《读老杜诗集》这首七律，是读后感类作品，类似于陶渊明的《读山海经》。从这首诗里，我们又能品味到什么样的读书信息呢？

首先，是对杜诗成就的肯定及诗风的概括。诗人说，杜诗"气吞风雅妙无伦"，意思是杜甫继承了《诗经》"风""雅"的优良传统，甚至其成就超越了《诗经》。

《诗经》中的《国风》《大雅》《小雅》，都是写实的诗篇，反映出当时的时代面貌。杜甫的名篇《三吏》《三别》《羌村三首》等作，类似于《国风》；《兵车行》《丽人行》《哀江头》《哀王孙》等作，可比《小雅》；《自京赴奉先县咏怀五百字》《北征》《述怀》《彭衙行》等篇，可比《大雅》。所以在杜甫身后，元稹、白居易、韩愈、杜牧、李商隐等诗人，无不对杜诗倍加赞赏，杜诗对后世影响之大，也是无与伦比的。

学习杜诗，首先要了解其"风雅"的风格，注意从源头上学习，也就是要学习《诗经》。而学好《诗经》，对理解杜诗的源流也大有帮助。这一点，历代诗人多有阐述，要进一步了解这一内容，可以参见本书相关章节。

杜甫的诗虽然达到了唐诗的一个顶峰，但是在当年他并不被时人看好。由此，我也想到了当前网络小说。有一些官场小说、玄幻小说，热衷于官场厚黑学，甚至宣扬淫乱、色情，荒诞不经，却赢得了很多读者，动辄网上点击率几亿、几十亿，可谓流行。然而，这样的书到底能让现代人学到什么呢？可以肯定，这种流行只是过眼云烟，风过处，一片虚无与空白。可是，真正深入生活、深入人心的作品，却可以超越时代，突破空间的限制，最终成为永恒的经典。

李白说，"古来圣贤皆寂寞"，一语中的。据说国外有很多大师的作品都有过类似杜甫的经历，比如司汤达的《红与黑》，是作者去世很多年后才被认可的。看来，读书做学问，要耐得住寂寞。

　　杜甫有"诗圣"的令名，他之所以能取得这样的成就，与他个人的刻苦读书、发愤学习密不可分。这正是"自是古贤因发愤，非关诗道可穷人"。

　　司马迁在《报任安书》中，有"诗三百篇，大抵皆圣贤发愤之所为作也"的话。发愤是一种精神状态。即在某种特殊的环境下，激发出巨大的潜能，从而在某些方面有所建树。杜甫正是在时代动乱、人民饱受苦难，国事异常艰危的情况下，发愤创作，从而达到了一个时代的巅峰。诗人的生活是穷困的，遭遇是令人沮丧的，时代是动乱不安的，而这些反而成为杜甫创作力量的源泉。

　　"镌镵物象三千首，照耀乾坤四百春。"杜甫现存的诗歌有一千四百多首，这些诗篇的内容极为广阔，诗人忧国家之所忧，痛人民之所痛，广泛而深刻地揭示了安史之乱给人民带来的深重灾难。他对人民的苦难有着深切的同情，对国家的命运有着真挚的关心。不管自己生活得多么困苦，忧国忧民的热情始终没有衰歇过。

　　除了上述诸种主题以外，即使是吟咏自然景象，怀念亲友，咏史怀古，题画、论艺、论诗、论字，也都有杰出的诗篇。虽然杜甫的诗当他在世时并没有引起太大的影响，但是他的诗歌却引起后世的广泛共鸣，激励着一代又一代的爱国者。"照耀乾坤四百春"，正是这种影响的高度概括。

　　杜甫在唐代宗大历五年（770）避乱往郴州依其舅氏崔伟，行至耒阳，因贫病交加，卒于舟中。当时草草葬于耒江边，直到四十三年之后的唐宪宗元和八年（813），才由他的孙子杜嗣业把灵柩运归，安葬在今河南偃师西北的首阳山下。杜甫一生坎坷，晚景凄凉，但是他发愤创作的精神，连同他光耀千秋的诗作，却为他树立了不朽的丰碑。

【宋】刘过：读万卷书，行万里路

导读

诗人虽然终身未当一官半职，却喜欢谈兵，有侠义之心。他认为，国难当头有志之士不应该只是坐在书斋里研究那些没用的章句，也不应该偏安一隅，乐不思蜀，而应该挺身而出，积极投身到救国救民的伟大实践中去。

多景楼①醉歌

君不见七十二子从夫子②，儒雅强半③鲁国士。
二十八将佐中兴④，英雄多是棘阳⑤人。
丈夫生有四方志，东欲入海西入秦⑥。
安能龌龊⑦守一隅，白头章句⑧浙与闽？
醉游太白呼峨岷，奇材剑客结楚荆。
不随举子纸上学《六韬》⑨，
不学腐儒穿凿注《五经》。
天长路远何时到？侧身望兮涕沾巾！

刘过（1154-1206）

字改之，号龙洲道人，吉州太和（今江西泰和）人。终身未仕。尚节气，喜饮酒。陆游、辛弃疾、陈亮皆折节与之交。有《龙洲集》《龙洲词》。

注释

①多景楼，楼名。在今江苏镇江市北固山甘露寺内。②七十二子，指孔子的弟子，相传著名的有七十二人。夫子，人们对孔子的尊称。③儒雅，博学的儒士。强半，大半，多半。④二十八将，指辅佐东汉光武帝刘秀创建中兴大业的邓禹、吴汉、贾复、马武等二十八位将领。中兴，指王朝由衰落而重新振兴。光武帝统治时期，在历史上被称作"光武中兴"。⑤棘阳，西汉县名，战国时属楚，汉时属南阳郡，故址在今河南南阳南。⑥东欲入海西入秦，化用杜甫《奉赠韦左丞丈二十二韵》诗句："今欲入东海，即将西去秦。"⑦龌龊，狭小。⑧章句，研究分析古书章节句读，后泛指章句之学。⑨《六韬》，古代兵书名，相传为西周吕望作，今存六卷。

| 读诗偶得 |

纸上谈兵要不得

每个人都是时代的产物，他的思想格局、价值取向、行为准则，都离不开他所处的时代环境。刘过生活的时代，正值宋朝对金国屈服已久，左右丞相，庸碌无能，因循苟安，各怀心事，没有几个人想恢复旧山河。然而，诗人虽然终身未当一官半职，却喜欢谈兵，有侠义之心。他认为，国难当头，有志之士不应该只是坐在书斋里研究那些没用的章句，也不应该偏安一隅，乐不思蜀，而应该挺身而出，积极投身到救国救民的伟大实践中去。

诗人在批评那些身在其位却不思为国为民而谋的"肉食者"，同时，也是对南宋朝廷偏安江南，不思北定中原的讽刺与责问。

抛开这个特定的历史背景，如果从读书的角度看，同样有积极意义。陆游说，"纸上得来终觉浅，绝知此事要躬行。"钱泳说，"读万卷书，行万里路，二者不可偏废。"刘过说，"丈夫生有四方志，东欲入海西入秦。"都是强调读书人除了在书斋里学到知识外，更应该到广阔的生活中去磨砺自己，生活是最好的教科书。司马迁、法显、玄奘、徐霞客等人，无不是读万卷书，行万里路的典范。

这首诗是刘过在多景楼酒醉后所作，带着"酒气"的诗句，却真实地表达了诗人的内心。诗人并不反对读书，他对孔子的得意门生"七十二子"是赞赏的，对出了孔夫子这样圣人的鲁国是向往的。同样，他对出了辅佐光武帝刘秀的"二十八将"和实现"光武中兴"的棘阳，也是惊羡的。

浙江、福建出大儒，掀起了注五经、究章句的学术风潮。诗人生活在吉州，也就是今天的江西省泰和市，介于浙江省与福建省之间。受这种学术思潮的影响，江西也出现了"纸上谈兵""穿凿附会""笺注五经"热潮。很显然，诗人是反对腐儒死读书、白发死章句的生活方式的。他认为这样的儒生解决不了现实问题，因此要远离书斋，要有"四方志"，要寻找当年鲁国和秦国那样，出现了学术泰斗、冲锋陷阵、建功立业的功臣的地方，开阔视野，增长才干，广交朋友，建功立业。

但是，诗人的力量是有限的。诗人站在多景楼上远望，突然发出感慨，"天长路远何时到？侧身望兮涕沾巾！"

从宋朝与金国议和之后，两国以淮河为界。站在多景楼上，看到不远处昔日可以自由出入的地方已是"异国他乡"，这种反差怎能不让人伤心落泪？"天长路远何时到？侧身望兮涕沾巾！"是从东汉张衡诗句[1]中化出的，表达了自己虽有"四方志"，但行路艰难的忧伤之情。这句诗也让人联想到杜甫的一首诗："昔闻洞庭水，今上岳阳楼。吴楚东南坼，乾坤日夜浮。亲朋无一字，老病有孤舟。戎马关山北，凭轩涕泗流。"（《登岳阳楼》）

从读书的角度看，这首诗有三个方面值得记取：

首先，诗人强调读书人要有"四方志"，要善于向其他地区学习，取长补短，增长见识。

其次，不要只知道静坐书斋，死读经书，热衷章句。在历史上这种热衷于章句之学的情况曾经出现多次反复。比如，东汉的桓谭"博学多通过，遍习五经，皆训诂大义，不为章句"（《后汉书·桓谭传》），他是反对章句之学的。但当时也有一批"世俗学者，不肯竟经明学，深知古今，急欲成一家章句"（王充：《论衡·程材》）。三国时期向秀，是"竹林七贤"之一，官至黄门侍郎、散骑常侍，所以人们称他为"向常侍"。向秀就很鄙视热衷章句的学术倾向，"探道好渊玄，观书鄙章句。"（颜延之：《五君咏·向常侍》）

最后，读书不要纸上谈兵，要学以致用，做真儒，莫做腐儒。

刘过另有一首《书院》诗："力学如力耕，勤惰尔自知。但使书种多，会有岁稔时。"诗人认为读书学习就好比种田，只要肯下力气，就一定会收获颇丰。

---

[1]　张衡《四愁诗》中："我所思兮在太山，欲往从之梁父艰，侧身望兮涕沾翰"句。

【宋】陆游：两眼欲读天下书

|导读|

　　读书生活、对读书的思考，贯穿了陆游的一生。如他五十二岁时作的《读书》诗，其中有"读书本意在元元"一句，写读书的目的；六十七岁时作的《五更读书示子》中有"暮年于书更多味，眼底明明见莘渭"一句，讲读书的收获；七十三岁时作的《读书》诗中有"两眼欲读天下书，力虽不逮志有余"一句，写自己读书的志向不因年老而更改；七十五岁时作的《冬夜读书示子聿》中有"圣师虽远有遗经，万世犹存旧典型"一句，讲圣贤之作的不朽；八十一岁时作的《读书示子遹》中有"父子共薄饭，忍饥讲虞唐"一句，讲读书废寝忘食的状态；八十五岁时作的《读书》诗中有"少从师友讲唐虞，白首襟怀不少舒"一句，讲一生读书劲头不减，等等。

秋夜读书每以二鼓尽为节

腐儒碌碌①叹无奇，独喜遗编不我欺。
白发无情侵老境，青灯②有味似儿时。
高梧策策③传寒意，叠鼓冬冬④迫睡期。
秋夜渐长饥作祟，一杯山药进琼糜⑤。

|注释|

　　①腐儒，谓陈腐不合时宜的学者。《汉书》："为天下，安用腐儒？"碌碌，凡庸貌。《史记》："九卿碌碌奉其官。"贾岛《古意》诗："碌碌复碌碌，百年双转毂。"②青灯，指灯光。韦应物《寺居独夜寄崔主簿》诗："坐使青灯晓，还伤夏衣薄。"姚偓《南源山》诗："白雨鸣山麓，青灯语夜阑。"③策策，落

陆游（1125—1210）
　　字务观，号放翁，山阴（今浙江绍兴）人。"中兴四大家"之一，其诗风格雄浑豪健，内容极为广泛，几乎涵盖了当时生活的各个方面，亦能词。有《剑南诗稿》《渭南文集》。

叶声。韩愈《秋杯》诗:"秋风一拂披,策策鸣不已。"④叠鼓,轻轻击鼓。岑参《献封大夫破播仙凯歌六首》之三:"鸣笳叠鼓拥回军,破国平蕃昔未闻。"谢朓《鼓吹曲》:"凝笳翼高盖,叠鼓送华辀。"冬冬,象声词,这里指鼓声。⑤山药,即山薯。琼糜,琼浆。黄庭坚诗:"厨人清晓献琼糜,正是相如酒渴时。"

| 读诗偶得 |

青灯有味似儿时

这首诗写于乾道元年(1165)秋天,当时诗人初任隆兴(今江西南昌)通判,时年四十一岁。

秋天的夜晚是清凉的,可是诗人在这个季节却能坚持读书读到"二更天",诗人的勤奋在诗题中就已经显现出来了。首联,诗人自谦地说自己是迂腐并且碌碌无为的读书人,只是因为偏爱古人传下来的佳作,才兴致益然静坐夜读;颔联是说自己已经有了白发,开始向"老年"迈进,心情是沉重的,但是青灯下读起书来,兴致却不减少年;颈联描写读书的环境:夜已深,秋更寒,梧桐树叶从高大的树上落下,发出了"策策"的声响,让人感受到了窗外的寒意。打更的小鼓咚咚地响起,告诉夜读的人天已到了二更,到了该睡觉的时候;尾联,一个细节朴素而真实。我们每个人都会有这样的感觉,由于专注于某事,坐在电脑前可以忘记吃饭,一点也不觉得饿。等忙完了工作,关闭电脑,收拾案面,准备睡觉的时候,方知道腹中空空。诗人掩卷之际,饿意来袭,冲一杯山药粥喝,正所谓饱了蜜不甜,饿了甜如蜜,这杯山药粥胜似琼浆玉液。带着精神与物质的双重收获,诗人进入了甜蜜的梦乡。

这首诗,有两个字眼特别值得玩味。

第一个字眼——"有味","青灯有味似儿时"。少儿读书,兴趣最为重要。如果书没有"味",即使家长、先生拿板子在后边监督,依然会溜号;如果书有"味",自然是爱不释手,即便通宵达旦也不厌倦。诗人六十三岁时作的《冬夜读书》中说:"退食淡无味,一窗宽有余。重寻总角梦，却对短檠书。"七十七岁时作的《自勉》诗中说："读书犹自力，爱日似儿时。"反复强调儿时读书的执着与专注。所以，读书一定要趁年少。给少年推荐书目，一定要投其所好，要引起他的兴趣，这比什么老师都有效。四十一岁的陆游在凄冷的秋夜读书至二更天，依然兴致盎然如儿时，一来表明所读之书有"味"，二来也说明诗人读书至勤。也让人们看到了儿时的陆游是个"小书迷"。

第二个字眼——"每"，"秋夜读书每以二鼓尽为节"。"每"，意思是每每，通常。诗人给自己定了一个规矩，读书到二更天，一定要上床睡觉。不过时，也不提前，这才能算是"每"。说明诗人读书能持之以恒，同时，也很科学。有副对联说得好："贵有恒，何必三更起五更眠；最无益，只怕一日曝十日寒。"像苏秦、孙敬那样，"头悬梁，锥刺股"，看书到了头都抬不起来了，还要看，效果能好吗？可见，陆游读书是讲科学的。

冬夜读书示子聿八首（其一、其三）

其一
宦途①至老无余俸，贫悴还如筮仕初②。
赖有一筹③胜富贵，小儿读遍旧藏书。
其三
古人学问无遗力④，少壮工夫老始成⑤。
纸上得来终觉浅，绝知此事要躬行⑥。

| 注释 |

①宦途，仕途，指做官。②贫悴，贫穷、憔悴。筮仕，古人将出门做官，先占吉凶。③一筹，用以计数的一根竹签，引申为"一次机会"。④无遗力，全力以赴。⑤老始成，到老了才有所成。⑥躬行，亲身实践。

| 读诗偶得 |

书是最宝贵的"遗产"

这一组诗共八首，作于庆元五年（1199）冬，当时诗人七十五岁，在山阴老家闲居。这组诗有的是诗人言志之作，自述读书的刻苦："白首自怜心未死，夜窗风雪一灯青。"（《冬夜读书示子聿八首》其五）"布被藜羹缘未尽，闭门更读数年书。"（《冬夜读书示子聿八首》其八）有的是共勉之作："汝始弱龄吾已耄，要当致力各终身。"（《冬夜读书示子聿八首》其二）更多的是指导儿子读书方法，鼓励儿子好好读书的："简断编残字欲无，吾儿不负乃翁书。"（《冬夜读书示子聿八首》其四）

《冬夜读书示子聿八首》中的第一首，诗人庆幸自己为官一生，攒下了很多书，使之成为"传家宝"。

陆游是一位伟大的诗人，但同时也是一个官僚。曾任镇江、隆兴通判。乾道六年（1170）入蜀，任夔州通判。乾道八年，入四川宣抚使王炎幕府，投身军旅生活。后为四川制置使范成大幕僚。淳熙五年（1178）起，到福州、江西做了两任提举常平茶盐公事。不久便因触犯当道，以"擅权"罪名罢职还乡。六十二岁时，被重新起用为严州（今浙江建德）知州，晚年退居家乡。

做官好不好呢？当然好。做官有俸禄，可以骑高头大马，可以光宗耀祖。但是，陆游做了一辈子官，有爱国的美名，自然不能做贪官，所以他到晚年也没攒下钱，贫穷破落如当年刚步入官场一样。不过毕竟做了官，有俸禄，也有一些"例钱"，这让自己有余力买那些自己爱看的书。一来二去，钱虽然没攒下，书却攒了不少。在山阴老家，陆游有了可观的藏书。

提到自己的藏书，提到读书给自己带来的快乐与收获，陆游兴奋不已。他认为，多亏自己攒下这么多书，要么自己的官真是白当了，俸禄只能保证一大家人基本的生活，而这些书却是无价之宝、传家之宝。

读书带给陆游无限的快乐，他说："读书万卷不谋食，脱粟在旁书在前。要识从来会心处，曲肱饮水亦欣然。"（《冬夜读书示子聿八首》

其七）只要有书读，吃什么都无所谓。书读到会心处，就是躺在山石上，枕着胳膊喝着山泉也会十分开心。直到八十多岁，他依然读书不辍。"白发萧萧年八十，依然父子短檠灯。"（《冬夜对书卷有感》）"羸然八十翁，风雪卧空馆。"（《掩卷有感》）可以说是活到老、学到老，终身学习的楷模。

《冬夜读书示子聿八首》中的第三首，是这组诗中的"名篇"。"纸上得来终觉浅，绝知此事要躬行"，又是名篇中的名句，也是陆游读书诗中的核心观点。

诗人强调，读书固然重要，但是一定要学以致用，亲身实践，要在实践中检验读书成果，也就是要"躬行"。这句话包含着辩证唯物主义的观点，与我们提倡的"不唯书，不唯上，只唯实"观点一致。

清代的钱泳有一个著名的论断——读万卷书，行万里路，是陆游的"躬行"观点的具体化。

钱泳（1759—1844），原名鹤，字立群，号台仙，一号梅溪，江苏金匮（今属无锡）人。长期做幕客，足迹遍及大江南北。工诗词、篆、隶，精镌碑版，善于书画，作印得三桥（文彭）、亦步（吴迥）风格。有缩临小汉碑，集各种小唐碑石刻行世。

他说："'读万卷书，行万里路'二者不可偏废。每见老书生痴痴纸堆中数十年，而一出房门，便不知东西南北者比比皆是；然绍兴老幕，白发长随，走遍十八省，而问其山川形势，道理之远近，风俗之厚薄，物产之生植，而茫然如梦者，亦比比皆是。"（钱泳：《履园丛话》）他认为，读万卷书与行万里路二者不可偏废。他举了两个形象的例子，一个是在纸堆里待了数十年的老书生，一旦走出房门，便不知东南西北；另一个例子是绍兴随主人出行的老仆人，虽然跟随主人走遍了十八个省，可是因为不读书的缘故，对山川形胜、风土人情、物产植被等却一无所知。

可见，读书与实践二者相辅相成、缺一不可。

寒夜读书

韦编①屡绝铁砚穿，口诵手抄那计年。
不是爱书即欲死，任从人笑作书颠②。

| 注释 |

①韦编，用来穿竹简的牛皮筋。②颠，同"癫"，疯狂。书颠就是因为读书而疯狂。

| 读诗偶得 |

向孔子学习

陆游确实是个可敬又可爱的老人，他对读书生活的倾情投入，读书方法的精妙总结，读书成果的丰硕，让他无愧于别人对他的戏称"书颠"。

"韦编屡绝铁砚穿，口诵手抄那计年"两句，道尽了诗人刻苦读书的风致。其中，引用了孔子"韦编三绝"的典故。

顾炎武在给友人的信中曾说："子曰：'十室之邑，必有忠信如丘者焉，不如丘之好学也。'夫以孔子之圣，犹须好学，今人可不勉乎？"[1]意思是，孔子说只要有十户人家的村子，一定有像自己一样忠信的人，但是却不可能有像他那样好学的人。顾炎武说，孔子是圣人，但是仍然学而不厌，诲人不倦，何况今天的普通人呢？

孔子的话听起来很不谦虚，但他却有骄傲的资本。其实，也不是骄傲，那是事实。陆游就把孔子当成了榜样，甚至学习的勤苦劲儿、痴迷劲儿比之孔子有过之而无不及。

陆游这首诗通俗易懂，无须做过多的解读。下面，让我们借陆游读书诗的一角，介绍一下孔子，看看孔圣人的读书观是什么样的。

---

[1] 顾炎武：《与友人书》。

发愤忘食学而不厌

孔子曾经被奉为至高无上的圣人，孔子的学说也一度成为人们顶礼膜拜的信条，那么，孔子的学问是怎么来的呢？苏轼说："孔子圣人，其学必始于观书。"[1] 意思是孔子的学问是从"观书"得来的。

孔子很小就没了父亲，家境困难，而且，他学习的起步时间并不早，到十五岁的时候才开始发愤学习。可贵的是，他从那时起便没有放松过自己的学习，用他自己的话说是"学而不厌"。他曾多次强调这个观点。他说："默而识之，学而不厌，诲人不倦，何有于我哉？"[2] 我默默地把所见所闻记在心中，努力学习而不厌弃，教导别人不知疲倦，这些事对我来说都是很平常的事。

楚国大夫叶公有一次曾经问子路"孔子是什么样的人"，子路没有回答他。孔子知道这件事后，对子路说："女奚不曰：'其为人也，发愤忘食，乐以忘忧，不知老之将至云尔。'"[3] 你怎么不告诉他，我读起书来会忘记吃饭睡觉，快乐得忘记了所有的忧愁，完全没有时间担心人会老、会死，我就是这样的人。孔子对自己的勤奋学习充满自信。他曾明确指出自己并不是生而知之的天才，如果说自己还有点文化，那么就是因为自己勤奋、敏捷、孜孜以求的缘故——"我非生而知之者，好古，敏以求之者也。"[4]

孔子好学是出了名的，著名的典故"韦编三绝"，就是他创造的。孔子学《易》的年龄比较大，据说已经到了五十岁。有一次，他看到了《易》这部书，便爱不释手，以至于"读《易》，韦编三绝"[5]，就连穿连书简的牛皮筋都多次磨断，可见不知翻了多少遍。

唐朝诗人王建有诗说："孜孜日求益，犹恐业未博。况我性顽蒙，复

[1] 苏轼：《李氏山房藏书记》。

[2] 《论语·述而篇》。

[3] 《论语·述而篇》。

[4] 《论语·述而篇》。

[5] 《史记·孔子世家》。

不勤修学。"[1] 诗人说有很多人孜孜以求，废寝忘食，尚且担心知识学得不够渊博，何况自己是一个性情愚钝的人呢？就连孔子这样的圣人，都"学而不厌""韦编三绝"，何况我们这些智力寻常的普通人呢？

要善于向"有道者"请教

孔子是个圣人，他的老师又是谁呢？孔子到底有没有老师呢？卫国的公孙朝就曾经问过子贡这个问题。当时，子贡回答说："文王武王之道并没有流失，就存在人世间。贤者认识到它的大处，不贤的人只知道它的枝节。没有一处不存有文武之道，我的老师何处不能学习？又哪里有固定的传授之师呢？"显然，子贡认为孔子是没有固定的老师的。这大概就是"圣人无常师"的由来。

不过，孔子也是有老师的。第一个老师应该是老子。孔子与鲁国的南宫敬叔一同到周都洛阳观礼，其间，他们曾拜会了老子。两位学术大师之间曾有过一次倾心交谈。在临别的时候，老子送了两句话给孔子："聪明深察而近于死者，好议人者也；博辨广大危其身者，发人之恶者也。为人子者毋以有己，为人臣者毋以有己。"

老子认为，一个人过于聪明、明察秋毫，往往会招来杀身之祸，原因在于这样的人自恃聪明过人，便好评论别人，对别人的言行指指点点；而一个人见多识广，能言善辩，往往会危害自身，其原因在于这样的人自恃能说会道，便会愿意揭人隐私。

孔子与老子之间曾有过一段对话，在这个过程中，老子隐约感觉到孔子的缺点。老子认为孔子在四个方面有不足：一是有"骄气"，二是"多欲"，三是"有态色"，就是好做作，四是有"淫志"，就是志向狂妄。老子毫不客气地指出孔子这些缺点，明确指出这些缺点对他自身成长不利，因此建议孔子改掉这些毛病。当然，作为两个不同学术派别的创始人，他们在学术上的分歧自然会表现为不同的处事方法、处事行为。不知道孔子是否接受老子的批评和建议，但是至少有一点可以肯定，老子说的"君子盛德，

---

[1] 王建：《励学》。

容貌若愚"即大智若愚，以及他提出人不可有骄气，不可多欲，不可做作，不可不切实际等等，一定会给孔子以启示。

第二个老师是鲁国的乐官师襄子，孔子向他学琴。第三个老师是大音乐家苌弘，孔子向他请教学习律吕之学。

孔子非常强调老师的作用，他自己作为一个教育家，一生诲人不倦，以教书育人为乐事。他认为，一个人读书学习，离不开老师的指导与教正。他说："君子食无求饱，居无求安，敏于事而慎于言，就有道而正焉，可谓好学也已。"[1] 真正好学的人，对吃的、住的不会要求太高，而对于老师的需求却是不可或缺的。

孔子对老师的概念比较宽泛，他认为，是人皆可以为师。"三人行，必有我师焉。择其善者而从之，其不善者而改之。"[2] 遇到真、善、美的人，就跟他学，遇到假、恶、丑的人，就改正他身上的缺点，从某种意义上说，也能从"不善"的人身上学到东西，也是"老师"。

孔子强调，要经常找老师指教自己所学、所悟，就能避免走弯路，也能及时地修正读书的偏差。同时，有好的老师点拨，学习效率就可能大幅度提高。所以，"古人之书不可不多读，但靠书不得，靠读不得，靠古不得。"[3] 仅仅死读书本不行，还要多方求证。韩愈说："师者，所以传道、授业、解惑也。"[4] 对老师的作用说得再明白不过了。清代曾国藩在给儿子的信中，就反复提醒他们，一定要多向老师请教，儿子的有些作业，他即便在军中日理万机之际也要亲自批阅。

不学诗无以言

"诗三百"是周代统治集团重要的教科书。孔子告诫他的儿子："不

---

[1] 《论语·学而篇》。

[2] 《论语·述而篇》。

[3] 曹于汴：《共发编》。

[4] 韩愈《师说》。

学诗无以言。"[1] "诗可以兴，可以观，可以群，可以怨。迩之事父，远之事君。多识于鸟兽草木之名。"[2]《诗》具有"兴、观、群、怨"的社会功用。学习诗，可以培养联想力，提高观察力，加强合群性，可以掌握讥讽的方法。近可以用于侍奉父母，远可以用于侍奉君主，还可以从中学到一些虫鱼鸟兽草木的知识。

孔子多次提到学习《诗》的重要性。曾经有一次，他对儿子伯鱼说："如果一个人不学《周南》《召南》，那就好像面对着墙壁站着一样。"《周南》《召南》是《诗经》"国风"开头两部分的篇名，可见孔子是多么重视《诗经》这部经典。

《毛诗序》中说："正得失，动天地，感鬼神，莫近于诗。先王以是经夫妇，成孝敬，厚人伦，美教化，移风俗"，正因为如此，如果《诗》学好了，就会指导自己的实践，成就大事。

《诗》的作用如此之大，但并不是所有读过《诗》的人都会成才。孔子在肯定学《诗》重要性的同时，也指出一定要学懂、学透，学以致用。否则，等于白学。孔子说："诵《诗》三百，授之以政，不达；使于四方，不能专对。虽多，亦奚以为？"[3] 意思是说，熟读了《诗经》三百篇，把政事交给他，却不能把事办成；让他出使别的国家，却不能独立应对。这样的人虽然读了很多书，又有什么用呢？因此，孔子强调读书一定要学以致用。

如何学以致用？孔子也给出了答案。一是要"学而时习之"，要经常温习，也就是要反复读，真正弄清楚书中的本意。二是要多动脑思考，要正确处理好学习与思考的关系。"学而不思则罔，思而不学则殆。"[4]

---

[1] 《论语·季氏》。

[2] 《论语·阳货篇》。

[3] 《论语·子路篇》。

[4] 《论语·学而篇》。

不好学的六种弊病

孔子曾经问仲由："你听说过六个字概括的品德以及六种弊病吗？"孔子告诉仲由："好仁不好学，其蔽也愚。好知不好学，其蔽也荡。好信不好学，其蔽也贼。好直不好学，其蔽也绞。好勇不好学，其蔽也乱。好刚不好学，其蔽也狂。"孔子认为，仁、智、信、直、勇、刚这六个字代表人的六种品德，追求这些没有错，但是如果不好学习，而只是单纯地追求这些东西，那么就会出现偏差。喜爱仁德而不爱学习，它的弊病就是愚而不明；喜欢智慧而不爱学习，它的弊病就是容易耍小聪明；喜欢诚信而不爱学习，它的弊病是自己往往会受到伤害；喜爱直率而不爱学习，它的弊病就是偏激尖刻；喜爱勇敢而不爱学习，就容易作乱惹祸；喜爱刚强而不爱学习，它的弊病是轻率狂妄。

可见，不好学习往往会事与愿违，好事也可能变成坏事。

述而不作，信而好古

孔子爱好古代文化，他整理编撰了《春秋》《诗》《书》《礼》《乐》《易》"六经"，对中国古代文化传播做出了重大贡献。可以说，他是我国最伟大的"编辑家"。他对待古代文化有一个重要原则——"述而不作，信而好古"[1]，意思是只阐述典籍而不进行创造，相信而且爱好古代文化。他把自己比作商朝的大夫老彭，据说老彭就非常喜欢阐述古事。

当然，这可能是孔子的自谦之语。事实上，他对传统文化的传播方面，不论是在理论上还是认识上都有很大的创新。但是，孔子这"八个字"作为对待古代文化的一个重要原则，却有重要意义。对"六经"，孔子做的工作肯定不是原创的，但经过他的整理编辑，"六经"去粗取精，去伪存真，质量上有了较大的提升，从而使"六经"的地位得以巩固且越来越重要。在当时，孔子认为自己所做的工作不过是"编著"，甚至连这个"著"字都不想加。随着时间的推移，"六经"上升到至高无上的地位，孔子这位"六

[1] 《论语·述而篇》。

经"的"编著"者的地位也就相应地提高了。

于是，在后人看来，孔子就是"六经"的作者。在这种情况下，再看孔子"述而不作，信而好古"的话，便觉得孔子说的不是实情了。其实，这正是孔子告诉我们的一个重要读书原则——在阅读古代文献时，不要尽信，也不要轻易地"疑古"，如果确实不明白，不妨姑且相信它的说法，留给后人有足够的证据时，再下结论。

读书

归老宁无五亩园①，读书本意在元元②。
灯前目力虽非昔，犹课蝇头③二万言。

| 注释 |

①归老，归家养老。宁无，岂没有。五亩园，比喻财产少。②元元，平民百姓。《史记·平准书》："陛下损膳省用，出禁钱以振元元。"③犹课，犹，还要。课，按规定的内容和课时读书学习。蝇头，像苍蝇头一样小的字。

示邻里

古学陵夷①失本原，读书万卷误元元。
从今相勉躬行处②，《士》《庶人》章③数十言。

| 注释 |

①古学，研究古文经、古文字之学。陵夷，由盛到衰。陵，丘陵。夷，平。意思是颓替如丘陵之渐平。②相勉，与邻居共勉。躬行，亲身实践。③《士》《庶人》章：《孝经》有《士章第五》《庶人章第六》。

五更读书示子

近村远村鸡续鸣，大星①已高天未明。

床头瓦檠灯煜煏②，老夫冻坐书纵横。
暮年于书更多味，眼底明明见莘渭③。
但令病骨尚枝梧④，半盏残膏未为费。
吾儿虽蹙素业⑤存，颇能伴翁饱菜根。
万钟⑥一品不足论，时来出于苏⑦元元。

|注释|

　①大星，指启明星。②檠，灯架。煜，炽盛的样子。煏，照耀。③莘渭：莘，指古国名，在今山东省曹县以北。渭，指渭水，黄河最大支流。陆游作此诗时，莘渭正被金侵占。④枝梧：犹支持、支撑。⑤素业：清白的操守。⑥万钟：指优厚的俸禄。⑦苏：指拯救、解救。

|读诗偶得|

为什么读书

　　陆游是一位爱国诗人。金兵入关后，宋朝统治者偏安江南一隅，中原百姓惨遭涂炭。陆游忧心忡忡，念念不忘的是抗击金人，收复中原。"夜阑卧听风吹雨，铁马冰河入梦来。"[1]他在一首诗中告诫儿子："死去元知万事空，但悲不见九州同。王师北定中原日，家祭无忘告乃翁。"[2]

　　诗人热爱读书，读书是为了什么呢？不同的人有不同的回答。最传统的答案是"学而优则仕"，是为了当官。欧阳修就很坦诚地承认，自己当初之所以勤读书，就是为了将来有一天当官，解决"稻粱"问题。我们尊敬的周恩来总理青少年的时候就立下了"为中华之崛起而读书"的志向。陆游的读书理想与周恩来相似。他不反对做官，但是他认为读书的根本目的是要为老百姓谋福利——"读书本意在元元"。至于生活嘛无所谓，反正家里至少还有几亩薄田，足可以度日。

---

　[1] 陆游：《十一月四日风雨大作》。
　[2] 陆游：《示儿》。

因为有了"在元元"的读书志向，所以诗人读书至勤。虽然老眼昏花，今非昔比，但是仍然坚持每天读书"二万言"。

读什么书

《示邻里》作于开禧元年（1205）秋，诗人八十一岁。从诗题及内容看，诗人写诗是为了给邻居看。德不孤必有邻，能与陆游这样的人做邻居，恐怕也非泛泛之辈，应该也是"学而优则仕"的书宦人家。但邻居读书有可能出现偏差，陆游怕他误入歧途，所以才写诗委婉地劝诫。希望他能多读《孝经》，懂得忠孝、爱民的道理。

他说："古学陵夷失本原，读书万卷误元元。"如果读书不当，就算读书万卷，除了耽误、坑害平民百姓外，毫无益处。知道怎样读书固然重要，知道读什么书更重要。

读书人的价值

《五更读书示子》，作于绍熙二年（1191）冬，诗人当时六十七岁。做陆游的孩子真够辛苦的，晚上读书要读到二鼓 [1]，到了五更，天刚亮又要读书。他不光让孩子们读，自己以身作则，"白发萧萧年八十，依然父子短檠灯。" [2] 言传身教，老先生做得很好。

虽然是官宦之家，可是陆游退休以后并没有"余俸"，家无余财，生活是十分艰苦的，每天对着青灯黄卷，孜孜不倦。"冻坐"二字写出了诗人读书环境的艰苦。但是，诗人却乐此不疲，因为"暮年于书更多味，眼底月明见莘渭"。随着年岁的增长、阅历的增加，对古书的理解更加透彻，对事物的认识更加明晰，对时势的判断更加准确。我们讲最美莫过夕阳红，就是提倡发扬"老骥伏枥，志在千里。烈士暮年，壮心不已"的精神，要

---

[1] 《秋夜读书每以二鼓尽为节》。

[2] 《冬夜对书卷有感》。

好好利用老年的"资本""资历"与"资源"，多读书，多著书立说，这样对后世才有利，对自己实现人生价值也大有裨益。

在这首诗里，诗人再一次就读书目的发表看法，鲜明地提出了"万钟一品不足论，时来出于苏元元"的观点。万钟的俸禄，一品的官位，都不算什么，只要能够拯救民众于水火，为国家和人民的利益而工作，那么就是幸福的，就是有价值的。

示友

黄卷青灯①自幼童，长年颇亦有新功。
尚嘲孟顗②迟成佛，那计辛毗不作公。
学问更当穷广大，友朋谁与共磨砻③。
诸君果未捐④衰老，鄙语人当致一通。

| 注释 |

①黄卷，指书籍。古时以黄蘗染纸以防蠹，故名。青灯，指油灯。其光青莹，故名。②孟顗，会稽太守，与谢灵运不睦。孟顗信奉佛教，对佛理多有研究，但却为谢灵运所轻视。谢灵运曾经对他说："得道应需慧业，丈人升天当在灵运前，成佛必在灵运后。"（《南史·谢灵运传》）辛毗，字佐治，颖川郡阳翟县（今河南禹州市）人，汉末三国时期曹魏大臣。③磨砻，钻研，研讨。④捐，弃，嫌弃。

| 读诗偶得 |

友朋谁与共磨砻

读陆游这首诗，一下子让我想到了陶渊明的《移居》及《饮酒》诗，他那种"奇文共欣赏，疑义相与析"的读书方法以及为了有一个好的读书环境择地而居的举动令人记忆深刻。

陆游也提出了类似的诉求——"学问更当穷广大，友朋谁与共磨砻。"有哪个朋友能与自己共同研究、探讨读书的感受呢？渴望有朋友"磨砻"

之情溢于言表。在陆游看来，共同研究探讨是使学问精进、拓展知识面的重要途径。他把这首诗专门写给朋友看，就是希望朋友是这样的人。而且，如果朋友不见弃，他可以毫不保留地把自己的观点展现给大家……

清代大学问家顾炎武提出了"独学无友，则孤陋而难成"的观点，可以作为陆诗的注解。顾炎武说："人之为学，不日进则日退。独学无友，则孤陋而难成。久处一方，则习染而不自觉。不幸而在穷僻之域，无车马之资，犹当博学审问，古人与稽，以求其是非之所在，庶几可得十之五六。若既不出户，又不读书，则是面墙之士，虽有子羔、原宪之贤，终无济于天下。"[1]

研究学问，如逆水行舟。一个人学习，没有人共同研究探讨，那么就可能孤陋寡闻，很难进步。如果不幸生在穷僻之地，又没有车马之资，但是能够博学审问，认真地考证古人学问的真伪，探索其是非，那么大概还能够学到古人五六分"功力"。可是，如果既足不出户，又不爱读书，那么只能是面墙而立，坐井观天了。那样，即使像子羔、原宪那样的贤能，恐怕也不能匡济天下。

一个宋人，一个清人，两个学问大家，英雄所见略同。看来，同学同学，一同学习，是多么可贵啊！

---

[1] 顾炎武：《与友人书》。

【宋】朱熹：书是一面镜子

|导读|

朱熹广注典籍，对经学、史学、文学、乐律乃至自然科学等都有不同程度的贡献，给后人留下浩如烟海的著述。后人总结朱熹有关读书的观点、方法、态度、意见、建议，名为"朱子读书法"。这里仅从他的两首读书诗中管窥朱子的读书观点。有兴趣的读者可以详细阅读《朱子读书法》一书。

朱熹（1130-1200）

南宋思想家、哲学家和教育家，闽学派的代表人物，世称朱子，字元晦。祖籍婺源，生于尤溪，长于建州，从师五夫，讲学武夷，结庐云谷，授徒考亭，葬于唐石。他广注典籍，对经学、史学、文学、乐律乃至自然科学等都有不同程度的贡献，给后人留下浩如烟海的著述。他继承和发扬中国传统文化，融汇儒、释、道诸家而建构博大精深的思想体系，对中国文化和人类文明产生了深远的影响。他的学术成果，"致广大，尽精微，综罗百代"，深得历代文人推崇和历朝皇帝褒奖封号。后人尊他为"朱文公"，评价他为"理学正宗"，是继孔孟之后的第三圣人。他一生致力倡兴教育，先后创办了考亭、岳麓、武夷、紫阳等多所著名书院，培养了数以千计的门生，对创建中国古代文明作出了不可磨灭的贡献。有《朱文公文集》。

观书有感二首（其一）

半亩方塘一鉴①开，天光云影共徘徊。
问渠那得清如许②？为有源头活水来。

|注释|

①方塘，又称半亩塘，在福建尤溪城南郑义斋馆舍（后为南溪书院）内。朱熹父亲朱松与郑交好，故尝有《蝶恋花·醉宿郑氏别墅》词云："清晓方塘开一境。落絮如飞，肯向春风定。"鉴，一说为古代用来盛水或冰的青铜大盆。也有学者认为是镜子。指像鉴（镜子）一样可以照人。②渠，它，指方塘之水。那，同"哪"，"怎么"的意思。清，清澈。如许，如此，像这样。

其二

昨夜江边春水生，艨艟巨舰一毛轻①。

向来枉费推移力②，此日中流自在行。

| 注释 |

①艨艟，古代攻击性很强的战舰名，这里指代大船。一毛轻，像一片羽毛一般轻盈。
②向来，原先，指春水上涨之前。推移力，指浅水时行船困难，需人推挽而行。

| 读诗偶得 |

问渠那得清如许

半亩方塘之喻

庆元二年（1196），为避权臣韩侂胄之祸，朱熹与门人黄干、蔡沈、黄钟来到新城福山（今江西省黎川县社苹乡竹山村）双林寺侧的武夷堂讲学。在此期间，他往来于南城、南丰。在南城应利元吉、邓约礼之邀作《建昌军进士题名记》一文，文中对建昌人才辈出抒发由衷赞美。又应南城县上塘蛤蟆窝村吴伦、吴常兄弟之邀，到该村讲学，为吴氏厅堂书写"荣木轩"，为读书亭书写"书楼"，并为吴氏兄弟创办的社仓撰写了《社仓记》，还在该村写下了著名的《观书有感二首》。

半亩大的方形池塘像镜子一样展现在眼前，天空的光彩和浮云的影子都在镜子中一起移动。要问方塘的水为什么会如此清澈啊？因为有源头为它源源不断地输送活水。

昨天夜里江边涨起了阵阵春潮，巨大的舰船轻盈得如同一片羽毛。涨潮前，行驶要白费很多推拉力气，涨潮后却能在江水中央自在地航行。

《观书有感》描绘诗人"观书"的感受，揭示了深刻的哲理。

"半亩方塘一鉴开，天光云影共徘徊。"半亩"方塘"不大，但它却像一面镜子那样澄澈明净，"天光云影"在"镜子"里来回游弋，让人心旷神怡、赏心悦目。诗人读书，读着读着，眼前突然浮现出他经常读书的地方——"半亩方塘"。方塘不大，像一本书，这是形似；方塘像一面镜子，映射出天光云影，景色美极了，多像书中精彩的内容，让人清新、愉悦、豁然开朗，这是神似。

诗人观书，但不是写观书的内容，观书的举动，而是着重写"观书"的感受。这个感受又不是空洞的说理，而是用了一个生动形象的比喻，让人记忆深刻。诗人的这种感受，正是无数读书人心中有，却没有用语言表达过的感受。此语一出，立即激起读书人的共鸣，遂成千古名句。

源头活水之境

方塘里的水为什么这么清啊？因为有水不断地从源头输送而来。流水不腐，户枢不蠹。书是源头活水，可以滋润干渴的心田。但是，源头之水不是自己来的，而是需要发现、梳理、引导，方能注入"半亩方塘"，使之清澈甘美、活力四射。

曾巩读书诗《冬望》里说："旁搜远探得户牖，入见奥阼何雄魁。日令我意失枯槁，水之灌养源源来。"正是揭示了"源头活水"的路径。读书需要有不畏艰险，勇于探索，刻苦钻研，百折不挠的精神，只有这样才能找到登堂入室的"门径"，从而得以一览殿堂内的辉煌。

茅塞顿开之悟

第二首诗以泛舟为例，形象地说明读书必须经过"茅塞顿开"过程的道理。"昨夜江边春水生，艨艟巨舰一毛轻。"因为昨夜下了大雨，江水暴涨，万溪千流，滚滚滔滔，汇入大江，所以原本费了九牛二虎之力才能推移的"艨艟巨舰"，现在却如羽毛般地浮了起来。

诗人要告诉我们什么道理呢？读古人书，有时候难免会有不懂的地方，就好像探洞者遇到了塌方阻碍，洞内一片漆黑，纵然使出浑身力气，依然难以搬动阻路的巨石，难以见到一丝光明。与其盲目地挖搬，声嘶力竭地呼喊，不如静下心来思考一下，保存体力，寻找办法；或者另辟蹊径，等待救援。一旦机会来了，困难就会迎刃而解，走出黑暗，走向光明，豁然开朗。遇到难解之处，不妨先放下，去"旁搜远探"，也许在不久的将来，你会找到解决问题的钥匙。到那时，你可能惊异地发现："原来是这样啊！"

大道至简。这大概就是诗人要告诉我们的道理。

循序渐进之理

朱熹读书方法中最重要的一条是"循序渐进，熟读精思"，也就是要一点点地来，不可一口吃个胖子，心急吃不了热豆腐。循序渐进的第一步首先要熟读，然后再精思。他说："观书先须熟读，使其言皆若出于吾之口。继以精思，使其意皆若出于吾之心，然后可以有得尔。""书不记，熟读可记；义不精，细思可精。"[1] 又说："读书之法，莫贵乎循序而致精。"[2]

朱熹指出，读书一定要大声读、声音响亮地读。"凡读书，须要读得字字响亮。"[3] 这种读法一来可以培养人的朗读水平，二来可以在响亮的朗读中增强记忆，感受书文的气场。朗读，也就是大声地读，至今仍然是语文教学的重要方式之一，我们现在描写课堂时，常常用"琅琅的读书声"来形容。在熟读的基础上，再认真地思考，自然就会记忆深刻。朱熹深得此法之妙，他说："苦读得熟，而又思得精，自然心与理一，永远不忘。"

朱熹强调读书一定要多，但又不能一味地贪多，否则就会适得其反。他举例说，就好比一个人得了大病卧床不起，许多医生登门治病，各类药物一齐用上，绝对没有好的治疗效果——"大病在床，而众医杂进，百药交下，决无见效之理。"[4]

朱熹还有一首小诗，题为《劝学》，告诉人们一定要珍惜光阴，写得也很别致。其诗如下："少年易老学难成，一寸光阴不可轻。未觉池塘生春草，阶前梧叶已秋声。"

---

[1] 朱熹：《读书之要》。

[2] 朱熹：《性理精义》。

[3] 朱熹：《训学斋规》。

[4] 朱熹：《答吕子约》。

【宋】周弼：做专心致志的读书人

|导读|

　　诗人说，"门外不知春雪霁，半峰残月一溪冰。"读书读到天快亮了，窗外下了一夜的大雪，竟全然不知。读书人用不同的方式表达同一个主题，那就是对书的痴迷，读书的专注。卢照邻说："忽闻岁云晏，倚杖出檐楹。"王贞白说："读书不觉已春深，一寸光阴一寸金。"朱熹说："未觉池塘生春草，阶前梧叶已秋声。"他们描写读书的境界是不是很像呢？

夜深

虚堂人静不闻更①，独坐书床对夜灯。
门外不知春雪霁②，半峰残月一溪冰。

|注释|

　　①更，打更的声音。②霁，风雪停止，云雾消散。

|读诗偶得|

门外不知春雪霁

　　我独坐书床，挑灯夜读，在这安静的夜里连打更声都没有听到。门外，不知什么时候，春雪已经停了。远望天空，一弯残月挂在半山。近看门前，一溪流水悄然

周弼

　　生卒年月不详，字伯弼，汶阳（今山东曲阜）人，工诗、画，善墨竹。（见《宋诗纪事·图绘宝鉴补遗》）嘉定年间进士，曾为江夏令，宦游于吴、楚、江、汉之间四十年，所到之处皆有作，名震江湖，是江湖派诗人。有《端平集》。

成冰。

这是一首风格清新，纯净如水的小诗。短短四句，一个"不闻"，一个"不知"把诗人专心读书的形象刻画得淋漓尽致。

首先，诗人从室内氛围写起。"虚堂""人静"紧扣诗题，写夜深人静的环境。"不闻更"，没有听到打更的声音。诗人独坐书床，灯下苦读，不知不觉已到深夜，竟连打更声也没有听到。好不容易告一段落，伸伸懒腰。接着，诗人推开房门，看外边的世界。推开屋门的刹那，一股清新的空气立时扑面而来。门外，不知什么时候，春雪也已经停了。远望天空，一弯残月挂在半山；近看门前，一溪流水已然成冰，透着寒意。

这一切都是在诗人夜读时不知不觉中发生的，暗示时间的推移，夜读已久。整首诗就像是一幅素描，把一个读书人的聚精会神、彻夜苦读的形象生动地再现出来。通篇渗透着美感，令人对读书生活产生无限的向往。

【宋】吕本中：读书是一种"煎熬"

| 导读 |

　　诗以《读书》为题，却对读书提出了质疑。诗人开篇就说"读书空作劳"，意思是白白辛苦地读书，到头来什么用也不管，什么事也不能做，读书的辛苦白费了。结尾再次提出疑问："胡为良自苦，膏火自煎熬。"明知道读书无用，为什么还要膏火自煎、苦读不辍呢？

读书

老去有余业，读书空作劳①。
时闻夜虫响，每伴午鸡号。
久静能忘病，因行当出遨②。
胡为良自苦，膏火自煎熬③。

| 注释 |

　　①作劳，劳作，付出。②遨，游玩，游乐。③膏火，灯火。《庄子·人间世》："山木自寇也，膏火自煎也。"另外古代书院供给学生的津贴，也称作"膏火"。吴荣光《吾学录·学校门》："诸生贫乏无力者，酌给薪水，各省由府州县董理酌给膏火。"膏火自煎，比喻自己折磨自己。

吕本中（1084-1145）

　　字居仁，世称"东莱先生"，寿州（今安徽凤台）人。少以荫补承务郎。绍兴六年（1136）赐进士出身。官至中书舍人兼侍讲，权直学士院。因为反对秦桧投降论调而被罢官。早年曾作《江西诗社宗派图》。论诗主活法，尚自然，诗歌创作深受黄庭坚、陈师道影响。有《东莱先生诗集》《紫微诗话》《童蒙训》等。

读书，能够救国吗

诗以《读书》为题，却对读书提出了质疑。诗人开头说"读书空作劳"，意思是白白辛苦地读书，到头来什么用也不管，什么事也不能做，读书的辛苦白费了。结尾再次提出疑问："胡为良自苦，膏火自煎熬。"明知道读书无用，为什么还要膏火自煎、苦读不辍呢？

读书无用，这种观点在赵壹的《秦客诗》里提到过。那是诗人对统治阶级不尊重知识、不尊重人才的辛辣讽刺，也是东汉文人的一次悲情控诉。那么，吕本中生活的时代，为什么他会有这种观点呢？

这与当时诗人所处的时代背景密切相关。靖康元年（1126）冬，金兵攻入宋都汴京（今河南开封），诗人的家在汴京，为了避乱只好离开京城。第二年四月，金兵掳宋徽宗、宋钦宗北去，吕本中又回到了汴京旧居。国亡家破，诗人多想和义军一起抗击金兵、收复河山啊。为此，他写了一系列的诗作，表达了这种思想。如《兵乱后杂诗》五首，其中有"汝为误国贼，我作破家人""欲逐范仔辈，同盟起义师"等句。

由此可以看出，诗人对读书的否定与质疑并不是本意，他只是想告诉人们，当国家、民族出现危难的时刻，需要读书人挺身而起，而不能苟且偷生。"胡为良自苦，膏火自煎熬"正是诗人有志难酬的无奈自嘲之语。

诗人是一个勤奋的读书人，经常读书到深夜，白天也很少午休。尽管身体有病，但是这种静读的生活，无疑是最好的治疗药方。抛开特定的历史背景，我们可以想象，诗人的读书生活是多么美好。他享受着这种"膏火自煎"的读书生活，谁又能说这种生活是"空作劳"呢？

【宋】陆九渊：读书贵在"涵泳"

| 导读 |

　　短短四句诗，句句是金言。第一句告诉我们读书不可太急，不可贪多求快；第二句是说读书贵在"涵泳"，好比美味只有经过细嚼慢咽才能品味到真谛；第三句说不要纠结于一时的不懂，遇到难题先放过去；第四句说的是读到关键的地方要多动脑，仔细思考。

读书

读书切戒在慌忙①，涵泳②工夫兴味长。
未晓不妨权③放过，切身须要细思量。

| 注释 |

　　①慌忙，急，匆忙。②涵泳，玩味，细细体会。罗大经《鹤林玉露》卷十三："正渊明诗意，诗字少意多，尤可涵泳。"③权，暂且。

| 读诗偶得 |

细细品味才有滋味

　　我们强调多读书，但是，有过目不忘能力的读书人毕竟是少数。如果读了很多书，数量上很多，质量上却囫囵吞枣，内容上一知半解，甚至误解，那么，读再多的书又有何用？就好比吃饭一样，一次吃

陆九渊（1139-1193）

　　字子静，号象山，自号"象山翁"，世称"象山先生""陆象山""存斋先生"，被后人称为"陆子"。江西抚州市金溪县陆坊青田村人。在"金溪三陆"中最负盛名，是著名的理学家和教育家，与朱熹并称"朱陆"，是宋明两代"心学"的开山鼻祖。他一生的辉煌在于创立学派，从事传道授业活动，受到他教育的学生多达数千人。他的学说独树一帜，与当时朱熹为代表的正宗理学相抗衡。著作有《象山全集》三十六卷。

219

得太多，肠胃消化不了，不仅造成食物的浪费，而且还有可能伤及身体。确实有这样一些人，他们读起书来废寝忘食，一天能看上几十万字，时间过去了，厚厚一本书也看完了，但让他回想书中的内容，却讲不出子午卯酉。这样的读书方式不可取。

陆九渊这首《读书》诗，就提出了这样的观点——"读书切戒在慌忙，涵泳工夫兴味长。"读书不要急急忙忙，像赶路一样，要走走停停，看看想想，细细品味，这样才能品味书中的"美味"，浏览沿途的"风景"，才会记忆深刻，受益良多。

陆九渊出生在一个传统世家，自幼聪明好学。他将孟子的思想和佛教思想相结合，形成了一套独特的心学理论。经其弟子傅子云、傅梦泉、邓约礼、杨简等人的发挥，元代赵偕、祝蕃、李存等的继承和明代陈献章、湛若水的发展，最后由王守仁集大成，形成了中国哲学史上著名的"陆王学派"，成为宋明理学的一个重要派别，影响极大。

与陆九渊同时代的大学问家朱熹、清代"扬州八怪"之一郑板桥都提出过类似的观点，可参考阅读二人的读诗偶得。

陆九渊强调读书要慢，要下细功夫，也就是要"涵泳"，但他同时又提出一个观点——"未晓不妨权放过，切身须要细思量。"

读得这么细，难免会遇到难懂的地方。就好像一个人吃东西，如果囫囵吞枣，可能有一粒小石子也未必能咬到，可是，细嚼慢咽就不同了，再小的杂物也会被挑出。读书遇到不懂、难懂的地方，未必是"渣滓"，相反可能是未被琢磨的"卞玉"。

"渣滓"也好，"卞玉"也罢，在一定的阶段，它们就是"拦路石"。如果明知搬不动，偏要搬，除了浪费光阴外，还可能伤及身体，对理解、消化书中的内容无益。可以试着先放过，留下个记号，继续读下去。待一本书读完了，看有没有新的启发，再回头看看这块"拦路石"到底是什么成色。如果此时还不能解开谜团，就再放放，不妨再去读别的书。也许有一天，在别的书里突然找到答案，让人茅塞顿开。那叫作"踏破铁鞋无觅处，得来全不费工夫"。

【宋】范成大：嗜书如嗜酒

| 导读 |

在范成大看来，读书就好比喝酒一样。喝酒的人只有品味到酒味的醇妙，才会开怀畅饮，越发离不开它；读书也是这样，只有真正品味到书中的"味道"，才会爱不释手。诗人还强调读书要适度，要张弛有度。要学以致用，不能读死书，死读书。

寄题王仲显读书楼

嗜书如嗜酒，知味乃笃好。
欲辨已忘言①，不为醒者道。
使君青箱家②，文史装怀抱。
平生名教乐，双旌不满笑。
忽乘雪溪兴，来檥秦淮棹。
丘亭③客漂泊，夜夜短檠照。
人云太痴绝，我自斫轮④妙。
今朝樯竿起，昨梦绕合皂⑤。
云有百尺楼，归寄北窗傲。
滴露紬朱黄⑥，拂尘静缃缥⑦。
想当呻毕时，宁复美腾趠⑧？
古心千载事，俗眼讵⑨能料。
萧滩富还往，取友必同调。
一张复一弛，酿秫⑩助歌啸。

范成大（1126-1193）

字至能，一字幼元，平江府吴县（今江苏苏州）人。早年自号"此山居士"，晚号"石湖居士"。南宋名臣、文学家、诗人。

| 注释 |

①欲辨已忘言，陶渊明《饮酒》诗："此中有真意，欲辨已忘言。"②使君，汉代称刺史为使君，汉代以后尊称州郡长官为使君。青箱，《宋书·王准之传》："自是家世相传，

并谙江左旧事，缄之青箱，世人谓之王氏青箱学。"后因以"青箱"指世传家学。③丘亭，空亭。④斫轮，指斫木制造的车轮，比喻经验丰富、水平高超的人。⑤合皂，山名。在江西省樟树市东，道教以为七十二福地之一。⑥䌷，粗绸。朱黄，古人校点书籍时用的朱黄两种颜色。《新唐书·陆龟蒙传》："得书熟诵乃录，雠比勤勤，朱黄不去手。所藏虽少，其精皆可传。"⑦缃缥，即缥缃，书卷。缃，浅黄色。古代常用淡青色或浅黄色帛做书套，因以代书卷。关汉卿《窦娥冤》楔子："读尽缥缃万卷书，可怜贫杀马相如。"⑧趠，跳，腾跃。左思《吴都赋》："狖鼯猓然，腾趠飞超。"⑨讵，怎么。⑩秫，黏黄米，可酿酒。苏轼《超然亭记》："撷园疏，取池鱼，酿秫酒。"

| 读诗偶得 |

读书知味

这首诗是以知府王仲显的读书楼为引子写的，诗人一方面对王仲显诗书传家的优良传统、良好家风表示赞赏、羡慕之意——"使君青箱家，文史装怀抱。"一方面又对王仲显热爱读书、自得其乐的情怀进行了刻画——"夜夜短檠照""我自斫轮妙"。

诗的开头，诗人提出了第一个读书观点："嗜书如嗜酒，知味乃笃好。"读书就好比喝酒一样。喝酒的人只有品味到酒味的醇妙，才会开怀畅饮，越发离不开它；读书也是这样，只有真正品味到书中的"味道"，才会爱不释手。

每本书都凝聚了作者的心血，寄托了作者的思想灵魂，但是，并不是所有的书都是一看即懂，一品就知"味"。它需要慢慢品味，就像吃甘蔗，先苦后甜，渐入佳境。要想爱上书，必须知其"味"。

诗人提出的第二个读书观点是，"一张复一弛，酿秫助歌啸。"要张弛有度，在读书之余，不妨酿点黏黄米酒，再放歌一曲，那就更完美了。

在另一首诗中，诗人还提出了不能死读书，读书要实用，要积极投身实践的观点。他说："戒之书鱼蠹，勉以云鹏举。作霖要实用，洗兵嫌不武。"[1]

---

[1] 范成大：《次韵知府王仲行尚书鹿鸣燕古风》。

【宋】翁森：人生唯有读书好

| 导读 |

　　《四时读书乐》一文，出自作者的《一瓢稿》，曾被选编入民国时期的初中国文课本。一年四季，风景各异。书籍浩如烟海，包罗万象。这首诗用比兴的手法，借四季景色的不同以及带给人不同的感受来反复吟唱读书的快乐，风格独特，是不可多得的读书诗佳作。

四时读书乐

春

山光拂槛①水绕廊，舞雩②归咏春风香。

好鸟枝头亦朋友，落花水面皆文章。

蹉跎莫遣韶光③老，人生唯有读书好。

读书之乐乐何如？绿满窗前草不除。

夏

修竹压檐桑四围，小斋幽敞明朱晖。

昼长吟罢蝉鸣树，夜深烬④落萤入帏。

北窗高卧羲皇⑤侣，只因素稔⑥读书趣。

读书之乐乐无穷，瑶琴一曲来薰风⑦。

秋

昨夜前庭叶有声，篱豆花开蟋蟀鸣。

不觉商意满林薄⑧，萧然万籁涵虚清。

近床赖有短檠⑨在，对此读书功更倍。

读书之乐乐陶陶，起弄明月霜天高。

冬

木落水尽千岩枯，迥然吾亦见真吾。

翁森

　　生卒年月不详，字秀卿，号一瓢，宋末遗民，浙江仙居人。有《一瓢稿》传世。南宋灭亡后，翁森立志不再做官，隐居教授。元至元年间，建安洲书院于县东南二十五里的崇教里，以朱熹白鹿洞学规为训，坚持以儒术教化乡人。从学者先后达八百多人。元代废科举，乡里人甚少攻读，学风日下，本县地处穷僻，文化尤其日衰。经翁森的力挽，耕读之风又"彬彬称盛"。翰林学士陈刚中曾为之作《安洲乡学记》。《四时读书乐》一文，便出自他的《一瓢稿》，曾被选编入民国时期的初中国文课本。

坐对韦编⑩灯动壁，高歌夜半雪压庐。

地炉茶鼎烹活火，四壁图书中有我。

读书之乐何处寻？数点梅花天地心。

|注释|

①槛，栏杆。②舞雩，古代祭天求雨，设坛命女巫作舞，谓之舞雩。特指祭天求雨的坛。《论语·颜渊》："樊迟从游于舞雩之下。"③韶光，美好的时光。多指春光。④烬，物体燃烧后留下的灰。此指灯芯燃尽。⑤羲皇，指伏羲氏，指代远古。羲皇上人，太古时代的人。比喻生活恬淡闲适，无所系念。⑥素稔，向来知道。⑦薰风，南风。⑧商，五音之一。指代秋天，古人认为商声属秋。《楚辞·七谏·沉江》："商风肃而害生兮，百草育而不长。"商意，即秋意。林薄，草木丛生的地方。⑨檠，灯架，借指灯。短檠，架子短小的灯。⑩韦编，指代书卷。

|读诗偶得|

莫让韶光空飞逝

这首诗风格轻松明快，就像是一首歌词一般，反复咏唱的是读书的快乐。在诗人眼里，一年四季景色是不同的，所读的书自然也是不同的。四季景色各异，各有情趣，书也是如此，不同的书展现不同的内容，让人始终有四季常新之感。

春天，山景照着厅堂四周的栏杆，流水淙淙绕着长廊，乘凉后吹着口哨回家，春风轻轻拂面，送来阵阵花香。树枝上的小鸟是纯真的好朋友，水面上的落花是天然的好文章。

夏天，修竹笼罩着屋檐，桑树围绕着小院；小书房清静敞亮，灿烂的阳光直射进来。白天，静听树上蝉儿的鸣叫。深夜，坐看灯花一节节地掉落，萤火虫飞进帐幕来。有时，在北窗闲躺着，就像羲皇时代的人那样逍遥自在。

秋天，庭院前有落叶的声音，篱笆上的紫豆开花了，蟋蟀不停地鸣叫着。不知不觉秋意已经弥漫在丛林草野间。各种声音都饱含着秋天清爽寂寥的气息，呈现出一片萧瑟的景象。可是，床边有一架矮灯相伴，读起书来更有劲头。

冬天，昼短夜长，雪打门窗，室内一炉火一壶茶。室外，树叶掉光了，河水干涸了，群山枯槁，却是一片开阔。大雪已堆满屋顶，这时兴致来了，不妨高歌一曲。

诗人饱含深情地赞美四季的风景，其实，更得意于在这种环境中轻松自在、没有任何功利目的地读书。书与四季之景融为一体，观景与观书的感觉完美统一。而这，带给了诗人无穷的快乐。诗人在第一节《春》中就明确提出了这样的观点——"蹉跎莫遣韶光老，人生唯有读书好。"是啊，四季美好，无有尽时；书海浩瀚，美不胜收。然而，人生有限，千万不可蹉跎。只有好好读书才不负这大好时光。

【明】周砥：手不释卷乐无穷

|导读|

　　读书的快乐在诗中溢于言表。读书为什么会让诗人如此快乐？首先是环境优雅，"舍前有修竹，舍后有芙蕖。"诗人的书舍建在"丘壑"，远离尘世喧嚣，无人打扰。其次，通过读书悟到真味，如醍醐灌顶，自然是喜不自胜。第三，没有功利目的，读书累了，可以干干农活，可以在房前屋后漫步。

读书舍赋君子之所乐

君子之所乐，其乐且何如？
结庐在丘壑，委怀在诗书。
肃肃①整冠带，雍雍②对唐虞。
披阅抱中默③，讽咏博怡愉。
圣贤千万言，要之归一途。
涣④焉心解悟，充然道敷腴⑤。
孰云足自守，觉可觉其馀。
舍前有修竹，舍后有芙蕖⑥。
掇莲置俎豆，清风当座隅。
倦来聊掩卷，步出临前除⑦。
形气既和顺，支体⑧亦安舒。
不知老将至，但尔惜居诸。
君子之所乐，君子不我愚。
我歌适有会，愿言毋沦胥⑨。

周砥（约1367年前后在世）

字履道，号东皋，别号菊溜生。姑苏人，洪武时以人才授兴国州判官。归吴与高季迪、杨孟载相和歌。已而之会稽，殁于兵。性宇闲静，学艺淹博，工诗文、书、画。有《荆南唱和集》。

|注释|

　　①肃肃，恭敬，严正。②雍雍，形容人际关系和谐、融洽。语出《史记·乐书》：

"夫肃肃，敬也。雍雍，和也。"③抱中默，保持沉默，不自夸耀。④涣，流散，离散。《老子·十五章》："俨兮其若客，涣兮若冰之释。"⑤敷腴，喜悦的样子。也作"敷愉"。古乐府《陇西行》："好妇出迎客，颜色正敷愉。"⑥芙蕖，荷花。⑦除，台阶。⑧支体，同"肢体"。⑨沦胥，相率，相互牵引。《诗经·小雅·雨无正》："若此无罪，沦胥以铺。"

| 读诗偶得 |

结庐在丘壑，委怀在诗书

诗人的书舍环境清幽——"舍前有修竹，舍后有芙蕖。"读书累了，诗人放下书卷，走出书斋，一下子置身于前有修竹、后有荷花池的"花园"之中。在院子里呼吸一下新鲜空气，伸一伸懒腰，顿时心平气和，身体安泰。这时候，找个小凳坐下来，用手轻轻地从莲蓬上剥下莲子。清风徐来，滑过身心，令人心旷神怡，别提有多惬意了。

比这更惬意的是书舍中的读书生活。诗人认为自己最感到快乐的事情是——"结庐在丘壑，委怀在诗书。"虽然远离尘世，没有车马之喧，在这里静静地读书，披阅古今，与圣人对话，体会圣人之道。初时尚有不解，忽然如醍醐灌顶，豁然开朗，真是痛快淋漓，还有比这更快乐的事吗？

【明】袁宏道：六经非至文

| 导读 |

"六经"是中华传统文化的经典，也是千百年来无数学子科举考试的必修课。司马迁的《史记》，开创了纪传体通史的体例，成为后世修史者的重要范本。但是，诗人袁宏道却提出了"六经非至文，马迁失组练"的观点。尽信书，不如无书。诗人认为，"六经"并不是最完美的文章，《史记》也有文笔不精练、不锐利的问题。

听朱生说水浒传

少年工谐谑①，颇溺滑稽传②。
后来读水浒，文字益奇变。
六经非至文③，马迁失组练④。
一雨快西风，听君酣舌战。

| 注释 |

①少年，年轻时。工，善于。谐谑，说话富于风趣。②溺，沉溺，过分喜爱。滑稽传，指《史记》中的《滑稽列传》。③至文，最完美的文章。④马迁，司马迁。失，抵不上。组练，原指精锐的军队，这里指文笔的精锐。李华《吊古战场文》："野竖旄旗，川回组练。"

袁宏道（1568－1610）

字中郎，号石公，公安（今湖北省公安县）人。万历二十年（1592）进士，官至吏部郎中。与兄宗道，弟中道并称"三袁"。宏道成就较高，是公安派创始者。反对前后七子复古、摹拟之风，提出"独抒性灵，不拘格套"的主张。其诗真率自然，语言浅近晓畅。有《袁中郎全集》。

| 读诗偶得 |

读书要敢于向权威挑战

"六经"，自古而今，是中华传统文化的经典，也是千百年来无数学子科举考试的必修课，其地位之高，可以说没有什么文献可与之比肩。司马迁的《史记》，开创了纪传体通史的体例，成为后世修史者的重要范本，被鲁迅先生誉为"史家之绝唱，无韵之离骚"，同样为历代文人推崇备至。

但是，诗人袁宏道却在此诗中提出了"六经非至文，马迁失组练"的观点。诗人认为，"六经"并不是最完美的文章，《史记》也有文笔不精练、不锐利的问题。

明万历以前，《水浒传》故事曾以弹唱的形式在民间广为流传。后来，许多艺人开始讲水浒评话。本诗中提到了"朱生"就是《水浒传》评话先生。但是，当时这种形式的文学却为正统文人所看不起。诗人袁宏道却独具慧眼，他不但"正眼"看《水浒传》，而且把它与"六经"《史记》相提并论，甚至认为"六经"《史记》也有缺点，绝不是完美无缺、无懈可击的书籍。相反，《水浒传》"文字奇变"，如西风扫落叶般，干脆利落、跌宕起伏、环环相扣，让人耳目一新，大呼过瘾，听过、看过，便再难忘却。

北宋著名文学家、史学家欧阳修也曾对《史记》提出疑问。欧阳修在读《史记·五帝本纪》《殷本纪》《周本纪》时，发现一个重大错误——按照相关记载，"文王以十五世祖臣事十五世孙纣，而武王以十四世祖伐十四世孙而代之王，何其缪哉！"[1]欧阳修认为因为年代久远，司马迁排错了帝王次序，按照司马迁的记载推算，就会出现文王、武王与商纣王的辈分错乱。欧阳修敢于质疑史学大家，向名著挑战，他能够成为有宋一代文坛盟主，与这种严谨的治学作风及敢于质疑的学术品格是分不开的。

---

[1] 欧阳修：《帝王世次图序》。

袁宏道这种观点体现了他作为公安派创始人特立独行、个性解放的特点。袁宏道、欧阳修等读书"疑古"，同时也启示我们，读书一定要有主见，要相信自己的判断，敢于向权威挑战。

【明】宋应星：读书贵在专心

| **导读** |

　　项羽兵败自杀，留下千古遗恨，很多人认为不专心学习是项羽饮恨的一个重要原因。诗人借用项羽早年学书不成而学剑和兵法，哪样都浅尝辄止的典故表达这样的观点，一个人的精力是有限的，生命是短暂的，要想做成事，一定要让自己"静"下来，"稳"下来，切不可天马行空，朝秦暮楚。

怜思①诗

一个浑身有几何②，学书不就学兵戈③。
南思北想无安着④，明镜催人白发多。

宋应星（1587-1666）

　　字长庚，江西奉新（今江西奉新县）人，明朝著名科学家。英国汉学家、历史学家李约瑟称他为"中国的狄德罗"。代表作有《天工开物》《野议》。

| **注释** |

　　①怜思，爱思。②浑身，全身。几何，多少。③学书不就学兵戈，用项羽的典故。学书，学习认字和写字。兵戈，指剑及兵法。《史记·项羽本纪》："项籍少时，学书不成，去；学剑，又不成，项梁怒之。籍曰：'书足以记姓名而已，剑一人敌，不足学，学万人敌。'于是，项籍乃教籍兵法，籍大喜，略知其意，又不肯竟学。"④安着，着落，指安稳。

| **读诗偶得** |

明镜催人白发多

　　"一个浑身有几何，学书不就学兵戈。"一个人全身能有多少能量可

231

用？一会儿学认字、写字，一会儿学击剑，一会儿又去学兵法。诗人开宗明义，指出一个人的精力、能量是有限的，做事一定要专心，不能干这又想那。

在这里，诗人借用了项羽的典故。史书上记载，项羽身长八尺，力能扛鼎，才气过人。大概正是因为他有一身力气，所以不爱读书学习，干什么也没有长性。小的时候，他的叔父项梁教他认字习字，可是项羽心思根本不在这上面。不学倒也罢了，还要讲一些冠冕堂皇的理由："一个人只要会认、会写自己的名字就可以了，学那么多书有什么用！"听他这话，项梁还以为侄儿有大志，便让项羽学剑，舞刀弄剑不用动脑子。可没承想，学了不长时间，项羽又不想学剑了，他说："学剑不过能与一个人对决，没什么好玩的，我要学兵法。"学兵法当然好，可以指挥千军万马，但是项羽学了不久，对兵法也不感兴趣了。项羽的这种性格，在某种程度上也决定了他的悲剧命运。在秦末与刘邦的争战中，他屡战屡败，最后饮恨而死。项羽的缺点在于，他没有长性，学什么也不能持久，缺少专心致志的精神，这是读书学习的大忌。

因为既想学这个，又想学那个，结果是一瓶不满半瓶摇，好像哪个都懂点，可是哪个也不精。用现在的俗话说，就是"样样通样样稀松"。岁月不待人，在左摇右摆过程中，时间悄悄地从身边溜走了。"南思北想无安着，明镜催人白发多。"要想做成事，一定要让自己"静"下来，"稳"下来，切不可天马行空，朝秦暮楚。

宋应星年轻的时候，中国资本主义已经开始萌芽，很多读书人开始致力于实际问题，宋应星就走上了这条路。他下定决心，要写一部与老百姓生活密切相关的书。经过实际考察和资料检索之后，他发现有关科学技术和制造工艺的书还是空白，便决定一心一意从这方面下手，写一部专著。

他从大家最关心的农业写起。人活在世上，靠五谷为生。五谷是靠人们种出来的。在五谷中，稻子占十分之七。稻又分为两大类，有粳米、有糯米。可是，这些五谷是怎么种出来的？宋应星一无所知。他意识到要想写好这部书，自己首先要成为行家里手。于是，他走进田间地头向农民请教。他自己还开辟了一块田地，作为试验田。就这样，他逐渐成了农业方面的专家。之后，他又开始科技与工艺方面的学习。明朝末年，江西景德镇已经成为全国的瓷业中心，宋应星便从瓷器制作写起。经过一段时间的苦学，他熟练地掌握了瓷器、陶器的制作工艺。此后，他又钻研了铜器、铁器、采矿、冶金、造纸、榨油，甚至车船、兵器的制造过程等等，除了亲身实践外，他还积累了丰富的第一手资料，为写作《天工开物》创造了条件。

这时候，他被派到奉新县西南的分宜县担任主管教育的小官——教谕。公务不多，正好让他有时间写作。他买下一间小小的草屋，开始了他的著书生活。焚膏继晷，废寝忘食，他把心思全部投入到了这部书稿的写作中。1637年，《天工开物》这部详细记述中国古代农业、工业和手工业等技术的科学巨著正式问世了。刊印没多久，这本书便被译为日、法、英等多种文字，被国外称誉为"中国十七世纪的工艺百科全书"。与贾思勰的《齐民要术》、李时珍的《本草纲目》、徐光启的《农政全书》并称为中国古代四大科学名著。

【明】于谦：书卷多情似故人

导读

这首诗诗题同为《观书》，诗中还借用了朱熹的诗意，可见诗人对朱熹的读书观是赞同的。不过，诗题虽然相同，内容却不雷同，让我们管窥到诗人独特的读书感受，也让我们看到了将军诗人的铁骨柔情。诗人说，书斋之中自有浪漫的春天，对热衷于升官发财、忽视读书学习这种不良风气委婉地提出了批判。

观书

书卷多情似故人[1]，晨昏忧乐每相亲[2]。
眼前直下三千字[3]，胸次全无一点尘[4]。
活水源流随处满[5]，东风花柳逐[6]时新。
金鞍玉勒[7]寻芳客，未信我庐[8]别有春。

注释

①故人，老朋友。②晨昏，即早晚，一天到晚。每，时常。亲，近。③三千字，此为泛指，说明作者为书吸引读书多且快。④胸次，胸中，心里。尘，杂念。这句说作者专心读书，胸无杂念。⑤活水源流随处满，借用朱熹《观书有感》（其一）"问渠那得清如许，为有源头活水来"诗意。⑥逐，挨着次序。⑦金鞍，饰金的马鞍。玉勒，饰玉的马笼头。此泛指马鞍、笼头的贵美。⑧庐，房屋。这里指书房。

于谦（1398-1457）

字廷益，号节庵，官至少保，世称于少保，浙江杭州府钱塘县（今浙江省杭州市上城区）人。明朝民族英雄、军事家、政治家。谥"忠肃"，有《于忠肃集》传世。《明史》称赞其"忠心义烈，与日月争光"。他与岳飞、张煌言并称"西湖三杰"。

一代儒将的铁骨柔情

于谦是明代著名的民族英雄，是一位将军，同时也是一位诗人。提起诗人于谦，人们很自然地会想到他的《石灰吟》："千锤万凿出深山，烈火焚烧若等闲。焚骨碎身浑不怕，要留清白在人间。"其诗情与人格交相辉映，令人肃然起敬。

宋代朱熹写有著名的《观书有感》二首，这首诗诗题同是《观书》，同时，诗中还借用了朱熹的诗意，可见诗人对朱熹的读书观是赞同的。不过，诗题虽然相同，内容却不雷同，让我们管窥到诗人独特的读书感受，也让我们看到了将军诗人的铁骨柔情。

"书卷多情是故人，晨昏忧乐每相亲。"诗人把书比喻成情深意笃的老朋友，每日从早到晚和自己形影相随、甘苦与共。老朋友相见，当然有说不尽的话题，不觉时光飞逝。读到一本好书，自然是被它深深地吸引，心中感觉无限的清新快意，不觉间"眼前直下三千字，胸次全无一点尘"。

"活水随流随处满，东风花柳逐时新。"前一句，化用朱熹《观书有感》"问渠那得清如许，为有源头活水来"，是说坚持经常读书，就像池塘不断有活水注入，不断得到新的营养，永远是满满的，不会枯竭。后句是说勤奋攻读，不断增长新知，就像东风催开百花，染绿柳枝一样，依次而来，令人心旷神怡。朱熹的"活水"之喻自是千古名句，于谦的"东风"之比同样喻义清新。

书斋之中自有春

"金鞍玉勒寻芳客，未信我庐别有春。"那些骑着高头大马寻春踏花的公子哥与达官显贵，是不会相信我的书斋里自有春天的。

结尾一联，有一个背景。

始于隋唐时代的科举制度，为朝廷选拔一批出身社会下层的贫寒而有作为的知识分子进入统治阶层起了积极作用。但到了明代，特别是后期，不少人只是将读书当作敲门砖，只要步入仕途，便将心思用在如何升官发财上，不再对读书学习感兴趣。对于这样的人来说，他们当然不会真正体会到读书的乐趣。

于谦酷爱读书，并没有因为军务繁忙或者官位高升而放弃读书。读书可以明理，可以赏景，可以观史，可以鉴人，可谓思接千载，视通万里。这美好之情、之境，不是玩物丧志、游手好闲者流所能领略的。

最后两句，既是诗人自己的真切感受——书斋里自有烂漫的春天，同时，也是对人们热衷于升官发财、忽视读书学习这种不良风气委婉的批判。

【明】 杨继盛：第一功名不爱钱

| 导读 |

学而优则仕，升官为了"发财"，所谓"三年清知府，十万雪花银"。可是，诗人这首言志诗却表明了这样的志向，他把"不爱钱"当作自己最大的功名，第一位的"功名"。嘉靖三十二年（1553），杨继盛上疏力劾严嵩"五奸十大罪"，遭诬陷下狱。在狱中被严刑拷打，于嘉靖三十四年（1555）遇害，年仅四十岁，是有明一代真正的"硬汉"，他用实际行动证明了自己的志向——第一功名不爱钱。

言志

读律①看书四十年，乌纱头上有青天。
男儿欲画凌烟阁②，第一功名不爱钱。

| 注释 |

①律，法令、法则。②凌烟阁，唐代长安城皇宫内三清殿旁有一个不起眼的小楼，名为凌烟阁。贞观十七年（643），唐太宗李世民为了纪念和他一起打天下治天下的功臣，修建凌烟阁，陈列由阎立本所画的二十四位功臣的画像，即为《二十四功臣图》，比例为真人大小，面北而立，以示尊皇，并时常前往怀旧。

杨继盛（1516—1555）

字仲芳，号椒山。直隶容城（今河北容城县北河照村）人。明朝中期著名谏臣。嘉靖二十六年（1547），杨继盛登进士第，初任南京吏部主事，师从南京吏部尚书韩邦奇学习律吕。后官兵部员外郎。因上疏弹劾仇鸾开马市之议，被贬为狄道典史。其后被起用为诸城知县，迁南京户部主事、刑部员外郎，调兵部武选司员外郎。

嘉靖三十二年（1553），上疏力劾严嵩"五奸十大罪"，遭诬陷下狱。在狱中被严刑拷打，于嘉靖三十四年（1555）遇害，年四十。明穆宗即位后，以杨继盛为直谏诸臣之首，追赠太常少卿，谥号"忠愍"，世称"杨忠愍"。有《杨忠愍文集》。

读书做官为功名

学而优则仕，这是一条铁律，已被中国几千年的历史所证明，所以无须讳言。宋代大文学家欧阳修就明确表示，自己读书的目的就是为了做官，因为做官了就可以不再为吃喝发愁。

自隋唐出现了科举制度后，读书人通过科举考试，只要及第就可以走上仕途，名正言顺地做官。所以说，读书为了做官，也不是什么坏事。也不必认为"书中自有颜如玉，书中自有黄金屋""万般皆下品，惟有读书高"是剥削阶级思想，是腐朽落后的。关键是要站在历史唯物主义的立场和观点客观地看，要与时俱进地看。

孔子做了官，喜形于色，脸上掩饰不住喜悦之情，他的弟子对此提出质疑。孔子说，如果做了官，就可以运用手中的权力，为老百姓做些好事，这难道不值得高兴吗？孔子的话当然有诡辩的成分，但是，他说的也是实情。只有做了官，有了权力，才能按照自己的志向去为民做主。

读书做官不是问题，问题是做什么样的官。诗人这首诗题为《言志》，就是要表达自己志向的。诗人读了四十年书，也头戴乌纱做了官。诗人不讨厌"乌纱"。但是，"男儿欲画凌烟阁，第一功名不爱钱。"他要做清官，要建功立业，要在凌烟阁上题名画像。诗人读书，爱的是功名，不是钱。

这首诗显然受唐朝诗人司空图的影响。司空图有诗曰："浮世荣枯总不知，且忧花阵被风欺。侬家自有麒麟阁，第一功名只赏诗。"（《力疾山下吴村看杏花十九首（其六）》）而司空图诗中"侬家自有麒麟阁"一句，又与于谦《观书》诗"金鞍玉勒寻芳客，未信我庐别有春"意有相通。这大概也是读书之妙吧。

【清】郑板桥：书从疑处翻成悟

|导读|

郑板桥认为读书有疑问才会有思考，才会更有收获。读书一定要有选择，要在众多的版本中选择最好的，而即使一本好书，也并不一定篇篇都是精品，不一定从头到尾通读。诗人还强调，读书要有创新思维，要懂得删繁就简，标新立异。

题扬州青莲斋①

书有未曾经我读，事有无可②对人言。
书从疑处翻成悟③，文到穷④时自有神。

郑板桥（1693—1766）

原名郑燮，字克柔，号理庵，又号板桥，人称"板桥先生"。江苏兴化人，祖籍苏州。清代书画家、文学家。先后在山东范县、潍县任县令，后客居扬州，以卖画为生，为"扬州八怪"重要代表人物。著有《郑板桥集》。

|注释|

①青莲斋，郑板桥客居扬州时的书斋戒牌。②无可，不可。③翻，副词，反而，反倒。悟，明白。④穷，极，尽。

|读诗偶得|

有疑问才有思考

这四句诗意思很简单：书海茫茫，是读不尽的，总有我们没有读过的书，正如与人说话一样，再知心的朋友也有不能说的话。读书有疑问，说明真正读进去、真正用心思考了，从"疑"处下手、用心思考，最后反而会豁然开朗，对书的认识会猛然上一个台阶。作文下到了功夫，用尽了自己的才智，觉得已经山穷水尽了，那么文章一定会有神韵。

在此，诗人读书核心观点是一个"疑"字。读书要善于发现疑点，并且从"疑"处入手，深入学习、思考、分析，解开疑团后，自然会别有洞天。

关于这个观点，古人多有提及。

孟子说："尽信书，则不如无书。"[1]指出读书不可全信，因为书毕竟是人写的，每个人都有他的思维局限性，都不可能完全地占有真理，不可能绝对正确。元代赵孟𫖯说："大凡读书，不能无疑。读书而无所疑，是盖于心无所得故也。"[2]他认为，如果读书没有疑问，说明没有认真思考，没有什么收获。有些书越读越薄，就是因为读的过程中，经过认真思考，有些就牢牢地记住了，有些则被吸收了，有些则经过再加工为我所用，剩下的，就让它如烟尘一样地去吧。这些都是读书过程中精心思考的结果。

朱熹也提倡读书要"疑"。他说："读书无疑者，须教有疑，有疑者却要无疑，到这里方是长进。"[3]在大教育家朱熹眼里，"疑"是一种极其重要的读书方法，要带着"疑"的眼睛去读书，有了"疑"一定要找到解"疑"的钥匙，最后做到没有"疑"，朱子的读书辩证法，很值得玩味。诗人郑板桥"书从疑处翻成悟"一语，可谓深得朱子读书法之妙。

东汉著名思想家王充读书就特别善于"疑"。孔子是圣人，为万世师表，人们对他高山仰止，景行行止。对圣人质疑，在常人看来不是疯子便是狂夫。但是，王充在他的专著《论衡》中，却专门辟出一章系统地对孔子的言论提出疑问。他说："世儒学者，好信师而是古，以为圣贤所言皆无非，专精讲习，不知难问。夫贤圣下笔造文，用意详审，尚未可谓尽得实，况仓卒吐言，安能皆是？不能皆是，时人不知难；或是，而意沉难见，时人不知问。案贤圣之言，上下多相违；其文，前后多相伐者，世之学者，不能知也。"[4]

王充这番话有三层含义：其一，圣贤作文讲的未必全是事实，何况仓

---

[1] 《孟子·尽心下》。

[2] 赵孟𫖯：《叶氏经疑序》。

[3] 朱熹：《朱子类语》。

[4] 王充：《论衡·问孔篇》。

促之间发表的"语录"；其二，圣贤之言有时说得晦涩难懂，或者模棱两可，前后矛盾，上下相违，但是时人因为仰视之故而不敢发问穷究，或者担心别人误以为自己知识浅陋，于是只好不懂装懂；其三，有鉴于此，后之学者应该有质疑的精神，要善于问，善于存疑。

王充举了一个例子。孟懿子问孔子什么是"孝"，孔子回答："'孝'就是'毋违'。"孟懿子得到这个答案后，并没有继续追问下去，似乎他已经理解了老师的意思。可是孔子的车夫樊迟听到"毋违"二字，好像没有完全理解其内涵，便问孔子："什么是'毋违'？"孔子进一步解释说，"毋违"就是父母活着的时候侍奉老人以礼，老人去世了要葬之以礼，祭祀的时候也要有礼节，不违礼。樊迟明白了，"毋违"就是不要违反礼的意思。如果樊迟也像孟懿子那样不问，恐怕后人就不能准确地理解孔子说的"毋违"的本意了。这是学者"不问"的危害。

提到《论语》，想起笔者自己的一个真实经历。

当读到"子曰：'富与贵，是人之所欲也，不以其道得知，不居也；贫与贱，是人之所恶也，不以其道得之，不去也。'"这句话时，我以为富贵可以通过正当的渠道获得，但是去掉贫贱却不能用"得"字，而应该是"去"，即应该是"不以其道去之，不去也"，之所以会出现这样的"错误"，恐怕是印刷错误，原文应该是"去"字。确实不敢怀疑原文是这样写的。可是，读王充的《论衡》才发现，早在东汉时代，王充就已经指出了这个"错误"。说明王充确实是敢于质疑的。但是，现在回过头来看，王充的"疑"也未必是正确的。如果把"不以其道得之，不去也"的"得"改为"去"，就有两个"去"了，似乎也不妥。所以，这个"疑"还有必要存在下去，直到我们找到更为有力的证据。

读书要有所选择

郑板桥强调，读书一定要有选择。首先要选好书，什么是好书，标准不一，一来可以听听前人的介绍，看看书评，二来自己要去挖掘、发现。其次，即使一本好书，也并不一定篇篇都是精品，不一定从头到尾通读。

他举例说——

"即如《史记》百三十篇中，以《项羽本纪》为最，而《项羽本纪》中，又以巨鹿之战、鸿门之宴、垓下之会为最。反覆诵观，可歌可泣，在此数段耳。若一部《史记》，篇篇都读，字字都记，岂非没分晓的钝汉！"[1] 他认为，即使像《史记》这样的名著，也没有必要篇篇都读、字字都记。否则，就是不分青红皂白的"钝汉"。

读书要精神专一

郑板桥是一位画家，他画的竹子堪称一绝。在一篇题画的文字中，他说："不奋苦而求速效，只落得少日浮夸，老来窘隘而已。"又说："精神专一，奋苦数十年，神将相之，鬼将先之，人将启之，物将发之。"[2] 意思是说，一个人如果不下苦功夫学习，却要求得速成，那是不可能的，其结果只能是少年的时候浮躁，老年的时候穷困。可是，如果能够专心致志，肯下数十年苦功，手中的画笔就会如同有神鬼相助一样，有人能启迪他，有万物能启发他的灵感。

说的虽然是画画，但是，对于读书来说，同样是这个道理。

那么，有没有不用下苦功、过目成诵呢？相信，在世间确实有这样的"超强大脑"。金庸先生在《射雕英雄传》中记录，桃花岛主黄药师的妻子便记忆超群，她只看了两遍《九阴真经》便全部背了下来。另据史书中记载，虞世南、张睢阳、张方平等人记忆力超好，基本是过目不忘，看过的书便不再读。但那毕竟是凤毛麟角，郑板桥就不迷信这个。他在给弟弟的信中曾经说过："读书以过目成诵为能，最是不济事。眼中了了，心下匆匆，方寸无多，往来应接不暇，如看场中美色，一眼即过，与我何与也？"（《潍县署中寄舍弟墨第一书》）他说，孔子是圣人，但是他读书"韦编三绝"，不知翻了多少遍；大文豪苏东坡据说读书不用两遍，但是他在翰林院工作

---

[1] 郑板桥：《潍县署中寄舍弟墨第一书》。

[2] 郑板桥：《题画》。

时读到杜牧《阿房宫赋》时却深深被吸引，读到四更天还手不释卷，侍候他的老吏都困得不行了，他却依然兴致盎然。可见，这篇短文他不知读了多少遍。所以，苏东坡提倡"旧书不厌百回读"。

即使有过目不忘的功夫，也不要来者不拒。看一部史书，或者一部小说，抑或是一部传奇、一首打油诗，不管雅俗、好坏，就像一个破烂橱柜一样，臭油坏酱都装在里面，岂不令人讨厌？

删繁就简领异标新

郑板桥的书斋有一副对联："删繁就简三秋叶，领异标新二月花。"道出了诗人独特的读书方法。

删繁就简，就像秋天的树叶。西风吹起，落叶带来了秋天。一叶落而知天下秋。夏天，枝繁叶茂，树木被包围其中，不见本来面目。可是到了秋天，随着树叶的飘落，枝头的树叶越来越少，露出了"庐山真面目"。正如欧阳修说的那样"读书趋简要"，要学会分清主次，删繁就简。领异标新，大概更多的是指创作。二月的花，初春的花，经过一冬的沉寂与压抑，黑白成了彩色，二月花一定会让人眼前一亮，心头大震，自然会给人以强烈的视觉冲击力。

不过，读书也好，创作也罢，都离不开方法的创新，这却是一致的。

【清】赵翼：读书要有主见

导读

读古人书，站在不同的角度，就会有不同的理解，得出不同的结论。如果角度错了，就可能似是而非，得到错误的结论。那么，到底应该站在什么角度来读古人书呢？赵翼提出了读古人书的四种角度，很有启示意义。

读书所见六首（其一）

后人观古书，每随己境地①。
譬如广场中，环看高台戏。
矮人在平地，举头仰而企②。
危楼有凭槛③，刘桢④方平视。
做戏非有殊⑤，看戏乃各异。
矮人看戏归，自谓见仔细。
楼上人闻之，不觉笑喷鼻⑥。

注释

①每，每每，常常。境地，所处的位置。②企，踮起脚跟。③槛，栏杆。④刘桢，刘桢（180—217），字公干，东汉末年东平宁阳（今山东宁阳县）人，东汉名士。他的文学成就主要表现于诗歌特别是五言诗创作方面，在当时负有盛名，后人以其与曹植并举，称为"曹刘"。如今存诗十五首，风格遒劲，语言质朴，重名于世，《赠从弟》三首为代表作，言简意明，平易通俗，长于比喻。⑤殊，特别。

赵翼（1727-1814）

清代诗人，史学家。字云崧，一字耘崧，号瓯北。阳湖（今江苏常州）人。乾隆二十六年（1761）进士，授翰林院编修。曾任镇安、广州知府，官至贵西兵备道。乾隆三十八年辞官家居，曾一度主讲扬州安定书院。与袁枚、蒋士铨齐名，合称"乾隆三大家"。他论诗也重"性灵"，主创新，与袁枚接近。所著《瓯北诗话》系统地评论李白、杜甫、韩愈、白居易、陆游、苏轼等十家诗，立论比较全面、允当。赵翼存诗四千八百多首，以五言古诗最有特色。有诗集五十三卷及《瓯北诗话》，史学著作《廿二史札记》等。

⑥喷鼻，扑鼻。

读古书的"四种角度"

苏轼有诗说："横看成岭侧成峰，远近高低各不同。不识庐山真面目，只缘身在此山中。"有两层意思，一是看山的角度不同，得到的图像也是不同的。二是当局者迷，旁观者清。

读古人书，站在不同的角度，就会有不同的理解，得出不同的结论。如果角度错了，就可能似是而非，得到错误的结论。那么，到底应该站在什么角度来读古人书呢？

"后人观古书，每随己境地。"诗人赵翼说后人看古人的书，往往是站在自己所处的位置上来发表见解。"己境地"，就是自己站的位置，或者引申为自己所处的时代。如果我们看对面一座山、一个池塘，目力可及，这样很可能得到真相。而看古人书，我们相隔千山万水，跨越百年千年，有这样的时空差别，如果还站在我们所处的位置上来看，怎么可能看到真相呢？可是，人们偏偏习惯于站在自己的位置读古人书，评论古人书。这样会是什么结果呢？诗人打了一个形象的比喻，就好比是"矮人看戏"。

在广场上，观众人山人海，围在台前。台上戏演唱得火热，台下的矮人即使抬起脚、伸长了脖子，也看不到台上的戏演得如何。这时，听到别人叫好，他也禁不住叫好。至于好在何处，矮人当然无从知晓，不过是人云亦云而已。等回到了家，别人问矮人戏如何，他只好胡乱地应答。为了怕别人笑话，他不断地声称自己看得清清楚楚。可是，那些真正在楼上看得清清楚楚的人，听了不免笑掉了大牙。

同样在广场看戏，也确实有看得清的人。他们坐在广场前的高台上，不必踮起脚跟，不必伸长脖子，就可以平视舞台。也一定有人站在更高的位置上，他不只可以平视，甚至可以俯视，舞台上的一幕幕清晰地展现在眼前。那是一些什么样的人呢？如果看戏，能做到这样的应该是达官显贵，可以坐"包厢"的那种；如果是看古书，能够达到这样境界的，恐怕也是寥若晨星。就像刘桢这样的学问大家，大概只能做到"平视"，而能够做到"俯视"的，大概除了圣贤没有别人了。而绝大多数人都只能像一般观众一样，只能"仰视"了。至于矮人，当然是不会看到真相了。

赵翼是一位史学家，也是一位诗论家，他所著《瓯北诗话》系统地评论李白、杜甫、韩愈、白居易、陆游、苏轼等十家诗，见解独到。他一定是尝试着通过各种角度来了解这些古人的作品。这首诗题目是《读书所见》，是他读书时的真切感受。站在不同的角度，就会看到不一样的风景。

读古书不外乎四种角度，即俯视、平视、仰视与矮人看戏。俯视是最高境界，可以看到全景，最接近真实，但没有十数年的苦功，甚至平生的努力，不可能达到；平视是一种对话，主体与客体之间是平等的，客观地对待古人、古书，探索其中的道理；仰视，是对古人的尊敬，这是一种读书方法，也是一种品格，不可妄自厚今薄古；矮人看戏，是一种毫无主见、也见不到真相的角度。读书切忌像矮人看戏那样，人云亦云，更不能信口开河，胡编乱造。

读书一定要有主见

矮人看戏之喻，原出于朱熹，他说："如矮子看戏相似，见人道好，他也道好。"[1]赵翼两次在他的诗作中提出了"矮人看戏"的说法。除这首诗外，他在《论诗》五首其二中说："只眼须凭自主张，纷纷艺苑说雌黄。矮人看戏何所见，都是随人说短长。"

"只眼"意思是眼光不同于众，"别具只眼"或者"独具慧眼"，也就是要有独特的见解。雌黄，本是一种矿石，也叫鸡冠石，色黄赤，可作颜料。古时写字用黄纸，一旦写错了就用雌黄涂抹然后再写。后来，人们把不问

---

[1] 朱熹：《朱子语类》。

事实，随意讥评归纳为"信口雌黄"。赵翼说，评论别人的作品，一定要独具慧眼，要有自己的主张和见解。但是一定要有理有据，不能信口雌黄。不能像矮人看戏那样，人家说什么，也跟着说什么。

【清】袁枚：寒夜读书忘却眠

| 导读 |

有人读书读离婚了，比如朱买臣。这首诗中诗人的妻子也因为丈夫"寒夜读书忘却眠"而嗔怒，她甚至从丈夫手中夺过灯去，怒问丈夫"现在是几更天了"。不过，妻子嗔怒是假，对丈夫的关爱是真。在妻子的一"夺"一"问"间，诗人的勤学，妻子的关爱，跃然纸上。

诗人还提出了"书非借不能读也"以及读书一定要细细品味等观点。

寒夜

寒夜读书忘却眠，锦衾香尽①炉无烟。
美人②含怒夺灯去，问郎③知是几更天！

| 注释 |

①锦：有彩色花纹的丝织品；衾：大被；香：香料或者香料的制成品。尽：指香料燃尽。②美人，此指妻妾。③郎，妻子对丈夫的称谓。

| 读诗偶得 |

书非借不能读也

这首诗写得十分有趣。诗人寒夜读书，室内的香料已经烧尽，炉火也已经熄了，可是诗人却不以为意。他依然陶醉在诗书的世界里，全然没有发觉已然入睡

袁枚（1716—1797）

清代诗人、散文家。字子才，号简斋，晚年自号"仓山居士""随园主人""随园老人"。钱塘（今浙江杭州）人。乾隆四年（1739）进士，历任溧水、江宁等县知县，有政绩，四十岁即告归。在江宁（今南京）小仓山下筑随园，吟咏其中。论诗主张抒性情，创"性灵说"，反对拟古倾向与儒家诗教。其诗学杨诚斋而参以白居易，追求率真自然、清新灵巧的艺术风格。有《小仓山房诗文集》《随园诗话》等。

复又醒来的妻子的嗔怒。妻子猛然掀开锦被，翻身下床，把诗人桌前的灯夺了去，并怒气冲冲地说："你看看，现在都几更天了！"一个"夺"字生动地把妻子因丈夫彻夜读书而"恼火"的心境表达出来。虽然诗人提到了妻子之"怒"，但可以想象，这绝不是真怒，而是心疼，充满了浓浓爱意。同时也反衬出诗人读书之勤奋、刻苦。

袁枚，自幼喜爱读书，只是家里穷，买不起书。乡里有一个大户人家藏了很多书，袁枚抱着试试看的态度去借书，没想到却遭到拒绝。因为没有借到书，袁枚就像生了病一样。思书心切，晚上竟然做了一个梦，梦见自己借到了很想看的书。

因为有了这样的经历，袁枚特别珍惜读书的机会。只要读到一本书，他总是认真地做好读书笔记。做了官以后，有了俸禄，终于可以自己买书了。袁枚在买书上绝不吝惜，很快，屋子里摆满了书。可是自己再不像从前借书读那样如饥似渴，觉得书是自己的，愿意什么时间读就什么时间读，反正也没有人逼自己，也不会有人追着要自己还书。袁枚深有感触地说："书非借不能读也。"[1] 所以，如果有人来向他借书，他总是尽可能满足人家的要求。好在，借书的人很自觉。书借到之后，抓紧时间阅读，然后完璧归赵，很讲信誉。有一位姓黄的书生向袁枚借书，很自然地让袁枚想起自己早年的经历，感同身受，因此对黄生厚爱有加。黄生也不负袁枚所望，读书很专心，还书也很及时。

"书非借不能读也"，虽然是袁枚的个人感受，实际上也是充分发挥读书效能的一种方式。

书是人类进步的阶梯，如果有条件，一定要多买点书。但是，有了书，关键要读书，否则，将其束之高阁，等于无书。但光死读书也不行，还要去实践，做到知行合一。清代诗人刘岩有一首诗就提出了这样的观点："抛金似泥涂，不如富购书。有书堆数仞，不如读盈寸。读书虽可喜，何如躬践履。积金不积书，守财一何鄙！书多弗能读，贾肆浪奢侈。能读弗能行，蠹枯成敝纸。"（刘岩《杂诗》）

---

[1] 袁枚：《黄生借书说》。

【清】萧抡谓：书是流入心田的甘泉

导读

诗人有一个独创，他把"人心"比喻成"良苗"。苗要成长离不开泉水的浇灌，人心要得到滋养，同样离不开书籍的滋养。曾巩、朱熹两位大家都曾把书比喻成泉水，正所谓英雄所见略同，萧抡谓的这首小诗，语言明白晓畅，而且指出读书的两个好处，以及不读书的坏处，颇有独到之处。

读书有所见作

人心如良苗，得养乃滋长①。
苗以泉水灌，心以理义养②。
一日不读书，胸臆③无佳想。
一月不读书，耳目失精爽④。

萧抡谓

清朝诗人，其事迹不详，仅留存《读书有所见作》诗一首。

注释

①滋长，润泽，生长。②养，滋养。③胸臆，心，胸怀。④精爽，精神。失精爽，即耳不聪、目不明。

读诗偶得

读书养心

很遗憾，诗人萧抡谓的生平不详，但是，值得庆幸的是，他写的这首诗却足以使万千读书人牢牢地记住他的大名。

这首诗语言平易，就像是与人平常说话那样，没有任何的书面气息。从艺术的角度看也许算不上诗中的上品，但是，诗人提出的观点却很值得玩味。诗人写的是"读书有所见"，但是开篇并没有写书，而是从"心"入手。它用了一个比喻，把"人心"比喻成"良苗"。庄稼没有吐穗前叫"苗"。一棵小苗能否长成硕果累累的庄稼，得看它是否会及时地得到泉水的滋润；一个人的心灵能否健康地成长，也要看它能否有义理的滋养。

"义理"，是指意义与道理，它是"养"心的灵丹妙药。"义理"从何而来？从书中来。至此，水到渠成，诗人引出主题——"一日不读书，胸臆无佳想。一月不读书，耳目失精爽。"它告诉我们读书有两个好处：一是能够激发人的想象，启发人的思路，即"有佳想"。二是能够使人耳聪目明，不至于一叶障目、面墙而立。

最早把书比喻成泉水的是曾巩，他的《冬望》一诗在本书中有介绍。曾巩认为，读书让自己不断地发现埋在书中的珍珠美玉，它们又像源源不断的泉水，流入自己干渴的心田，从而使自己日渐丰润起来。不过，把书比喻成泉水，最著名的诗应该是南宋理学家朱熹写的《观书有感》之一："半亩方塘一鉴开，天光云影共徘徊。问渠那得清如许，为有源头活水来。"尤其是后两句，成为千古名句。

曾巩、朱熹两位大家都曾把书比喻成泉水，正所谓英雄所见略同，萧抡谓的这首小诗，语言明白晓畅，而且指出读书的好处，不读书的坏处，也有独到之处。

【清】曾国藩：读书要从兴趣出发

导读

曾国藩除了是清朝重要的政治家、军事家外，还应该有一个重要头衔——资深教育家。他的《家书》已经成为成功教育的符号。他给家人开出的书单，宛如茫茫书海中的灯塔，给无数读书人指明了方向。今天，我们这本书的读书智慧止于曾国藩，正有叹为观止之意。

温甫①读书城南寄示二首（其一）

十年长隐南山②雾，今日始为出岫③云。
事业真如移马磨④，羽毛何得避鸡群。
求珠采玉从吾好，秋菊春兰各自芬。
嗟我蹉跎无一用，尘埃车马日纷纷。

注释

①温甫，曾国藩胞弟曾国华（1822-1858），字温甫，一号深斋、行宽六。②南山，终南山，在今陕西省西安市附近，历来为高士隐居之所。③岫，山洞，岩穴。陶渊明《归去来兮辞》："云无心以出岫，鸟倦飞而知还。"④移马磨，移磨马，围着磨盘转圈圈。

曾国藩（1811-1872）

字伯涵，号涤生，原名曾子城，湖南长沙府湘乡白杨坪（现属湖南省娄底市双峰县荷叶镇天子坪）人，宗圣曾子七十世孙，中国近代政治家、战略家，湘军的创立者和统帅，与胡林翼并称"曾胡"，与李鸿章、左宗棠、张之洞并称"晚清中兴四大名臣"。

曾国藩对清王朝的政治、军事、文化、经济等方面都产生了深远的影响，他一生官至两江总督、武英殿大学士，封一等毅勇侯，死后谥号"文正"，后世称"曾文正"。

| 读诗偶得 |

求珠采玉从吾好

曾国藩的胞弟曾国华在长沙城南读书，曾国藩写了两首诗鼓励他，这是其中的第一首。曾国藩也曾在这里读过书，所以在第二首诗[1]里说"知君此日沉吟地，是我当年眺览来"。

曾国藩对子女的教育极其严格，又极其专业。他不但以身作则，而且能够把自己的所学、所悟甚至是教训，化为经验传授给兄弟、子女。

在这首诗里，曾国藩告诉温甫读书一定要根据自己的兴趣爱好来确定读什么，有人喜欢秋菊，有人喜欢春兰，它们各有各的芬芳。读书也是如此，书就像是宝藏一样，有各种珍珠宝玉在其间，你想采什么，关键要看自己喜欢什么。如果不爱好而勉强为之，学习效果就会大打折扣。

要想在书海中不迷失方向，需要向导，需要"罗盘"和"灯塔"。而曾国藩就是这样一个"向导"，他的《圣哲画像记》就是"罗盘"和"灯塔"。曾国藩有感于书海茫茫，他认真地梳理了中华传统文化，从中选出三十三位代表人物，每个人都画了像，同时搜集该人的作品原著及经典解读之作，藏其书于私塾，以供好学者学习。

他给三十三人每人取一字，列了一串名单："文周孔孟、左庄马班、葛陆范马、韩柳欧曾、李杜苏黄、朱周程张、许郑杜马、顾秦姚王"。具体是指周文王、周公旦、孔子、孟子，左丘明、庄子、司马迁、班固、诸葛亮、陆敬舆、范仲淹、司马光，韩愈、柳宗元、欧阳修、曾巩、李白、杜甫、苏东坡、黄庭坚、朱熹、周敦颐、程颐、程灏、张载、许慎、郑康成、杜君卿、马端临、顾炎武、秦蕙田、姚鼐、王念孙。

至于曾国藩为什么推荐这三十三人，则需要感兴趣的读者自己去品

---

[1] 曾国藩《温甫读书城南寄示二首》（其二）："岳麓东环湘水回，长沙风物信佳哉！妙高峰上携谁步？爱晚亭边醉几回。夏后功名馀片石，汉王钟鼓拔寒灰。知君此日沉吟地，是我当年眺览来。"

味了。

当然，到底应该读什么样的书，这恐怕也要因人而异。曾国藩说，你爱吃的不一定符合别人的胃口，你不爱吃的，也许是别人的最爱。即使是满桌的山珍海味，不过选择自己爱吃的吃几口，只要吃饱就行了。天下美食多得是，到底哪个适合你？如果你想一一亲口品尝，然后再选择自己喜欢的做一顿美餐，这实在是糊涂至极、荒谬至极，也是办不到的。同时，如果强迫天下的人都跟自己有一样的口味，那也是极其愚蠢的。也就是这首诗中强调的——"求珠采玉从吾好，秋菊春兰各自芬。"

书海浩瀚，需要有人指引。但读书人情况各异，又不可死搬教条。曾国藩开列了他的"书单"，同时，也有言在先——我说的只是我个人看法，不一定适合你。至于你是否信我的话，那是你自己的事，我不强求。

不过，以曾国藩的声望，他开列的"书单"绝对具有权威性。现在看来，也不像当今一些专家学者推荐书目时那样带有"功利性"，甚至还有人情因素。正因为如此，曾国藩对他开列的名人书单信心满满。他说，这三十三个人，如果只研究他们中的一个人，只学他们的一本书，就可以受用终生。如果有人不信，抛开这些名单不学而另寻他人，就好比在高山上挖井一样，一口井一口井地打，费尽精力，却不一定找到水。

现代社会，每年能出版多少种图书，笔者没有权威的统计，但可以想象其数字之大，远远超过《四库全书》存目之数。如果没有高人指路，不知要走多少冤枉道。

曾国藩在实践中形成了一整套读书方法，除上述观点外，还有以下几个方面值得重视：

第一，"三有"读书要诀。曾国藩认为："盖士人读书，第一要有志，第二要有识，第三要有恒。有志则不甘为下流；有识则知学问无尽，不敢以一得自足，如河伯之观海，如井蛙之窥天，皆无识者也；有恒则断无不成之事。此三者缺一不可。"

要立志，"苟能奋发自立，则家塾可以读书，即旷野之地、热闹之场亦可读书，负薪牧豕皆可读书。"否则，家塾不宜读书，就是清静之场，甚至神仙之地也不能读书。

要持之以恒。曾国藩在给儿子的信中，反复强调："尔读书写字不可间断，早晨要早起，莫坠高曾祖考以来相传之家风。"[1] 据曾国藩讲，他的祖上一直有早起的传统，常常是起床做了几个小时的功课后，天才放亮。他要求儿子要坚守祖上的好家风、好传统，坚持早起做功课，且不可有间断，惟有持之以恒，才算是有"志"。他本人即使在率兵打仗的紧张时节，依然坚持在夜间休息的时候读书、写字。只是觉得自己年龄大了，老眼昏花，学习的效果大不如前。有感于此，他对儿子期望甚高，他说："尔今未弱冠，一刻千金，切不可浪掷光阴。"[2] 要有恒心，专心致志，不可朝秦暮楚。"求业之精，别无他法，日专而已矣。"要想精于一业，没有别的办法，只有专心致志。

要有识，就是要有远见，要知道山外有山，我生也有涯而知也无涯，永不自满。殷殷劝学之情，溢于言表。

第二，读书一定要有所选择。曾国藩在他的《圣哲画像记》中，把书籍比喻成江海，强调读书贵在一个"择"字。他说："故书籍之浩浩，著述者之众，若江海然，非一人之腹所能饮尽也。要在慎择焉而已。"书之多，写书人之众，就像大江大海一样。任何一个人如果想把大江大海喝干是不可能的，想把这浩如烟海的书读尽也是枉然。这也是曾国藩亲身经历的感受。他早年在文渊阁校阅图书，得以接触国家藏书，他看到仅《四库全书》所存的书目就有数十万卷，不禁想到，即使是天才，要想读完这些书也是不可能的。面对这样浩繁的图书，如果不加选择去读，恐怕就会迷失航向，得不偿失。所以曾国藩提出，读书一定要善于选择。

他在给儿子曾纪泽的信中曾提出"买书不可不多，而看书不可不知所择"的观点。他举例说，唐代的韩愈是千古大儒，然而，韩愈自称平生所钦佩的书不过数种，即《易》《书》《诗》《左氏春秋》《庄子》《离骚》《史记》

---

[1] 曾国藩：《手谕九月二十九日夜在江西抚州门外》。

[2] 曾国藩：《十月初二日家书》。

以及司马相如、扬雄的作品。柳宗元也自称对自己大有帮助的书排在第一位的是"五经",而之后便是《穀梁传》、孟子、荀子、庄子、老子以及《国语》《离骚》《史记》等,从他列出的书目可以看出,与韩愈的喜欢书目很相近。

除了推荐韩、柳两位古文大家喜欢的书外,曾国藩还特别推崇同朝的王念孙,认为王念孙及他的儿子王伯中是最会读古书的人。

王念孙在《读书杂志》上推荐了一个书单,共有十六种,分别是《逸周书》《战国策》《史记》《管子》《晏子》《墨子》《荀子》《淮南子》《后汉书》《老子》《庄子》《吕氏春秋》《韩非子》《杨子》《楚辞》《文选》;王伯中在《经义述闻》中推荐的书目有十二种,分别是《易》《书》《诗》《周官》《仪礼》《大戴礼》《札记》《左传》《国语》《公羊春秋》《谷梁春秋》《尔雅》。王念孙与他的儿子王伯中并称"高邮二王"。二人均以博学著称,但二人推荐的书目加在一起不过三十种。

曾国藩本人除了喜欢"四书""五经"外,最喜欢的是《史记》《汉书》《庄子》以及韩愈的文章。其次喜欢《资治通鉴》《文选》、姚鼐所选的《古文辞类纂》以及自选的《十八家诗抄》,一共不过十几种。

曾国藩在给曾纪泽的信中还说,学问之道,从汉至唐,风气略同。从宋至明,风气略同。而清朝自成一种风气,特别突出的人是顾炎武、阎百诗、戴东原、江慎修、钱辛楣、秦昧经、段懋堂、王怀祖(王念孙,字怀祖)等人。告诫曾纪泽,如果有志读书,不能不了解以上几位的治学之道。

第三,读书能改变气质。在曾国藩写给儿子曾纪泽、曾纪鸿的信中提出:"人之气质,由于天生,本难改变,惟读书则可变化气质。"这种说法与韩愈"腹有诗书气自华"一脉相通。曾国藩认为,要想达到这种变化,前提是"先立坚卓之志",一定要立志。他以自己为例,三十岁前他最喜好吸食大烟,甚至到了片刻不离的程度,但是道光年间,他立志戒烟,从此再没有沾过大烟。他还说,自己在四十六岁之前做事没有恒心,但此后深以为戒,以至于做什么事都讲究恒心。他认为一个人只要立下雄心壮志,就一定能够实现目标,没有什么是不可以改变的。

道家有"金丹换骨"的说法,认为学仙的人必须服用金丹,这样才能换去凡骨变成仙骨，得道成仙。古代精通相术的人认为，读书可以变换骨相。曾国藩认为，"立志即丹也"，立志就是"金丹"，读书确能改变一个人的气质。

第四，不能死读书，读死书，读书一定要有自己的见解，而且要积极主动地向别人请教"质正"。曾国藩说："近日所看之书，及领略古人文字意趣，尽可自摅所见，随时质正。"[1] 同时，读书的时候，还要养成随时写札记的习惯，"第所阅日博，亦须札记一二条，以自考证。"[2]

曾国藩提出，好文章必"四具其一"。"有气则有势，有识则有度，有情则有韵，有趣则有味"，这四个方面，古人文章绝好，必然占其一。他特别强调，好文章一定有气势。比如陶渊明的《饮酒》二十首、《拟古》九首、《归田园居》五首、《咏贫士》七首等，都展现了陶渊明宽广的胸襟、深远的寄托，是很有气势的作品。读这些诗，一定要注意体会诗中蕴藏的强烈气势。

那么，是不是好的文章有了气势，一定要兼具其他三个方面呢？曾纪泽提出这样的问题。曾国藩指出，这是绝对不可能的。以韩愈之才，其文章却没有阴柔之美，以欧阳修之识，其文却没有阳刚之美，何况其他人怎么能兼而有之呢？

在气、识、情、趣四个方面，曾国藩更看重"气"。他说，年少时的文章是以气象峥嵘为贵，就像蒸锅一样，水开到一定程度，锅上就会冒出腾腾热气，就是苏东坡所说的"蓬蓬勃勃如釜上气"，写文章就是要有那样的气势。曾国藩认为，古文像贾谊的《治安策》、贾山的《至言》、司马迁的《报任安书》、韩愈的《原道》、柳宗元的《封建论》、苏东坡的《上神宗书》都具有强盛的气势。就是八股文也有有气势的文章，比如黄陶庵、吕晚村、袁简斋、曹寅谷等人的文章。他鼓励儿子，不仅要在揣摩上下功夫，还要在气势上下功夫。只有在气势上舒展得开，笔力用得强，才不至于受到束缚，拘泥呆滞。

---

[1] 曾国藩：《六月初一日家书》。

[2] 曾国藩：《二月二十四日家书》。

附录

古诗中的读书智慧·名句索引

A

案头见蠹鱼，犹胜凡侪侣。

——唐·皮日休《读书》

安居不用架高楼，书中自有黄金屋。

——宋·赵恒《励学篇》

B

百川东到海，何日复西归！少壮不努力，老大徒伤悲。

——汉乐府《长歌行》

别裁伪体亲风雅，转益多师是吾师。

——唐·杜甫《戏为六绝句》（其六）

把君诗卷灯前读，诗尽灯残天未明。

——唐·白居易《舟中读元九诗》

不随举子纸上学《六韬》，不学腐儒穿凿注《五经》。

——宋·刘过《多景楼醉歌》

白发无情侵老境，青灯有味似儿时。

——宋·陆游《秋夜读书每以二鼓尽为节》

半亩方塘一鉴开，天光云影共徘徊。问渠那得清如许？为有源头活水来。

——宋·朱熹《观书有感二首》（其一）

C

草堂栖在灵山谷，勤读诗书向灯烛。

——唐·薛令之《草堂吟》

藏书万卷可教子，遗金满籯常作灾。

——宋·黄庭坚《题胡逸老致虚庵》

春水别来应到海，小松生命合禁霜。壶中若逐仙翁去，待看年华几许长。

——宋·李觏《秋晚悲怀》

蹉跎莫遣韶光老，人生唯有读书好。

——宋·翁森《四时读书乐·春》

D

对酒当歌，人生几何？譬如朝露，去日苦多。

——东汉·曹操《短歌行二首》（其一）

读书破万卷，下笔如有神。

——唐·杜甫《奉赠韦左丞丈二十二韵》

读书患不多，思义患不明。患足已不学，既学患不行。

——唐·韩愈《赠别元十八协律六首》（其五）

读书三十载，驰骛周六经。

——唐·徐彦伯《拟古三首》（其二）

读书不作儒生酸，跃马西入金城关。

——宋·谢逸《送董元达》

读书切戒在慌忙，涵泳工夫兴味长。未晓不妨权放过，切身须要细思量。

——宋·陆九渊《读书》

读书之乐何处寻？数点梅花天地心。

——宋·翁森《四时读书乐·冬》

F

泛览周王传，流观山海图。俯仰终宇宙，不乐复何如？

——东晋·陶渊明《读山海经十三首》（其一）

富贵如浮云，金玉不为宝。

——南朝·江淹《效阮公诗十五首》（其二）

凡人贵勉强，惰逸易安恬。

——宋·欧阳修《读梅氏诗有感示徐生》

负米力有余，能无读书伴。

——宋·王安石《送乔执中秀才归高邮》

G

过客不须频问姓，读书声里是吾家。

——唐·翁承赞《书斋漫兴二首》（其一）

古人学问无遗力，少壮工夫老始成。纸上得来终觉浅，绝知此事要躬行。

——宋·陆游《冬夜读书示子聿八首》（其三）

归老宁无五亩园，读书本意在元元。

——宋·陆游《读书》

H

河清不可俟，人命不可延。

——东汉·赵壹《刺世疾邪赋·秦客诗》

怀抱观古今，寝食展戏谑。

——南朝·谢灵运《斋中读书》

何必岩石下，枯槁闲此生。

——唐·徐彦伯《拟古三首》（其二）

活水源流随处满，东风花柳逐时新。

——明·于谦《观书》

后人观古书，每随己境地。

——清·赵翼《读书所见六首》（其一）

寒夜读书忘却眠，锦衾香尽炉无烟。美人含怒夺灯去，问郎知是几更天！

——清·袁枚《寒夜》

J

惊风飘白日，忽然归西山。圆景光未满，众星粲以繁。

——三国魏·曹植《赠徐幹》

寂寂罢将迎，门无车马声。横琴答山水，披卷阅公卿。

——唐·卢照邻《首春贻京邑文士》

今子从之游，学问得所欲。入海观龙鱼，矫翮逐黄鹄。

——唐·韩愈《送诸葛觉往随州读书》

家资是何物，积帙列梁栟。高斋晓开卷，独共圣人语。

——唐·皮日休《读书》

既学便当穷远大，勿事声病淫哇辞。

——宋·孙复《谕学》

江上双峰一草堂，门闲心静自清凉。

——宋·陈师道《次韵夏日》

旧书不厌百回读，熟读深思子自知。

——宋·苏轼《送安惇秀才失解西归》

君子之所乐，其乐且何如？结庐在丘壑，委怀在诗书。

——明·周砥《读书舍赋君子之所乐》

L

鲁叟谈五经，白发死章句。问以经济策，茫如坠烟雾。

——唐·李白《嘲鲁儒》

赖有一筹胜富贵，小儿读遍旧藏书。

————宋·陆游《冬夜读书示子聿八首》（其一）

六经非至文，马迁失组练。

————明·袁宏道《听朱生说水浒传》

M

猛志逸四海，骞翮思远翥。

————东晋·陶渊明《杂诗十二首》（其五）

买地不肥实，其繁系耕凿。良田少锄理，兰焦香亦薄。

————唐·王建《励学》

莫道儒冠误，诗书不负人。

————宋·汪洙《神童诗》

勉之期不止，多获由力耘。

————宋·欧阳修《送唐生》

美井不日汲，何由发清甘。

————宋·欧阳修《读梅氏诗有感示徐生》

莫倚西斋好风月，长随三径古人游。

————宋·黄庭坚《郭明甫作西斋于颍尾请予赋诗二首》（其二）

N

年至十二三，头角稍相疏。二十渐乖张，清沟映污渠。三十骨骼成，
乃一龙一猪。

————唐·韩愈《符读书城南》

男儿立志需稽古，莫厌灯前读书苦。自古公侯未遇时，萧条长闭山中户。

————唐·薛令之《草堂吟》

男儿欲遂平生志，五经勤向窗前读。

——宋·赵恒《励学篇》

年小从他爱梨栗，长成须读五车书。

——宋·王安石《赠外孙》

南窗圣贤有遗文，满简字字倾琪瑰。

——宋·曾巩《冬望》

南思北想无安着，明镜催人白发多。

——明·宋应星《怜思诗》

男儿欲画凌烟阁，第一功名不爱钱。

——明·杨继盛《言志》

P

片玉若磨唯转莹，莫辞云水入庐峰。

——唐·李群玉《劝人庐山读书》

旁搜远探得户牖，入见奥阼何雄魁。日令我意失枯槁，水之灌养源源来。

——宋·曾巩《冬望》

Q

铅刀贵一割，梦想骋良图。

——西晋·左思《咏史》

奇文共欣赏，疑义相与析。

——东晋·陶渊明《移居二首》（其一）

青春须早为，岂能长少年。

——唐·孟郊《劝学》

气吞风雅妙无伦，碌碌当年不见珍。

——宋·王令《读老杜诗集》

求珠采玉从吾好，秋菊春兰各自芬。

——清·曾国藩《温甫读书城南寄示二首》（其一）

R

人生若尘露，天道邈幽幽。

——三国魏·阮籍《咏怀八十二首》（其三十二）

弱冠弄柔翰，卓荦观群书。

西晋·左思《咏史八首》（其一）

人生无根蒂，飘如陌上尘。

——东晋·陶渊明《杂诗十二首》（其一）

弱岁读群史，抗迹追古人。被褐有怀玉，佩印从负薪。

——唐·张九龄《叙怀二首》（其一）

人之能为人，由腹有诗书。

——唐·韩愈《符读书城南》

人不通古今，马牛而襟裾。

——唐·韩愈《符读书城南》

若使无六经，贤愚何所托。

——唐·王建《励学》

人初生，日初出。上山迟，下山疾。百年三万六千朝，夜里分将强半日。

——唐·王建《短歌行》

人家不必论贫富，惟有读书声最佳。

——唐·翁承赞《书斋漫兴二首》（其二）

人学始知道，不学非自然。

——唐·孟郊《劝学》

人生在学勤始至，不勤求至无由期。

——宋·孙复《谕学》

人情慎所习，酖毒比安宴。

——宋·欧阳修《读书》

人心如良苗，得养乃滋长。苗以泉水灌，心以理义养。

——清·萧抡谓《读书有所见作》

S

生命几何时？慷慨各努力。

——三国魏·阮籍《咏怀八十二首》（其七十一）

盛年不重来，一日难再晨。及时当勉励，岁月不待人。

——东晋·陶渊明《杂诗十二首》（其一）

少年罕人事，游好在六经。

——东晋·陶渊明《饮酒二十首》（其十六）

十五好诗书，二十弹冠仕。楚王赐颜色，出入章华里。
作赋凌屈原，读书夸左史。

——北朝·颜之推《古意二首》（其一）

试吟青玉案，莫羡紫罗囊。

——唐·杜甫《又示宗武》

熟读文选理，休觅彩衣轻。

——唐·杜甫《宗武生日》

书史足自悦，安用勤与劬。贵尔六尺躯，勿为名所驱。

——唐·柳宗元《读书》

圣言简介直，慎勿迂其求。拾其裁剪余，未识衮服尊。

——宋·欧阳修《酬学诗僧惟晤》

书当快意读易尽，客有可人期不来。

——宋·陈师道《绝句》

时闻夜虫响，每伴午鸡号。

——宋·吕本中《读书》

嗜书如嗜酒，知味乃笃好。

——宋·范成大《寄题王仲显读书楼》

书卷多情似故人，晨昏忧乐每相亲。

——明·于谦《观书》

书从疑处翻成悟，文到穷时自有神。

——清·郑板桥《题扬州青莲斋》

T

通子垂九龄，但觅梨与栗。天运苟如此，且进杯中物。

——东晋·陶渊明《责子》

W

文籍虽满腹，不如一囊钱。

——东汉·赵壹《刺世疾邪赋·秦客诗》

弯弓挂扶桑，长剑倚天外。

——三国魏·阮籍《咏怀八十二首》（其三十八）

闻多素心人，乐与数晨夕。

——东晋·陶渊明《移居二首》（其一）

文章岂不贵，经训乃菑畬。

——唐·韩愈《符读书城南》

万般皆下品，惟有读书高。

——宋·汪洙《神童诗》

遗子满籝金，何如教一经。

——宋·汪洙《神童诗》

忘食日已晡，燃薪夜侵旦。

——宋·欧阳修《读书》

我昔家居断还往，著书不复窥园葵。

——宋·苏轼《送安惇秀才失解西归》

万卷藏书宜子弟，十年种木长风烟。

——宋·黄庭坚《郭明甫作西斋于颍尾请予赋诗二首》（其一）

我以著书为职业，为君偷暇上高楼。

———宋·司马光《和邵尧夫安乐窝中职事吟》

韦编屡绝铁砚穿，口诵手抄那计年。不是爱书即欲死，任从人笑作书颠。

———宋·陆游《寒夜读书》

万钟一品不足论，时来出于苏元元。

———宋·陆游《五更读书示子》

X

薤上露，何易晞。

———汉乐府《薤露》

寻章摘句老雕虫，晓月当帘挂玉弓。

———唐·李贺《南园十三首》（其六）

学问更当穷广大，友朋谁与共磨砻。

———宋·陆游《示友》

虚堂人静不闻更，独坐书床对夜灯。门外不知春雪霁，半峰残月一溪冰。

———宋·周弼《夜深》

Y

一丘常欲卧，三径苦无资。北土非吾愿，东林怀我师。

———唐·孟浩然《秦中寄远上人》

幽沉谢世事，俯默窥唐虞。上下观古今，起伏千万途。

———唐·柳宗元《读书》

愿尔一祝后，读书日日忙。一日读十纸，一月读一箱。

———唐·杜牧《冬至日寄小侄阿宜诗》

有歌有舞须早为，昨日健于今日时。

———唐·王建《短歌行》

与夫荣其肤，不若启其源。

——宋·欧阳修《酬学诗僧惟晤》

因其钻仰久不已，遂入圣域争先驰。

——宋·孙复《谕学》

Z

朝阳不再盛，白日忽西幽。去此若俯仰，如何似九秋。

——三国魏·阮籍《咏怀八十二首》（其三十二）

重典开环堵，至道轶金籝。

——唐·李百药《赋礼记》

债多凭剑与，官满载书归。

——唐·贾岛《送邹明府游灵武》

至哉天下乐，终日在几案。

——宋·欧阳修《读书》

壮士易为老，良时难再得。

——宋·欧阳修《感兴五首》（其五）

昨日邻家乞新火，晓窗分与读书灯。

——宋·王禹偁《清明》

昨夜江边春水生，艨艟巨舰一毛轻。向来枉费推移力，此日中流自在行。

——宋·朱熹《观书有感二首》（其二）